Votre version numérique offerte

pour l'achat d'un livre imprimé*

Bénéficiez d'un accès immédiat à votre version numérique en commandant sur www.editions-eni.fr

Demandez votre code d'accès au **livre numérique**

1 **Vérifiez** que votre livre existe en version numérique en affichant sa page sur : www.editions-eni.fr

2 **Envoyez** vos coordonnées et votre preuve d'achat à : editions@eni.fr dans un délai d'un mois à compter de votre date d'achat.

3 **Accédez** à votre livre numérique grâce au code reçu par e-mail.

eni Editions

* Voir conditions complètes de l'offre sur www.editions-eni.fr. Le livre numérique offert est consultable via Internet, pendant un an.

Collection EXPERT IT

Android

Guide de développement d'applications pour Smartphones et Tablettes

ISBN : 978-2-7460-6646-5
Imprimé en France

Editions ENI

ZAC du Moulin Neuf
Rue Benjamin Franklin
44800 St HERBLAIN

Tél. 02.51.80.15.15
Fax 02.51.80.15.16

e-mail : editions@ediENI.com
http://www.editions-eni.com

Auteur : Sébastien PÉROCHON
Collection **Expert IT** dirigée par Joëlle MUSSET

Les éléments à télécharger sont disponibles à l'adresse suivante :
http://www.editions-eni.fr. Saisissez la référence ENI
de l'ouvrage **EIAND** dans la zone de recherche et validez.
Cliquez sur le titre du livre puis sur le lien de téléchargement

Avant-propos

1. Introduction 11
2. À qui s'adresse cet ouvrage ? 12
3. Connaissances nécessaires pour aborder cet ouvrage 12
4. Objectifs à atteindre 13
5. Téléchargement 14
6. Informations complémentaires 14
7. Ressources 15

Chapitre 1
L'univers Android

1. Introduction 17
2. Présentation d'Android 17
   2.1 Open Handset Alliance™ 18
   2.2 Historique 18
   2.3 Versions d'Android 20
      2.3.1 Chronologie des versions 20
      2.3.2 Répartitions des distributions Android 23
   2.4 Architecture 24
3. Environnement de développement 25
   3.1 Pré-requis 26
   3.2 Installation du SDK Starter Package 26
   3.3 Eclipse et Plug-in ADT 27
      3.3.1 Installation d'Eclipse 27
      3.3.2 Installation du plug-in ADT sous Eclipse 3.4 28
      3.3.3 Installation du plug-in ADT sous Eclipse 3.5 et 3.6 28
      3.3.4 Configuration du plug-in ADT 34

3.4 Installation du SDK Android 37

Chapitre 2
Premiers pas

1. Premier projet Android 47
1.1 Création du projet 47
1.2 Exécution de l'application 52
1.2.1 ...sur l'émulateur Android 53
1.2.2 ...sur un appareil Android 60
2. Structure d'un projet Android 67
2.1 Le manifeste 68
2.1.1 Balise manifest 70
2.1.2 Balise uses-sdk 71
2.1.3 Balise application 72
2.2 Les ressources 72

Chapitre 3
Découverte de l'interface utilisateur

1. Introduction 77
2. Écrans 78
3. Mode programmatique et mode déclaratif 84
4. Vues 86
5. Layouts 89
5.1 Mode déclaratif 90
5.1.1 Déclaration du layout 90
5.1.2 Utilisation du layout 92
5.2 Mode programmatique 93
5.3 Combinaison des deux modes 95
6. Widgets 95
6.1 Déclaration 95
6.2 Utilisation 96

6.3 Découverte de quelques widgets 96
6.3.1 TextView (Champ de texte) 97
6.3.2 EditText (Champ de texte de saisie) 100
6.3.3 Button (Bouton) 102
6.3.4 Et les autres. 105

Chapitre 4
Les fondations

1. Introduction 107
2. Intention 108
2.1 Intention explicite. 111
2.2 Intention implicite 112
2.2.1 Création 112
2.2.2 Filtre d'intentions 113
2.3 Intention en attente 116
3. Activité. 117
3.1 Déclaration 117
3.2 Cycle de vie. 120
3.2.1 onCreate 120
3.2.2 onStart 121
3.2.3 onResume 122
3.2.4 onPause. 123
3.2.5 onStop 124
3.2.6 onRestart 124
3.2.7 onDestroy 125
3.3 Lancement 126
3.4 Sauvegarde et restauration de l'état 128
3.5 Pile d'activités 129

Chapitre 5
Compléter l'interface utilisateur

1. Introduction 133
2. Styles et thèmes 133
3. Menus 135
3.1 Déclaration 135
3.2 Utilisation 138
3.3 Menu d'activité 139
3.3.1 Création 139
3.3.2 Utilisation 140
3.4 Menu contextuel 142
3.4.1 Création 142
3.4.2 Utilisation 143
4. Barre d'action 143
4.1 Options de menu 144
4.2 Icône de l'application 145
5. Notifications 146
5.1 Toast 146
5.2 Boîte de dialogue 147
5.2.1 Tour d'horizon 148
5.2.2 Boîte de dialogue d'alerte 148
5.3 Barre de notification 153
5.3.1 Création d'une notification 153
5.3.2 Envoi d'une notification 156
6. Internationalisation 157

Chapitre 6
Composants applicatifs principaux

1. Introduction 161
2. Fragment 161
2.1 Intégration du fragment 163
2.1.1 Mode déclaratif 163

2.1.2 Mode programmatique 164
2.2 Cycle de vie. 167
2.2.1 onAttach. 167
2.2.2 onCreateView 168
2.2.3 OnActivityCreated 169
2.2.4 onDestroyView. 170
2.2.5 onDetach 170
2.3 Sauvegarde et restauration de l'état. 171
2.4 Pile de fragments. 171
3. Service 173
3.1 Déclaration 174
3.2 Utilisation directe 175
3.3 Utilisation en établissant une connexion. 176
3.4 Cycle de vie. 178
3.4.1 onCreate 178
3.4.2 onStartCommand 179
3.4.3 onBind 179
3.4.4 onUnbind 180
3.4.5 onDestroy. 181
4. Récepteur d'évènements 181
4.1 Évènement 182
4.2 Déclaration 183
4.3 Cycle de vie. 184
5. Liste 185
5.1 Vues 186
5.2 Adaptateur 186
5.3 Implémentation 188

Chapitre 7
La persistance des données

1. Introduction 189
2. Fichiers de préférences 189
   2.1 Cibler le fichier 190
   2.2 Lecture 191
   2.3 Écriture 192
   2.4 Suppression 194
3. Fichiers 195
   3.1 Stockage interne 196
      3.1.1 Écriture 196
      3.1.2 Lecture 197
      3.1.3 Effacer un fichier 198
   3.2 Stockage externe 198
      3.2.1 Disponibilité du support 199
      3.2.2 Accès et emplacements 200
      3.2.3 Fichiers communs 201
   3.3 Fichiers temporaires 202
      3.3.1 Stockage interne 202
      3.3.2 Stockage externe 203
4. Bases de données SQLite 204
   4.1 Création d'une base de données 204
   4.2 Traitements et requêtes SQL 206
   4.3 Mises à jour 207
5. Fournisseur de contenus 208
   5.1 Interface et URI 209
   5.2 Requêtes 210
   5.3 Ajout d'un enregistrement 212
   5.4 Suppression d'enregistrements 213
6. Sauvegarde dans les nuages 214
   6.1 Souscrire à l'Android Backup Service 215
   6.2 Configuration de la clé 217

6.3 Agent de sauvegarde 218
6.3.1 Configuration 218
6.3.2 BackupAgentHelper 219
6.4 Gestionnaire de Sauvegarde 222
6.4.1 Demander une sauvegarde 222
6.4.2 Tester le service 223

Chapitre 8
Concurrence, sécurité et réseau

1. Introduction 225
2. Processus 225
2.1 android:process 226
2.2 Partage de processus 228
3. Programmation concurrente 229
3.1 AsyncTask 230
3.2 Thread 234
3.2.1 Création 235
3.2.2 runOnUIThread 236
3.2.3 Communication inter-threads 236
4. Sécurité et droits 240
4.1 Déclaration de droits 241
4.2 Restriction d'utilisation 242
5. Réseau 243
5.1 Agent utilisateur 245
5.2 AndroidHttpClient 248

Chapitre 9
Tracer, déboguer et tester

1. Introduction 253
2. Journal d'évènements 254
2.1 Consultation des évènements 255
2.2 Écriture des événements 258

3. Débogage 259
3.1 Débogage pas-à-pas 259
3.2 DDMS. 260
3.2.1 Vue Devices 263
3.2.2 Vue Emulator Control. 265
3.2.3 Vue Threads 266
3.2.4 Vue Heap 267
3.2.5 Vue Allocation Tracker 268
3.2.6 Vue File Explorer. 269
4. Tests unitaires et fonctionnels 270
4.1 Création d'un projet de tests 270
4.2 Création d'une classe de cas de tests 276
4.2.1 Tester une activité 282
4.2.2 Tester un service 283
4.2.3 Tester un récepteur d'évènements 283
4.3 Exécution des tests 283
5. Test du singe 285

Chapitre 10
Publier une application

1. Introduction 287
2. Préliminaires 289
2.1 Version de l'application 289
2.1.1 android:versionCode 290
2.1.2 android:versionName 290
2.2 Filtres pour le marché 292
2.2.1 uses-feature 293
2.2.2 uses-configuration 294
3. Signature de l'application 295
3.1 Compilation en mode débogage. 295
3.2 Compilation en mode final 296
3.2.1 Protection du code. 297

3.2.2 Signer l'application 298
3.2.3 Installer l'application 302
4. Publication de l'application sur l'Android Market 304
4.1 Inscription. 304
4.2 Publication 312
4.2.1 Fichier .apk 314
4.2.2 Ressources. 314
4.2.3 Informations sur l'application 315
4.2.4 Options de publication 316
4.2.5 Coordonnées 318
4.2.6 Accepter 318
4.3 Et après ? 319

Chapitre 11

Cartes et localisation géographique

1. Introduction 321
2. Localisation géographique 321
2.1 Permissions 322
2.2 Gestionnaire de localisation. 323
2.3 Récupérer les données de localisation 325
2.3.1 En cache 327
2.3.2 Une seule fois 328
2.3.3 Périodiquement 329
2.3.4 Stopper les mises à jour. 330
3. Google Maps 331
3.1 Mise en place 331
3.1.1 Installation du SDK. 331
3.1.2 Configuration de l'application 332
3.1.3 Obtenir une clé d'utilisation 333
3.2 Utilisation. 336
3.2.1 Déclaration de la vue. 337
3.2.2 MapActivity 337
3.2.3 Géolocalisation 339

Chapitre 12
Fonctionnalités avancées

1. Introduction 343
2. App Widget 344
   2.1 Création 345
   2.2 Déclaration 345
   2.3 Configuration 346
   2.4 Cycle de vie 348
      2.4.1 onEnabled 349
      2.4.2 onDisabled 349
      2.4.3 onUpdate 350
      2.4.4 onDeleted 351
   2.5 RemoteViews 351
   2.6 Activité de configuration 354
      2.6.1 Déclaration 355
      2.6.2 Création 355
3. Protéger les applications payantes 358
   3.1 Installation de la LVL 359
      3.1.1 Téléchargement 359
      3.1.2 Intégration de la LVL dans le code source 361
      3.1.3 Intégration de la LVL en tant que bibliothèque 361
   3.2 Utilisation de la LVL 364
      3.2.1 Politique 364
      3.2.2 Obfuscation 365
      3.2.3 Vérification de la licence 366
   3.3 Tester 368
      3.3.1 Tester sur un appareil Android 375
      3.3.2 Tester sur un émulateur 376

Index 377

Avant-propos

1. Introduction

Rares sont les systèmes ayant connu une progression fulgurante à l'image de celle que connaît actuellement le système Android.

Il y a peu de temps encore, le système Android n'était présent que sur les smartphones. Depuis, on le retrouve aussi sur les télévisions connectées. Et aujourd'hui, il envahit le marché des tablettes tactiles avec la sortie de la version 3.

Nombreuses sont les raisons de ce succès. L'une d'elles est sans doute l'offre pléthorique d'applications téléchargeables, plusieurs centaines de milliers, permettant à tout un chacun de personnaliser son appareil Android.

Pour que le lecteur puisse faire partie de ce succès, cet ouvrage se propose de l'accompagner lors de ses premiers pas dans le développement d'applications natives Android qu'il pourra ensuite publier et éventuellement vendre aux utilisateurs du monde entier.

2. À qui s'adresse cet ouvrage ?

Cet ouvrage s'adresse à quiconque s'intéresse de près ou de loin à l'univers Android et qui souhaite aller plus loin en découvrant comment créer ses propres applications natives Android.

3. Connaissances nécessaires pour aborder cet ouvrage

Le propos de cet ouvrage est l'écriture d'applications Android en langage Java sous l'environnement de développement intégré Eclipse.

Plus précisément, cet ouvrage se concentre uniquement sur le développement logiciel propre à Android.

Cela suppose donc du lecteur qu'il possède des connaissances de programmation en langage objet, et plus particulièrement en Java, et aussi quelques connaissances d'utilisation de l'environnement de développement intégré Eclipse.

C'est pourquoi, il n'a pas été jugé utile de reprendre une énième fois l'étude du langage dans cet ouvrage afin de se concentrer uniquement sur la partie spécifique à Android.

L'écriture d'applications Android ne requiert pas un niveau élevé en Java pour débuter. Il suffit au lecteur de ne posséder que quelques connaissances de base en Java pour parcourir cet ouvrage sans souci et surtout pour réaliser ses propres applications Android.

Quant à l'utilisation de l'environnement de développement intégré Eclipse, là encore quelques connaissances de base sont largement suffisantes.

4. Objectifs à atteindre

Cet ouvrage a pour but d'aider le lecteur à faire ses premiers pas dans le développement d'applications Android et de le guider vers les fonctionnalités plus avancées.

Grâce à cet ouvrage, le lecteur, utilisateur d'Android, deviendra concepteur d'applications Android. Il découvrira les fondations du système Android et les bases du développement d'applications Android pour smartphones et tablettes tactiles jusqu'à la version 3 incluse. Dès lors, le lecteur pourra développer et publier ses propres applications Android à destination des utilisateurs du monde entier.

Pour ce faire, suite à la présentation de la plate-forme Android, le lecteur découvrira comment mettre en place l'environnement de développement afin de créer et exécuter son premier projet Android. S'en suivra une première étude de l'interface utilisateur et de deux composants principaux applicatifs que sont les intentions et les activités. Une étude complémentaire de l'interface utilisateur dévoilera les éléments majeurs que peuvent utiliser les applications.

D'autres composants applicatifs principaux tels que les fragments et les services seront ensuite étudiés. Différentes solutions de persistance de données seront décrites. Puis le lecteur découvrira l'implémentation de la programmation concurrente sous Android, la gestion de la sécurité et la communication réseau.

Les moyens de traçage, de débogage et de tests des applications seront détaillés. Le lecteur découvrira comment publier une application, notamment sur l'Android Market.

Enfin, cet ouvrage se terminera par l'étude des moyens de localisation géographique et des fonctionnalités avancées telles que la création d'App Widget et la protection des applications payantes.

5. Téléchargement

Les exemples de code fournis dans l'ouvrage servent à illustrer chacun des propos évoqués individuellement. Ce ne sont pas des exemples d'applications complètes.

C'est pourquoi sont offerts en complément des projets Eclipse complets et fonctionnels. Ces projets permettent d'illustrer de façon concrète les concepts et pratiques décrits dans cet ouvrage mais également des notions plus avancées, détaillées ou non dans l'ouvrage.

Ces projets sont téléchargeables sur le site des Éditions ENI.

6. Informations complémentaires

L'ampleur des sujets concernant le développement d'applications Android est très vaste, trop vaste pour un seul et même ouvrage. Des choix ont donc été faits quant aux sujets traités dans cet ouvrage. Certains de ces sujets ont été décrits en détail, d'autres légèrement abordés, et d'autres enfin ont volontairement été évités.

La sélection de ces sujets a été faite dans le but de couvrir un ensemble de sujets cohérents et suffisants quant à l'apprentissage du développement d'applications Android. Il appartient au lecteur, une fois les connaissances de base acquises, d'aller plus avant et de découvrir par lui-même les fonctionnalités complémentaires. L'ouvrage suggère à plusieurs reprises l'étude de classes et de fonctionnalités permettant d'approfondir les différents thèmes traités.

De même, bien que la quasi-totalité des fonctionnalités de développement d'applications Android soit disponible aussi bien sous Eclipse qu'en ligne de commande, le choix a été fait de se concentrer principalement sur le développement d'applications depuis Eclipse.

7. Ressources

En complément de l'ouvrage et du code téléchargeable l'accompagnant, de nombreuses documentations et ressources existent pour aider le développeur. Les principales sont :

- Le site officiel du développement Android : http://developer.android.com/.
- Ce site comprend de nombreuses ressources dont, entre autres, le guide de développement et la documentation des APIs du SDK qui peuvent être téléchargés pour être consultés en local, comme cela sera expliqué dans l'ouvrage.
- Ce site comprend également diverses ressources comme des projets d'exemples, des vidéos et un blog officiel distillant de très utiles et judicieux billets à destination des développeurs.
- Le forum officiel pour les développeurs Android : http://groups.google.com/group/android-developers.
- Des questions/réponses entre développeurs Android : http://stackoverflow.com/questions/tagged/android.
- La liste des bogues Android : http://code.google.com/p/android/issues.
- Un projet Android officiel ApiDemos permettant de découvrir de nombreuses fonctionnalités d'Android ainsi que de consulter et étudier le code correspondant.

Bonne lecture !

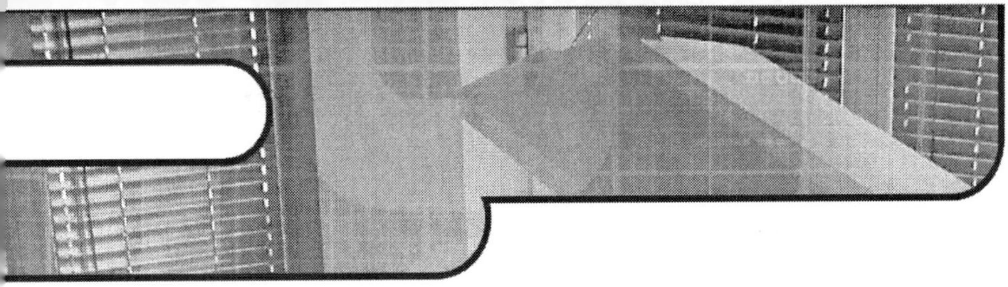

Chapitre 1
L'univers Android

1. Introduction

Plate-forme intégrée pour la première fois dans un smartphone (téléphone intelligent) sorti en France en mars 2009, Android s'est depuis émancipé très rapidement pour conquérir de nombreux appareils, mobiles ou non tels que les netbooks (mini-ordinateurs), les tablettes tactiles et les télévisions connectées.

Si bien qu'aujourd'hui, Android n'est ni plus ni moins que l'un des systèmes d'exploitation majeurs dans le monde.

Pour bien comprendre comment Android en est arrivé là si rapidement, nous allons dans un premier temps le présenter et retracer le chemin parcouru. Puis dans un second temps, nous installerons et préparerons l'environnement de développement.

2. Présentation d'Android

Afin de s'immerger pleinement dans l'univers Android, une présentation de la plate-forme s'impose.

Nous allons donc découvrir ici les origines et l'historique de la plate-forme Android, ses différentes versions et leurs répartitions actuelles et passées sur les appareils Android. Nous découvrirons enfin l'architecture de la plate-forme Android sur laquelle s'exécutent les applications.

2.1 Open Handset Alliance™

Rachetée par Google en 2005, Android était initialement une startup (jeune entreprise) qui développa un système d'exploitation pour appareil mobile.

Dès lors, nombre de rumeurs annonçaient la sortie d'un téléphone Google nommé Gphone. Mais Google préparait, en fait, bien plus que cela.

Le 5 novembre 2007 fut annoncée la création de l'OHA (*Open Handset Alliance*) : un consortium créé à l'initiative de Google réunissant une trentaine d'entreprises à ses débuts. La plus grande partie de ces entreprises étaient des opérateurs mobiles, des constructeurs, des industriels et des éditeurs logiciels. Le rôle de l'OHA est de favoriser l'innovation sur les appareils mobiles en fournissant une plate-forme véritablement ouverte et complète.

Le même jour, l'OHA annonça officiellement Android : la première plate-forme complète et ouverte pour les appareils mobiles. Cette plate-forme inclut un système d'exploitation, le middleware (les logiciels intermédiaires), une interface utilisateur et des applications phares.

Quelques jours plus tard, le 12 novembre 2007, l'OHA annonça la sortie du premier SDK (*Software Development Kit*) ou Kit de développement logiciel Android permettant aux développeurs de pouvoir créer des applications pour la plate-forme Android.

Mi-2011, l'OHA regroupe plus de quatre-vingts sociétés membres.

2.2 Historique

Le 21 octobre 2008, Google et l'OHA annoncèrent la mise à disposition du code source de la plate-forme Android en open source, sous licence Apache 2.0.

Il est dès lors possible de télécharger le code source du système Android, le compiler, l'installer et l'exécuter soi-même. Il est également possible de contribuer à son évolution. Tout le code et les informations se trouvent sur le site Android Open Source Project :

http://source.android.com/

En novembre 2008 fut lancé l'Android Market, le magasin d'applications de Google permettant aux développeurs et éditeurs de logiciels Android de proposer leurs applications aux utilisateurs Android. Ce magasin est disponible directement sur les appareils Android via l'application Android Market, mais aussi via le site disponible à l'adresse :

https://market.android.com

La version web ne permettait initialement que de consulter quelques applications phares. Depuis le 02 février 2011, une nouvelle version du site intitulée Android Market Webstore permet dorénavant de consulter toutes les applications en ligne mais également de les acheter et de les installer sur les appareils Android en téléchargement sans fil.

Le premier smartphone Android est sorti en octobre 2008 aux États-Unis et en mars 2009 en France. Ce fut le HTC Dream G1. Sa particularité fut de posséder un clavier physique coulissant. Son écran faisait 8 cm de diagonale et possédait une résolution de 320 x 480 pixels. Il intégrait 192 Mo de mémoire RAM, 256 Mo de ROM, un appareil photo sans flash de 3,1 millions de pixels, le Wi-Fi et la 3G.

Depuis, et jusqu'à mi-2011, est sorti sur le marché une centaine de modèles de smartphones Android, sans compter les différentes déclinaisons de chacun de ces modèles. Les tailles d'écran varient de 6,5 cm à 15 cm de diagonale, les résolutions de 240 x 320 pixels à 480 x 854 pixels. La résolution des appareils photo atteint désormais 8 millions de pixels.

Mi-2009 apparurent les premières tablettes tactiles Android. Mais il faudra attendre début 2011 et la sortie de la version d'Android 3.0 spécialement conçu pour les tablettes pour les démocratiser auprès du grand public.

Ces tablettes tournent sur des processeurs à double cœurs comme certains smartphones Android, possèdent des écrans dont la taille atteint jusqu'à 30 centimètres de diagonale et dont la résolution maximale est de 1366 x 768 pixels. Enfin, certaines possèdent deux caméras, l'une frontale, l'autre en face arrière.

Ainsi, à mi-2011, il existe près de 400 modèles de smartphones et de tablettes Android en prenant en compte toutes leurs déclinaisons.

Les derniers appareils sont également équipés du NFC (*Near Field Communication*) qui leur permet de communiquer en champ proche, comme par exemple pour le paiement sans contact.

Beaucoup de chemin a été parcouru depuis l'apparition de la plate-forme Android. Chaque semaine apporte son lot de nouveaux smartphones et tablettes. Et cela va crescendo !

2.3 Versions d'Android

À l'instar de l'empire romain, Android ne s'est pas fait en un jour. Pourtant, la progression du nombre de ses fonctionnalités est à l'image de celle de ses parts de marchés, c'est-à-dire tout simplement stupéfiante.

Ces fonctionnalités, améliorations et corrections de bogues ont fait leurs apparitions au fil du temps dans plusieurs versions.

Découvrons de suite chacune de ces versions depuis la sortie officielle d'Android et leurs répartitions actuelles et passées sur l'ensemble des appareils Android.

2.3.1 Chronologie des versions

En septembre 2008 sortit la première version de la plate-forme Android notée 1.0. Puis la version 1.1 sortit en février 2009. C'est cette version qui fut intégrée dans le premier smartphone Android commercialisé en France en mars 2009.

Quelques mois après, Android passa directement à la version 1.5, version majeure sortie en avril 2009. Suivirent trois révisions de cette version : la 1.5r2, la 1.5r3 et la 1.5r4.

La version 1.5 apportait de nouvelles fonctionnalités comme la détection de la rotation par l'accéléromètre, l'enregistrement vidéo et l'intégration des App Widgets (cf. chapitre Fonctionnalités avancées - App Widget).

La version 1.6 suivit en septembre 2009. Cette version intégra notamment le support de nombreuses résolutions et tailles d'écran différentes. La synthèse vocale fut également intégrée. Deux révisions, la 1.6r2 et la 1.6r3, sortirent ensuite.

En octobre 2009 sortit la version majeure 2.0. Celle-ci comporta le support de HTML5 et d'Exchange.

En décembre 2009 apparut la 2.0.1 et, en janvier 2010, la 2.1 qui intégra les fonds d'écran dynamiques. Sortit ensuite la révision 2.1r2.

Ces dernières versions furent rapidement remplacées par la version 2.2. Cette version apporta la fonctionnalité de hotspot (borne Wi-Fi) et améliora nettement les performances mesurées de 2 à 5 fois plus rapides que la version 2.1. Cette version permit également l'installation des applications sur le stockage externe comme une carte mémoire amovible. Là encore, sortit une révision : la 2.2r2.

Fin 2010, sortit la version 2.3 comportant le NFC, le support de plusieurs caméras, une interface améliorée, une meilleure gestion de l'énergie, la gestion de nouveaux capteurs, une amélioration importante des performances de la machine virtuelle Dalvik, un clavier virtuel plus rapide avec un meilleur copié/collé, le support de VoIP (*Voice over Internet Protocol*) et SIP (*Session Initiation Protocol*)...

La version 2.3 ne fut disponible que sur le smartphone Nexus S de Google.

Il fallut attendre la version 2.3.3 pour que les autres téléphones, le Nexus One entre autres, puissent se mettre au même niveau.

En février 2011 sortit la version 3.0. Cette version marque une étape importante dans le monde Android. Elle est conçue spécifiquement pour les tablettes tactiles afin de tirer bénéfice de leurs grands écrans. Outre l'intégration d'une nouvelle interface utilisateur riche en nouveaux composants et incorporant un nouveau thème graphique, la version 3.0 amène le support de l'architecture processeurs à multicœurs.

En mai 2011 apparut la version 2.3.4. C'est la version la plus récente dont peuvent bénéficier les smartphones à mi-2011 et ce malgré l'apparition de la version 3.0, puisque cette dernière est dédiée exclusivement aux tablettes. Co-existent alors actuellement deux branches de versions en parallèles, l'une pour les smartphones, l'autre pour les tablettes.

Remarque

Il est fortement probable qu'une future version fusionne les deux branches pour réunir les smartphones, les tablettes et peut-être même les télévisions connectées.

Sortit également en mai 2011, la version 3.1, toujours dédiée aux tablettes. Cette version apporte notamment le support de l'USB (*Universal Serial Bus*) maître et la possibilité de gérer divers périphériques branchés sur les ports USB.

À ces versions du système Android correspondent des niveaux d'interface de programmation ou plus simplement API (*Application Programming Interface*) du SDK. Le tableau ci-après rappelle ces correspondances.

Version de la plate-forme Android	Date	Nom	Niveau d'API
1.0	09/2008		1
1.1	02/2009		2
1.5	04/2009	Cupcake	3
1.5r2	05/2009		
1.5r3	07/2009		
1.5r4	05/2010		
1.6	09/2009	Donut	4
1.6r2	12/2009		
1.6r3	05/2010		
2.0	10/2009	Eclair	5
2.0.1	12/2009		6
2.1	01/2010		7
2.1r2	05/2010		

Version de la plate-forme Android	Date	Nom	Niveau d'API
2.2	05/2010	Froyo	8
2.2r2	07/2010		
2.3	12/2010	Gingerbread	9
2.3.3	02/2011		10
3.0	02/2011	Honeycomb	11
3.1	05/2011	Honeycomb	12

■ Remarque

À noter que les versions majeures sont intitulées avec des noms de dessert et dont la première lettre est la suivante dans l'alphabet du nom de dessert précédent.

C*upcake->****D****onut->****E****clair->****F****royo->****Gi****ngerbread->****H****oneycomb->****I****...*

Le système Android assure aux applications une compatibilité ascendante. Cela signifie qu'une application faite pour fonctionner sur une version minimale d'Android 1.6 (API 4) fonctionnera automatiquement sur toutes les versions Android 1.6 (API 4) et supérieures, et donc, par exemple, la version 3.0 (API 11).

2.3.2 Répartitions des distributions Android

Tous les quinze jours, le site web Android fournit la répartition des versions Android des systèmes ayant accédé à l'Android Market les deux dernières semaines. Figure aussi les données historiques permettant de suivre l'évolution de cette répartition.

Ces informations se trouvent à l'adresse suivante :

http://developer.android.com/resources/dashboard/platform-versions.html

Ces données permettent d'aider le développeur à choisir, en toute connaissance de cause, la version minimale sur laquelle devra s'exécuter son application. Du fait de la compatibilité ascendante d'Android, cette application fonctionnera automatiquement sur toutes les versions supérieures.

Remarque

Plus la version minimale d'Android requise par l'application est faible, plus le nombre d'appareils, et donc d'utilisateurs et potentiellement d'acheteurs, pouvant exécuter l'application sera important. Mais en contrepartie, l'application disposera de moins d'API du SDK que les versions plus récentes. C'est donc au développeur de trouver le meilleur compromis entre les fonctionnalités requises du SDK et l'étendue du public visé.

Par exemple, au 1er avril 2011, environ 94% des appareils accédant à l'Android Market tournent sous des versions d'Android 2.1 (API 7) ou supérieures. Le développeur doit donc se demander s'il ne vaut pas mieux perdre 6% du marché et profiter en contrepartie des nouvelles API disponibles depuis la version d'Android 2.1 (API 7).

2.4 Architecture

Le système Android est basé sur le noyau Linux 2.6. Ce noyau prend en charge la gestion des couches basses, telles que les processus, la gestion de la mémoire, les droits utilisateurs et la couche matérielle à l'aide des drivers.

Remarque

Sous Android 3.0 (API 11), la version du noyau Linux utilisée est la 2.6.36.

Au-dessus de ce noyau, figure la couche des bibliothèques principales du système fournies par des tiers. Celles-ci, de bas niveaux, sont écrites en C et/ou C++. Elles fournissent des services essentiels tels que la gestion de l'affichage 2D et 3D, un moteur de base de données SQLite, la lecture et l'enregistrement audio et vidéo, un moteur de navigateur web...

Les fonctionnalités offertes par ces bibliothèques sont ensuite reprises et utilisées par la couche supérieure sous forme de bibliothèques Java. Celles-ci fournissent des bibliothèques et composants réutilisables spécifiques à des domaines particuliers.

On y retrouve par exemple les bibliothèques de base de données, de téléphonie, de localisation géographique, de communication en champ proche...

Remarque

Android fournit également une multitude de bibliothèques Java standard de base comme celles du paquetage `java.*`.

Enfin, la couche de plus haut niveau est celle des applications. Ces applications sont celles fournies par défaut, comme l'application d'accueil ou bureau, l'application de lancement d'applications, le navigateur web, l'application de téléphone... Mais ce sont également les applications tiers créées par des développeurs dont vous ferez bientôt partie !

Bien qu'il soit possible de développer des applications comportant du code C et/ou C++ via le NDK (*Native Development Kit*) afin notamment d'améliorer les performances, nous n'aborderons pas ce sujet dans cet ouvrage. Nous n'utiliserons que les API Java proposées par le SDK et qui suffisent, dans la très grande majorité des cas, pour créer toutes sortes d'applications standard. S'il s'agit d'applications nécessitant de grandes performances graphiques comme les jeux en 2D ou 3D, la donne est différente.

Par défaut, chaque application s'exécute dans une machine virtuelle Java elle-même confinée dans un processus Linux dédié. Cette machine virtuelle est spécifique à la plate-forme Android et spécialisée pour les environnements embarqués. Elle est nommée machine virtuelle Dalvik.

3. Environnement de développement

Socle central du développement logiciel, l'environnement de développement Android peut adopter plusieurs variantes selon les us et coutumes du développeur. Cet environnement peut se restreindre à la simple ligne de commande et de l'éditeur de texte léger, mais puissant, l'accompagnant jusqu'à aller à l'environnement de développement intégré, gourmand en ressources mais fonctionnel.

Nous allons détailler tout cela dans cette section, pour nous focaliser plus particulièrement sur l'environnement de développement intégré.

3.1 Pré-requis

Pour pouvoir développer des applications Android, il faut tout d'abord s'assurer que le poste de développement est compatible avec les critères requis.

Systèmes d'exploitation supportés :
- Windows XP (32 bits), Windows Vista (32 ou 64 bits), Windows 7 (32 ou 64 bits).
- Mac OS X 10.5.8 ou supérieur (x86 seulement).
- Linux (Bibliothèque GNU C (glibc) 2.11 ou supérieure ; les distributions 64 bits doivent être capables d'exécuter des applications 32 bits).

Un minimum de 200 Mo d'espace disque est requis pour l'installation seule du SDK, de ses outils et d'une version d'une plate-forme Android.

Le JDK (*Java Development Kit*) de Java 5 ou supérieur est requis. Si le poste de développement n'en dispose pas déjà, il est possible de télécharger le JDK de la plate-forme Java SE (*Java Platform, Standard Edition*) à l'adresse suivante :

http://www.oracle.com/technetwork/java/javase/downloads/index.html

3.2 Installation du SDK Starter Package

Le SDK Android ne se télécharge pas directement. Il faut utiliser l'outil SDK Starter Package (Outil d'installation du SDK). Cet outil va permettre d'installer les outils de base du SDK pour télécharger ensuite tous les composants du SDK dans la ou les versions que l'on souhaite.

Le fichier comprenant les outils de base du SDK, dont l'outil d'installation du SDK, est téléchargeable ici :
http://developer.android.com/sdk/index.html

Si le fichier téléchargé est au format zip ou tgz, décompressez-le dans un emplacement spécifique. Retenez bien cet emplacement, il sera demandé ultérieurement lors de l'installation du module d'extension ADT (*Android Development Tools*).

Si le fichier d'installation téléchargé concerne Windows (`.exe`), exécutez-le. Celui-ci va vérifier la conformité de l'installation du JDK Java et installer les outils du SDK à l'emplacement par défaut ou à l'emplacement qui lui est précisé.

Remarque

Dans la suite de l'ouvrage, certains chemins utilisent le terme `sdk`*, par exemple* `sdk`*/platform-tools. Il faudra donc veiller à remplacer le terme* `sdk` *par le dossier racine d'installation du SDK.*

3.3 Eclipse et Plug-in ADT

Bien que l'utilisation d'Eclipse pour le développement d'applications Android ne soit pas obligatoire, celle-ci est fortement conseillée. Couplé au plug-in ADT, Eclipse devient un véritable environnement de développement d'applications Android.

Le plug-in ADT intègre de nombreuses fonctionnalités spécifiques aux développements d'applications Android sous Eclipse depuis l'assistant de création de projet Android jusqu'à l'exportation de l'application finale. L'installation varie selon la version d'Eclipse utilisée.

3.3.1 Installation d'Eclipse

Une version d'Eclipse 3.4 ou supérieure est nécessaire. À partir d'Eclipse 3.5, la déclinaison Eclipse Classique est recommandée. Cependant, toute déclinaison d'Eclipse incluant le plug-in Eclipse JDT peut faire l'affaire. Nous utiliserons dans cet ouvrage la version Eclipse Classique 3.6 en langue anglaise qui est la langue fournie par défaut.

Eclipse peut se télécharger à l'adresse suivante :
http://www.eclipse.org/downloads

3.3.2 Installation du plug-in ADT sous Eclipse 3.4

- Dans le menu général d'Eclipse, sélectionnez **Help - Software Updates...**.

Une fenêtre apparaît.

- Sélectionnez l'onglet **Available Software**.
- Cliquez sur le bouton **Add Site**.
- Entrez l'adresse https://dl-ssl.google.com/android/eclipse/ dans la fenêtre qui apparaît puis cliquez sur le bouton **OK**.

Remarque

Si un problème de téléchargement apparaît, remplacez https par http dans l'url.

- Cochez la case **Developer Tools** puis cliquez sur **Install**.
- Cliquez sur le bouton **Next** puis sur le bouton **Finish**.

Le téléchargement et l'installation des composants se lancent automatiquement.

- Patientez jusqu'à la fin de l'installation puis redémarrez Eclipse.

3.3.3 Installation du plug-in ADT sous Eclipse 3.5 et 3.6

- Dans le menu général d'Eclipse, sélectionnez **Help - Install New Software...**.

La fenêtre **Install** s'affiche.

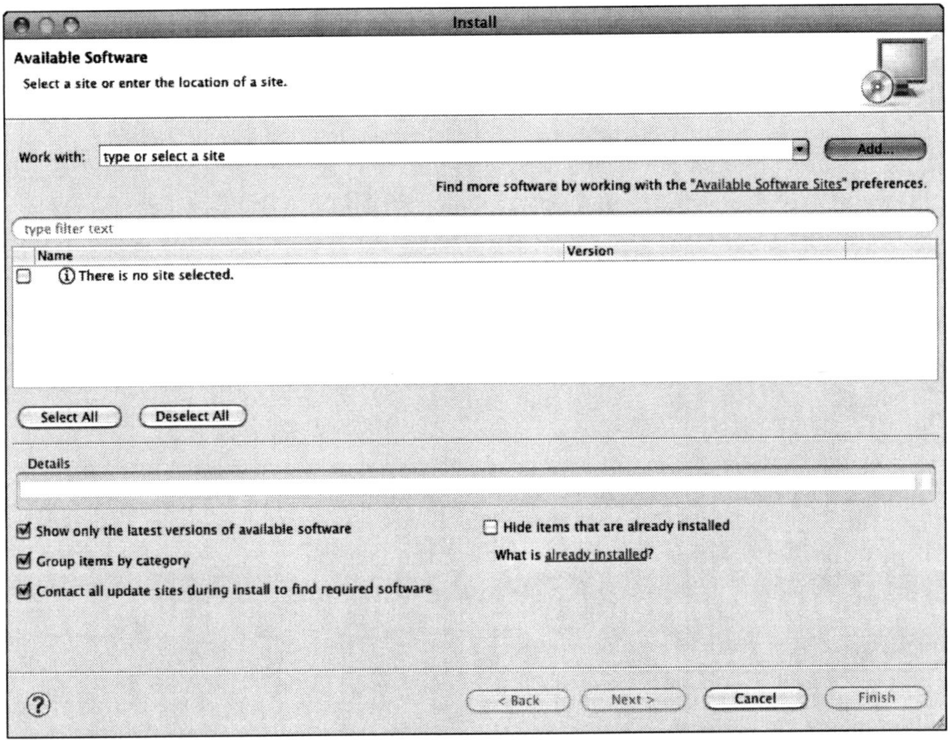

Installation du plug-in ADT

- Cliquez sur le bouton **Add...** en haut à droite.
- Dans la nouvelle fenêtre **Add Repository** qui apparaît, entrez **Android** dans le champ **Name** et l'adresse **https://dl-ssl.google.com/android/eclipse/** dans le champ **Location**.

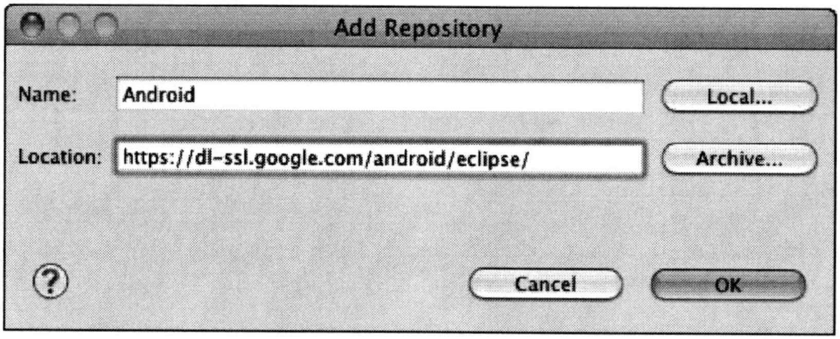

Installation du plug-in ADT

▶ Cliquez sur le bouton **OK**.

■ Remarque

Si un problème de téléchargement survient, remplacez https par http dans l'url.

Le groupe **Developer Tools** apparaît dans la liste des composants disponibles. Le développer permet de voir les éléments qu'il contient.

■ Remarque

Il est probable que les numéros de version affichés à l'écran soient plus récents que ceux des copies d'écran de l'ouvrage. Cela ne change rien à la marche à suivre.

▶ Cochez la case **Developer Tools**.

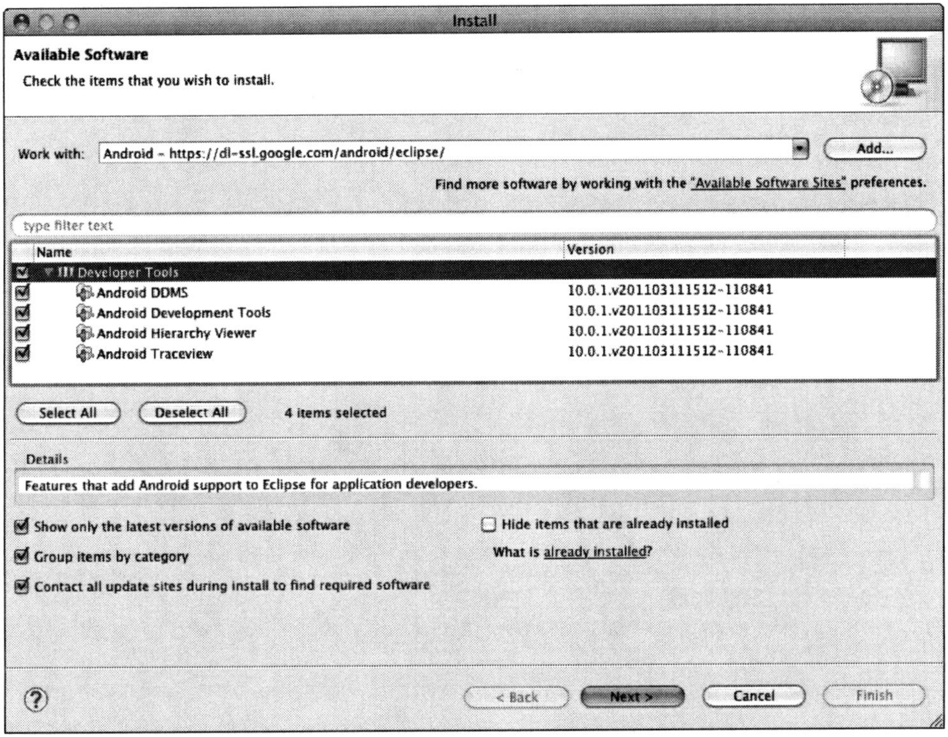

Installation du plug-in ADT

- Cliquez sur le bouton **Next**. Cette étape peut durer un certain temps s'il s'agit d'une nouvelle installation d'Eclipse.

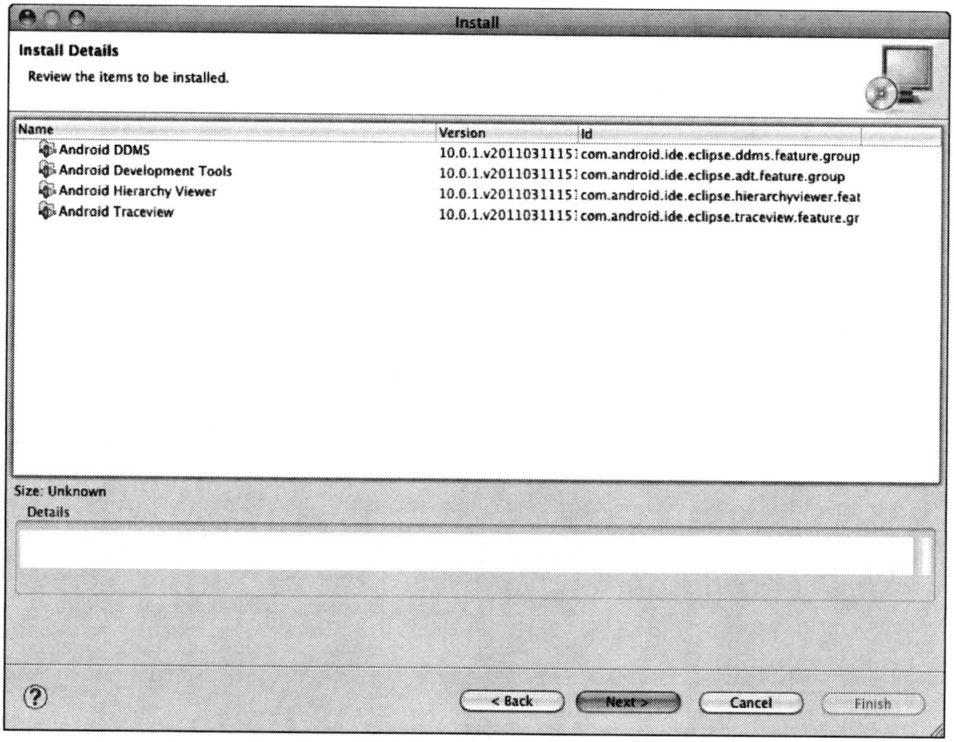

Installation du plug-in ADT

- Cliquez sur le bouton **Next**.
- Lisez et acceptez les termes des licences d'utilisation des composants en cochant la case **I accept the terms of the license agreements**.

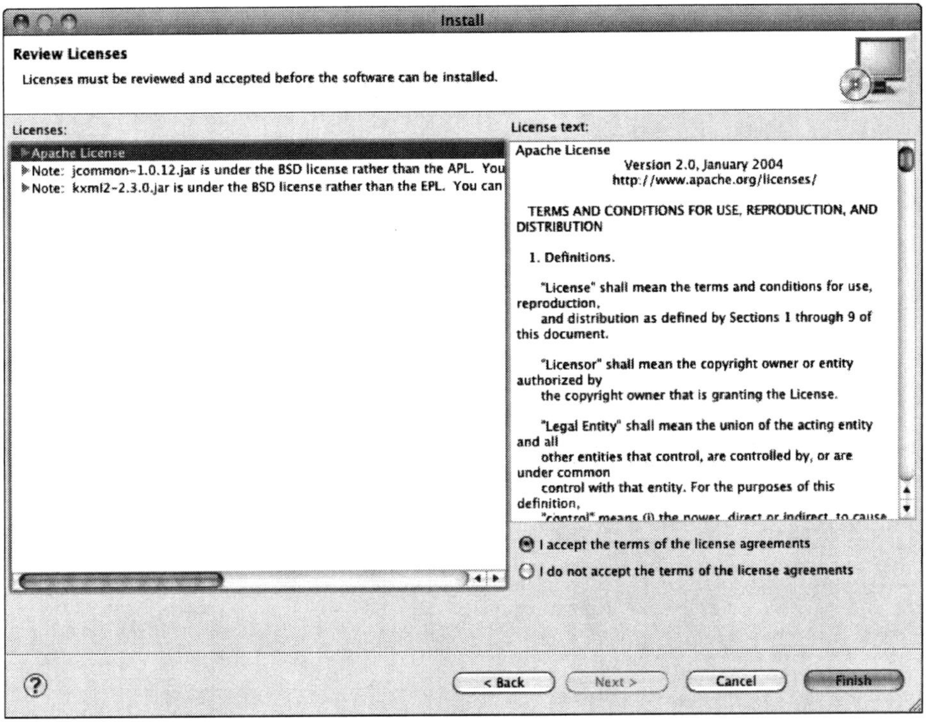

Installation du plug-in ADT

◘ Cliquez sur le bouton **Finish**.

Le téléchargement et l'installation des composants se lancent automatiquement.

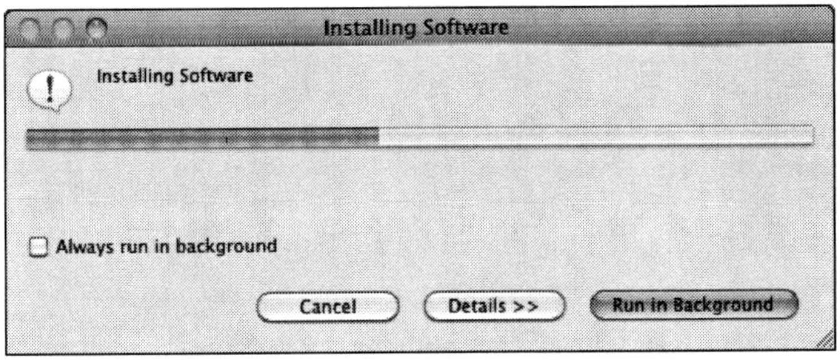

Installation du plug-in ADT

Un message d'avertissement peut s'afficher lors de l'installation.

Installation du plug-in ADT

- Si tel est le cas, cliquez sur le bouton **OK**.

À la fin de l'installation, la fenêtre **Software Updates** invite à redémarrer Eclipse.

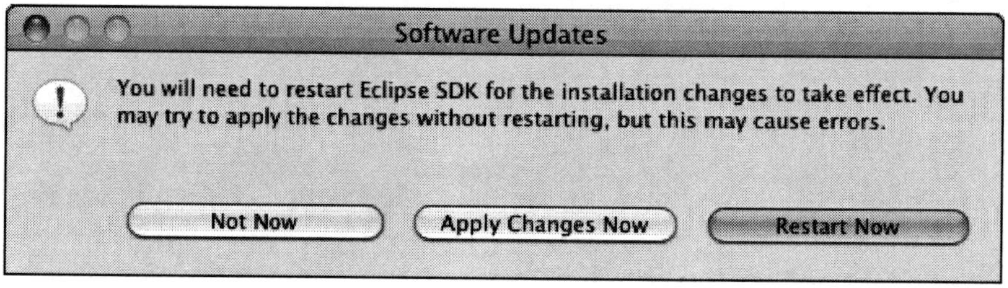

Installation du plug-in ADT

- Cliquez sur le bouton **Restart Now** pour redémarrer Eclipse immédiatement.

3.3.4 Configuration du plug-in ADT

Reste à indiquer au plug-in ADT l'emplacement des outils de base du SDK Android installés précédemment. Pour cela :

- Dans le menu général d'Eclipse, sélectionnez **Eclipse - Préférences...**.

La fenêtre **Preferences** apparaît alors.

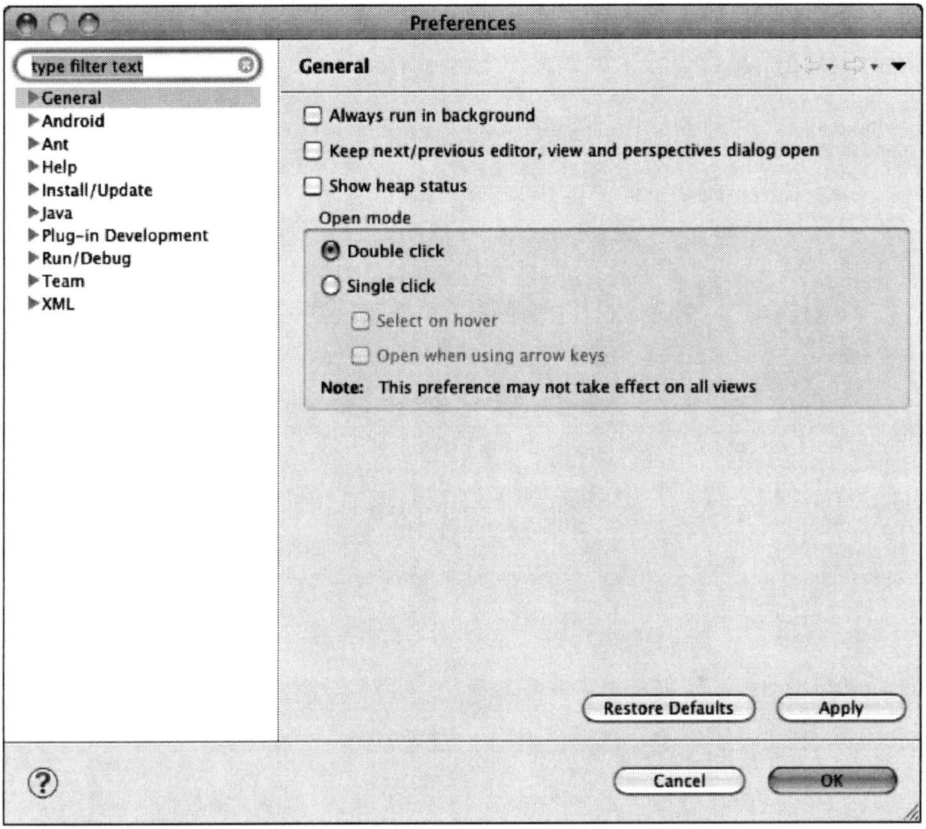

Configuration du plug-in ADT

- Sélectionnez **Android** dans la partie gauche et dans la partie droite, dans le champ **SDK Location**, spécifiez l'emplacement du SDK Android téléchargé précédemment.

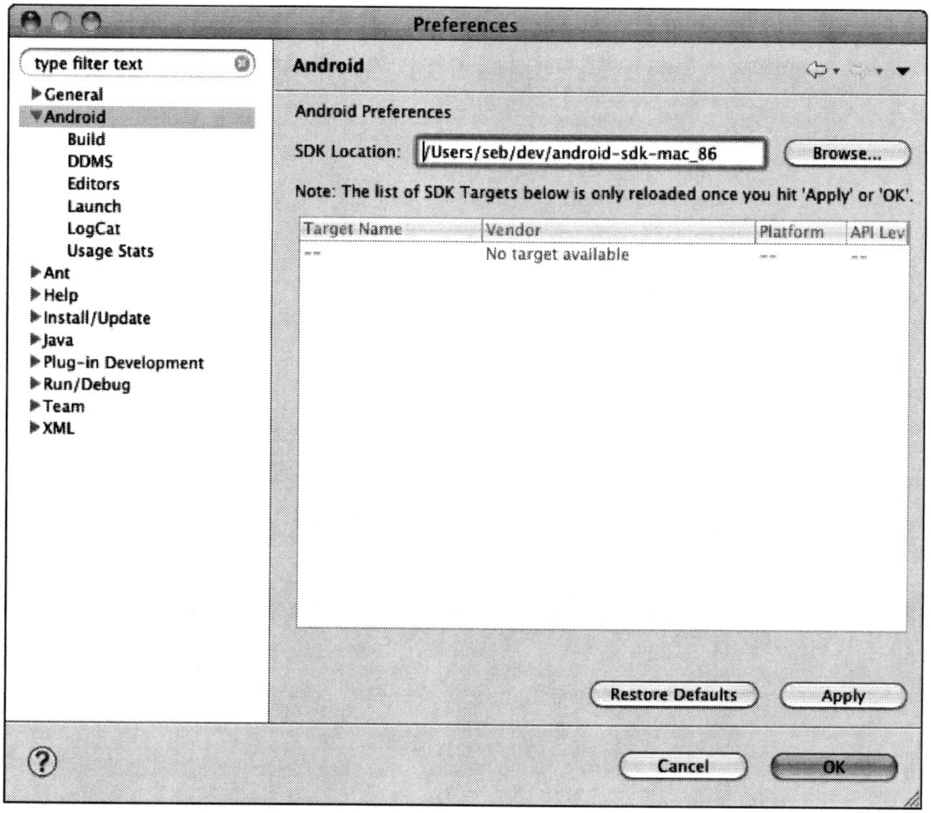

Configuration du plug-in ADT

▶ Cliquez sur le bouton **OK**.

La fenêtre **Android SDK Verification** s'affiche alors pour avertir que les outils du SDK spécifiques aux plates-formes Android sont manquants.

■ Remarque

Cet avertissement est normal car pour développer une application Android, il faut installer au minimum le SDK d'une plate-forme Android ainsi que les outils associés. Cette étape est décrite juste après.

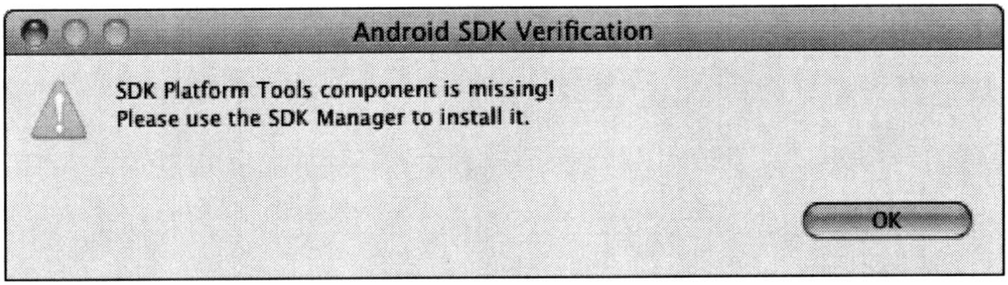

Configuration du plug-in ADT

- Cliquez sur le bouton **OK**.

3.4 Installation du SDK Android

Pour développer une application Android, il faut installer au minimum le SDK d'une plate-forme Android ainsi que les outils associés. Pour cela :

- Dans le menu général d'Eclipse, sélectionnez **Window - Android SDK and AVD Manager** ou cliquez directement sur l'icône correspondante dans la barre d'outils.

Icône de l'Android SDK and AVD Manager

L'outil **Android SDK and AVD Manager** s'ouvre alors.

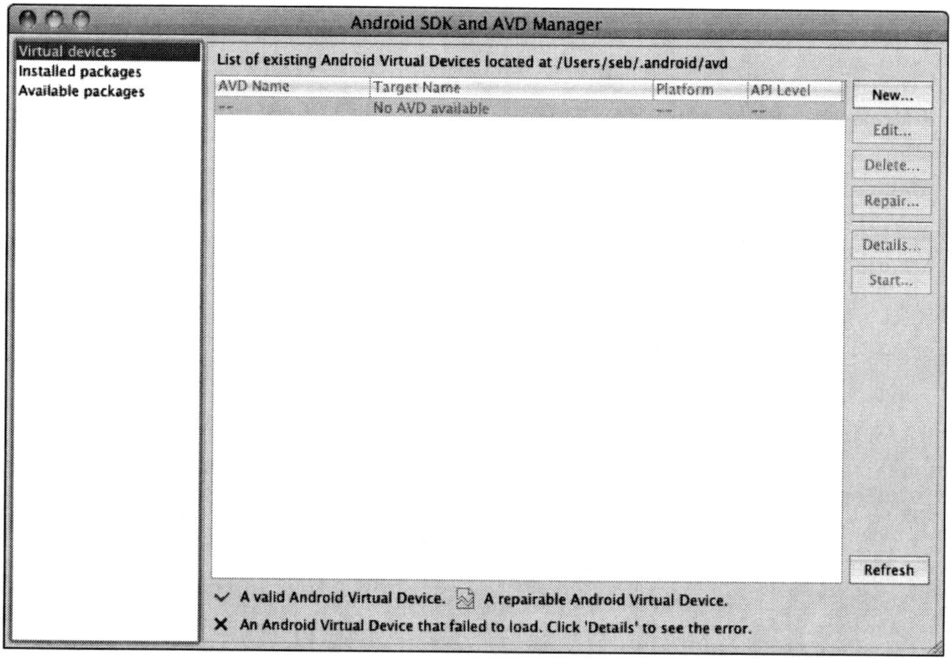

Installation du SDK Android

- Dans la partie gauche, sélectionnez **Installed packages** pour afficher la liste des composants du SDK déjà installés. Dans la liste de droite apparaît le seul composant installé par défaut, à savoir **Android SDK Tools** dans sa dernière version. Celui-ci comprend les outils de base du SDK Android communs à toutes les plates-formes Android.

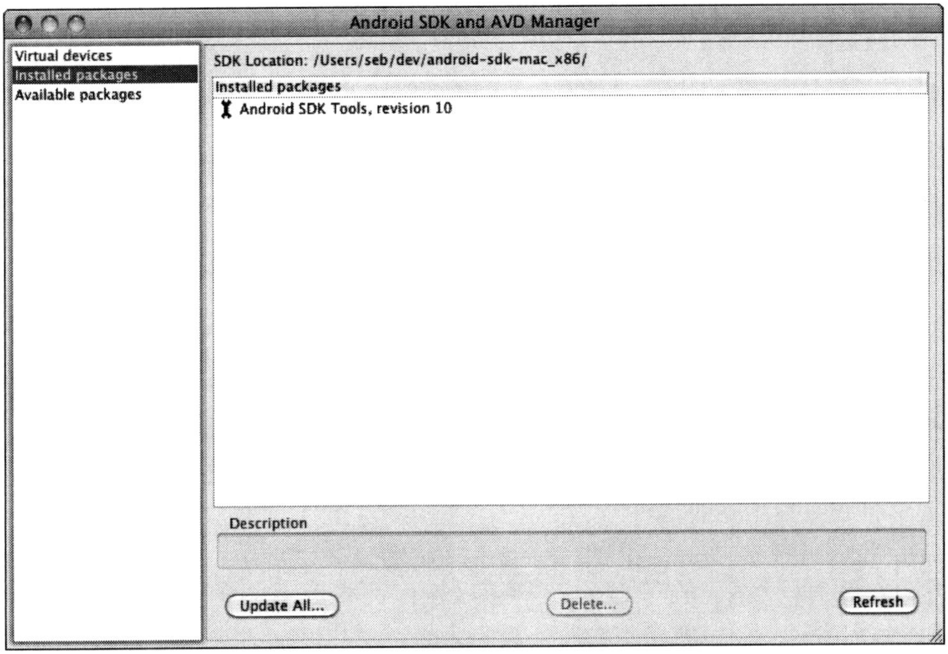

Installation du SDK Android

- Dans la partie gauche, sélectionnez ensuite **Available packages** pour afficher la liste des composants disponibles. Dans la liste de droite, développez les deux catégories proposées, **Android Repository** et **Third party Add-ons**, afin de découvrir ce qu'elles contiennent.

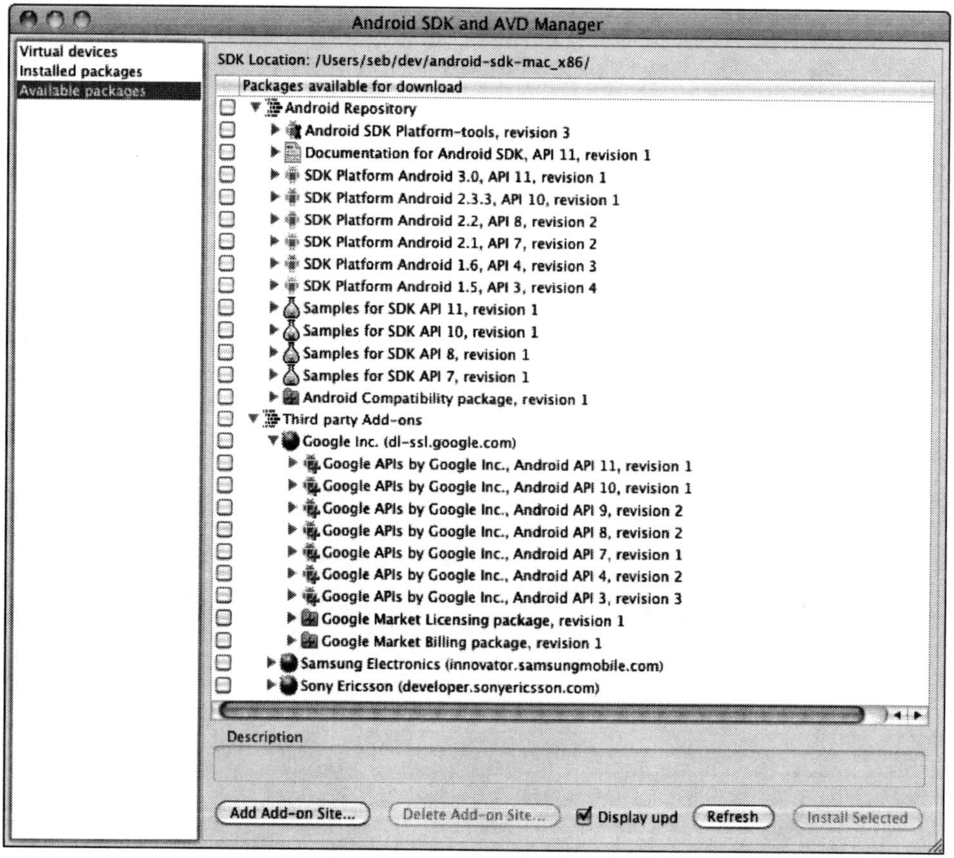

Installation du SDK Android

■ Remarque

Encore une fois, il est fortement probable que la liste affichée soit différente de celle de la copie d'écran. Cela n'a pas d'importance.

Du haut vers le bas, la catégorie **Android Repository** contient :

- **Android SDK Platform-tools** : outils dépendants de la plate-forme Android dans leur dernière version.
- **Documentation for Android SDK** : documentation du SDK Android dans sa dernière version. C'est la copie locale de la documentation disponible en ligne.

- **SDK Platform Android...** : SDK de plusieurs plates-formes Android à partir de la version 1.5 (API 3), chacune dans leur dernière révision. À noter que certaines versions, comme la 2.0 (API 5) et la 2.0.1 (API 6), ne sont plus disponibles et ont été remplacées par la version 2.1 (API 7).
- **Samples for SDK API...** : projets Android d'exemples correspondant aux différentes versions du SDK.
- **Android Compatibility package** : paquetage contenant des bibliothèques permettant d'utiliser les nouveaux concepts et API sur des versions Android inférieures. Notamment, ce paquetage propose la bibliothèque `android-support-v4.jar` permettant d'utiliser les concepts introduits sous Android 3.0 (API 11), comme les fragments, sur les versions Android 1.6 (API 4) et supérieures. Grâce à cette bibliothèque, le développeur peut développer une seule et même application pour smartphones et tablettes tactiles de versions 1.6 (API 4) et supérieures en utilisant les concepts introduits sous Android 3.0 (API 11). Une fois téléchargée, la bibliothèque `android-support-v4.jar`, qui se trouve dans le dossier *sdk*`/extras/android/compatibility/v4`, doit ensuite être importée dans le projet pour être utilisée.

■ Remarque

La compatibilité descendante qu'offre cette bibliothèque amène malheureusement en contrepartie quelques restrictions. Nous utiliserons donc dans cet ouvrage directement les API natives d'Android 3.0 (API 11), plutôt que celles fournies par cette bibliothèque, afin de décrire au mieux les nouveaux concepts qu'elles introduisent.

La catégorie **Third party Add-ons** contient quant à elle des modules complémentaires optionnels fournis par des tiers et qui leur sont propres. Ces modules nécessitent l'installation d'une version du SDK Android. Ils permettent d'étendre les fonctionnalités de l'environnement de développement ou des applications Android. Par exemple, certaines sociétés fournissent des émulateurs de leurs appareils Android, comme un émulateur de tablette tactile.

En développant le dossier concernant la société Google Inc., apparaissent les composants suivants :

- **Google APIs by Google Inc, Android API...** : modules fournissant des fonctionnalités supplémentaires proposées par la société Google telles les cartes géographiques Google Maps (cf. chapitre Cartes et localisation géographique - Google Maps), la gestion des comptes de type Gmail, une partie de l'Android Market pour permettre la vérification de licence (cf. chapitre Fonctionnalités avancées - Protéger les applications payantes), les achats intégrés...
- **Google Market Licensing package** : bibliothèque permettant de protéger les applications payantes via la vérification en ligne de la licence (cf. chapitre Fonctionnalités avancées - Protéger les applications payantes). Cette fonctionnalité implique que l'application soit publiée sur l'Android Market.
- **Google Market Billing package** : bibliothèque permettant l'achat d'un contenu numérique depuis une application. Ce service est appelé In-app Billing (achat intégré). Cette fonctionnalité implique que l'application soit publiée sur l'Android Market.

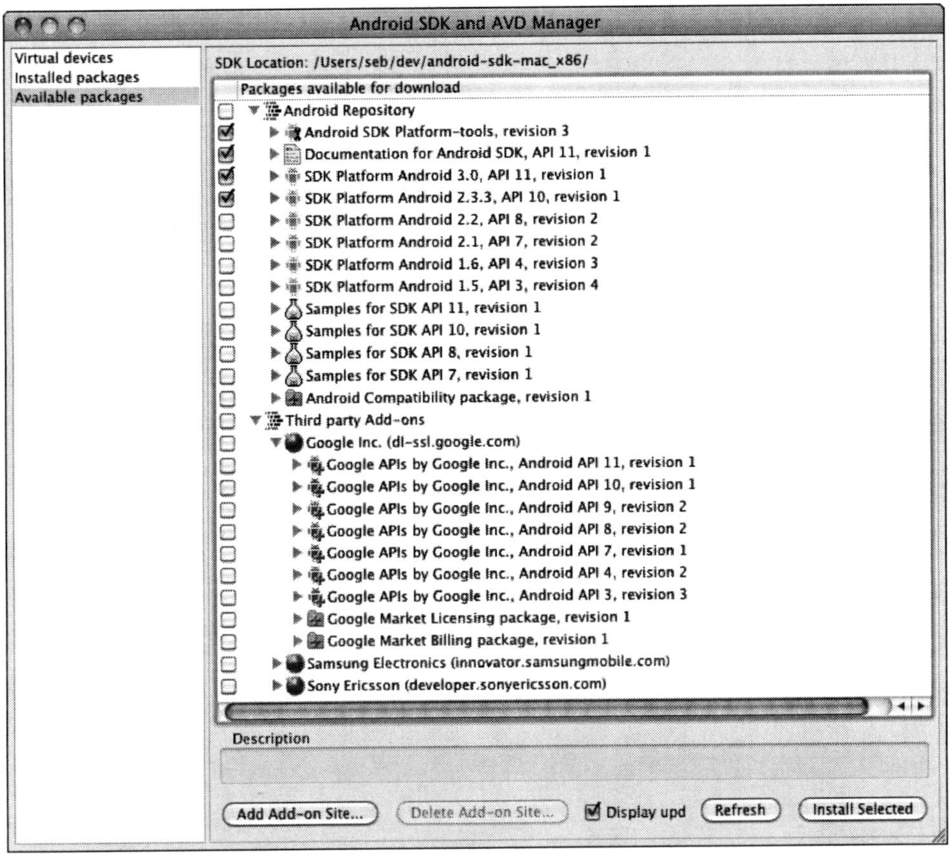

Installation du SDK Android

- Cochez le composant **Android SDK Plateform-tools** et au moins une version de **SDK Platform Android**.

■ Remarque

Les versions SDK Platform Android 3.0 (API 11) et 3.1 (API 12) sont destinées exclusivement aux tablettes tactiles. Les versions 2.3.4 (API 10) et inférieures quant à elles sont distribuées sur tous types de matériels, smartphones et tablettes tactiles.

La documentation du SDK peut également être sélectionnée afin d'être téléchargée sur le poste local. Ainsi, la consultation de cette documentation pourra ensuite se faire directement en local plutôt qu'en ligne. Même chose pour les exemples. Il est de toute façon possible d'installer et de désinstaller chacun de ces composants à tout instant, à l'exception des outils **Android SDK Tools** qui permettent, entre autres, de gérer l'installation des composants et qui doivent donc être toujours présents.

- Une fois les composants sélectionnés, cliquez sur le bouton **Install Selected**.

Une nouvelle fenêtre apparaît détaillant les composants choisis.

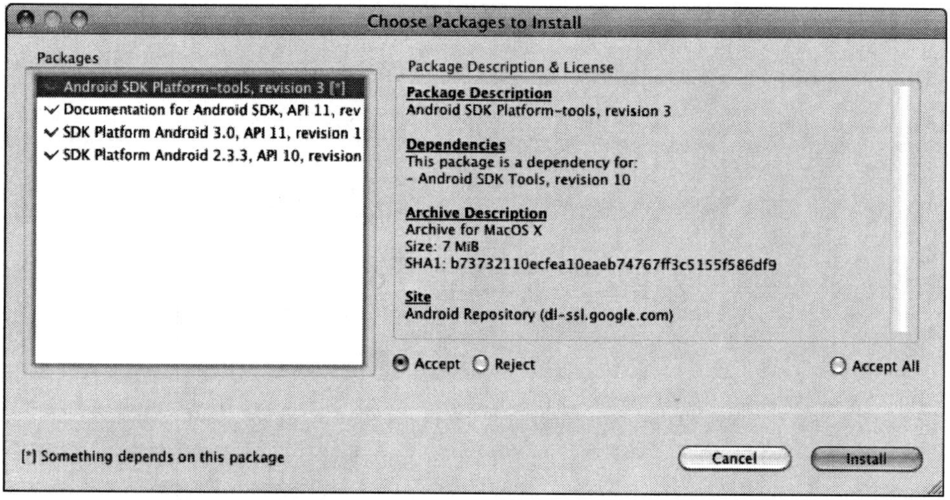

Installation du SDK Android

- Cliquez sur le bouton **Install** pour lancer les téléchargements et les installations des composants.

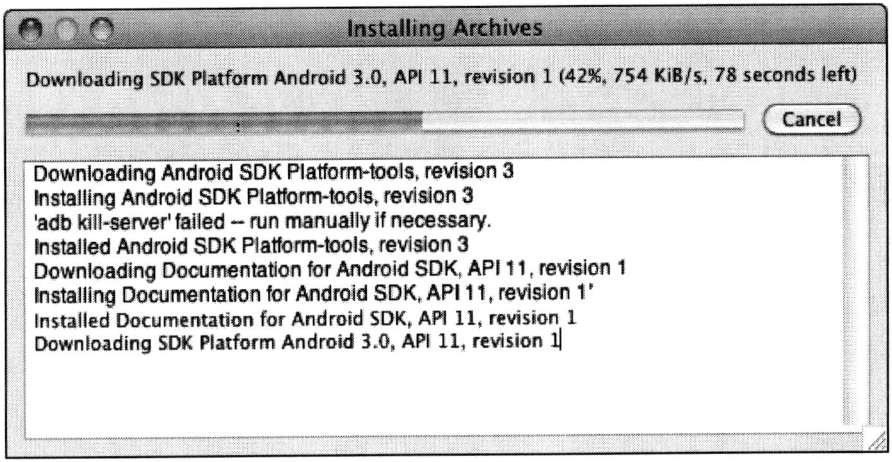

Installation du SDK Android

À la fin de l'installation, il est proposé de relancer l'outil ADB (*Android Debug Bridge*).

Remarque

L'outil ADB est un outil regroupant de multiples fonctions dont les principales seront abordées au fil de cet ouvrage. Cet outil s'exécute en mode client-serveur sur le poste de développement ainsi qu'en mode démon sur l'émulateur ou l'appareil Android. Ici, il est proposé de redémarrer le serveur ADB suite à sa mise à jour.

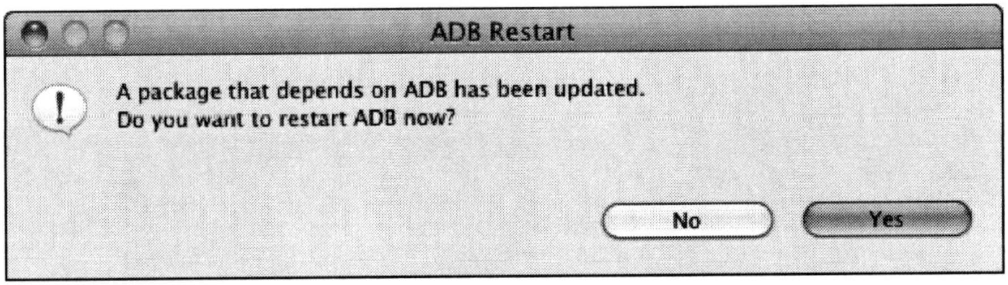

Installation du SDK Android

- Cliquez sur le bouton **Yes** et patientez quelques instants, le temps que le redémarrage de l'outil ADB s'effectue.

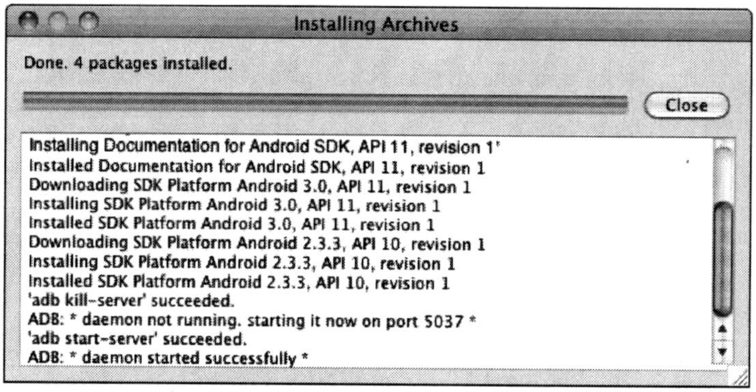

Installation du SDK Android

- Cliquez sur le bouton **Close**.

Ces composants doivent maintenant apparaître dans la liste des composants installés.

- Pour le vérifier, sélectionnez **Installed packages** à gauche pour faire apparaître la liste des composants installés.

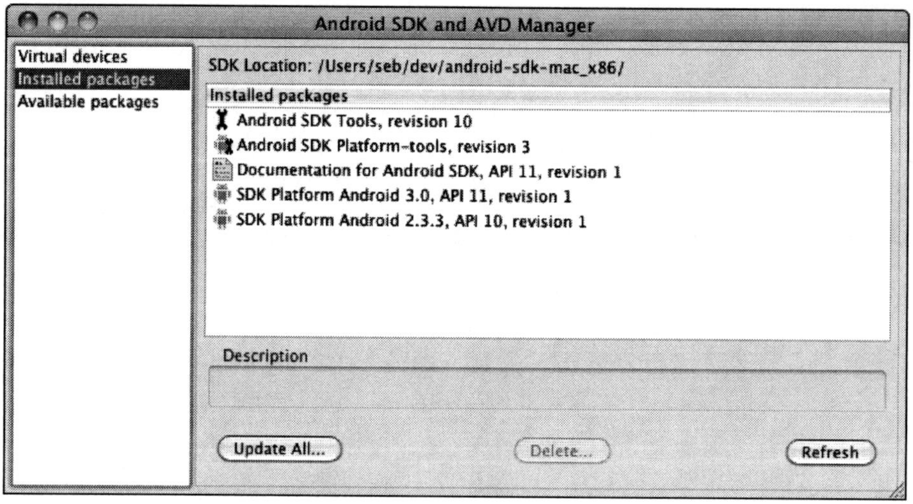

Installation du SDK Android

- Fermez ensuite la fenêtre.

Et voilà ! L'environnement de développement est prêt.

Chapitre 2
Premiers pas

1. Premier projet Android

L'environnement de développement étant dorénavant installé et prêt à être utilisé, nous allons créer sans plus attendre notre premier projet Android sous Eclipse. Puis, nous l'exécuterons sur l'émulateur Android et, selon la disponibilité, sur un appareil Android.

Nous découvrirons ensuite la structure détaillée d'un projet Android dans la section suivante.

1.1 Création du projet

- Dans le menu général d'Eclipse, sélectionnez **File - New - Project...**.

La fenêtre **New Project** s'affiche, listant les assistants de création des projets.

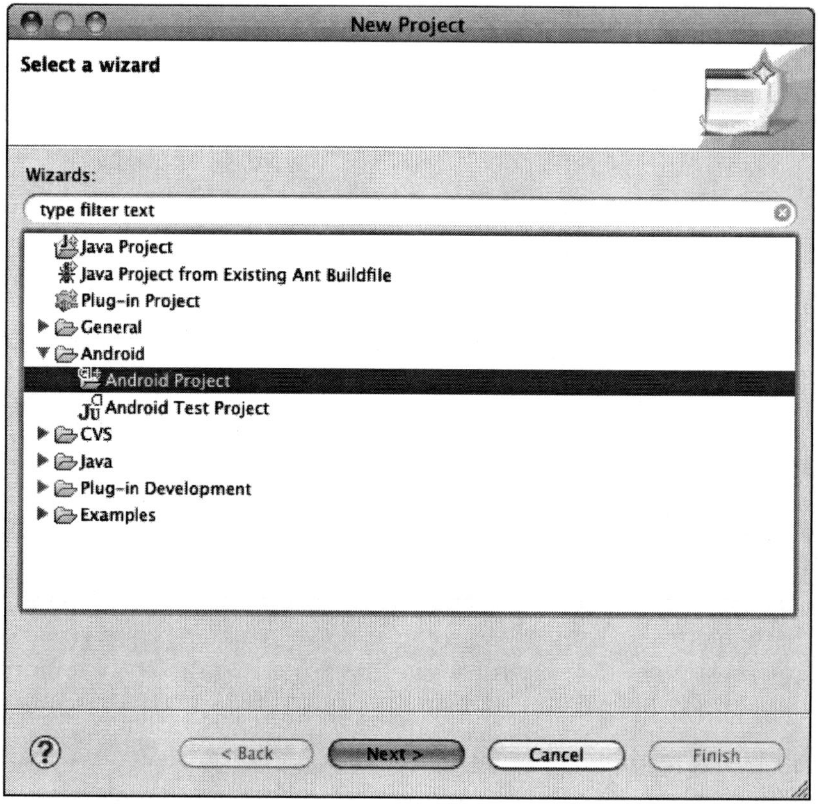

Création d'un projet Android

- Développez le dossier **Android**, sélectionnez **Android Project** et cliquez sur le bouton **Next**.

La fenêtre **New Android Project** de l'assistant de création des projets Android apparaît alors.

De nombreux champs doivent être renseignés. Voici ce à quoi ils correspondent :

- **Project name** : nom du projet Android et du répertoire qui contient le projet. Pour notre exemple, nous choisirons `MonAppli`.
- **Contents** : permet d'indiquer s'il s'agit d'un projet vierge ou si le projet existe déjà et doit être intégré dans l'espace de travail Eclipse. Dans notre cas, nous laissons la configuration par défaut.

■ Remarque

*Ce champ permet également de créer un projet à partir d'un projet fourni dans les paquetages d'exemples téléchargeables via l'outil **Android SDK and AVD Manager**.*

- **Build Target** : permet de spécifier la version cible de la plate-forme Android utilisée pour compiler l'application.
- **Properties** : contient plusieurs champs à renseigner obligatoirement. Ce sont :
  - **Application name** : nom de l'application qui pourra être utilisé par l'application pour être affiché à l'utilisateur. Ce nom peut comporter des espaces.
  - **Package name** : nom du paquetage Java où seront générés les sources. Celui-ci sert également d'identifiant unique à l'application. Il est demandé d'utiliser un format standard de nom de domaine. Dans notre exemple, nous utiliserons `fr.mondomaine.android.monappli`.
  - **Create Activity** : si ce champ est activé, il indique que l'assistant devra créer une activité dont le nom est indiqué juste à côté. Nous étudierons plus loin ce qu'est une activité. Pour l'instant, retenons juste que l'activité créée sera une classe qui servira de point d'entrée de l'application. Dans notre exemple, nous utiliserons `MonActivitePrincipale`.
  - **Min SDK Version** : permet d'indiquer le niveau d'API sur lequel nous souhaitons que notre application s'exécute. Afin de rendre compatible l'application avec un maximum de systèmes Android, il est recommandé d'utiliser un numéro de niveau d'API le plus bas possible compatible avec les API que l'on souhaite utiliser pour développer l'application. Dans notre exemple, afin de pouvoir utiliser pleinement les toutes dernières API d'Android 3.0 (API 11), nous utiliserons la version 11. Dans le doute, on spécifie le même niveau d'API que celui indiqué dans le champ **Build Target**.

■ Remarque

*Si la version minimale indiquée diffère de la version choisie au champ **Build Target**, un message d'avertissement s'affiche en haut de l'assistant pour nous alerter afin de prendre les mesures nécessaires si besoin.*

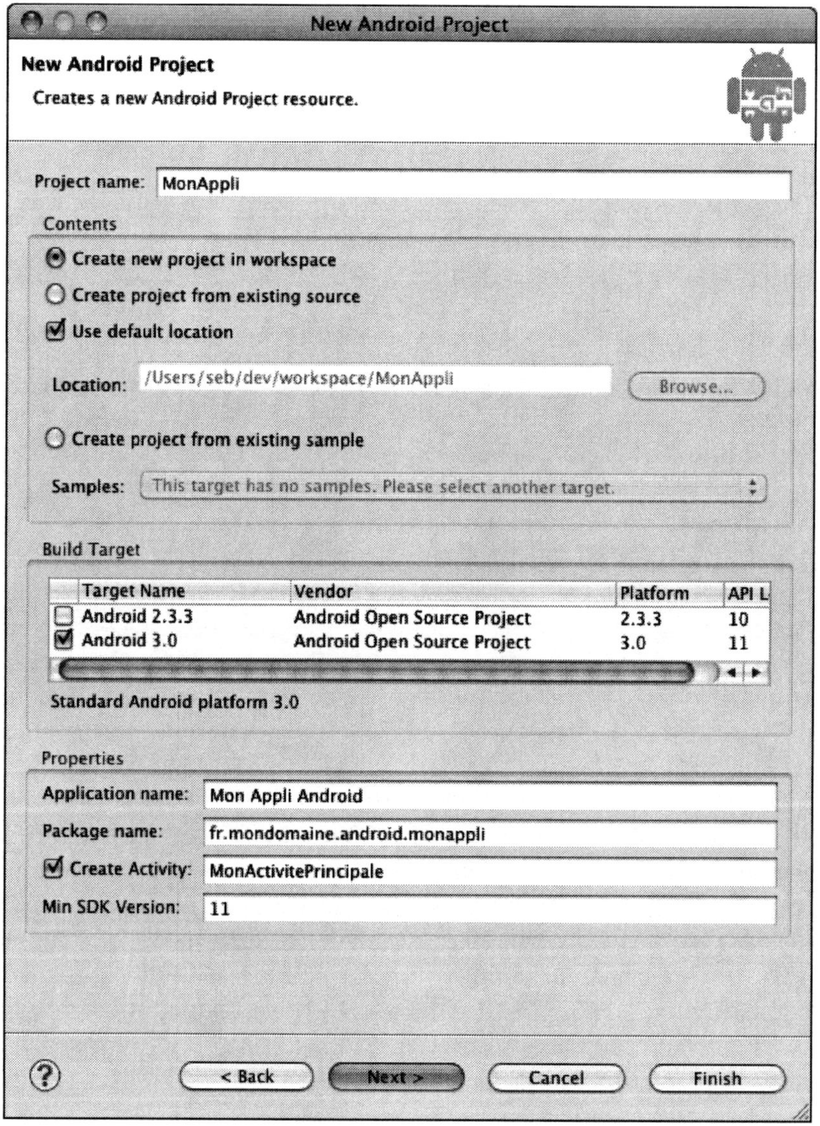

Création d'un projet Android

■ Cliquez sur le bouton **Next**.

Il nous est proposé de créer un projet de test. Nous n'en faisons rien pour l'instant car cela est le sujet d'un autre chapitre (cf. chapitre Tracer, déboguer et tester - Tests unitaires).

▶ Cliquez sur le bouton **Finish**.

Le projet est généré dans l'espace de travail d'Eclipse et ajouté à la vue **Package Explorer** (Explorateur de Paquetages). Il est automatiquement compilé.

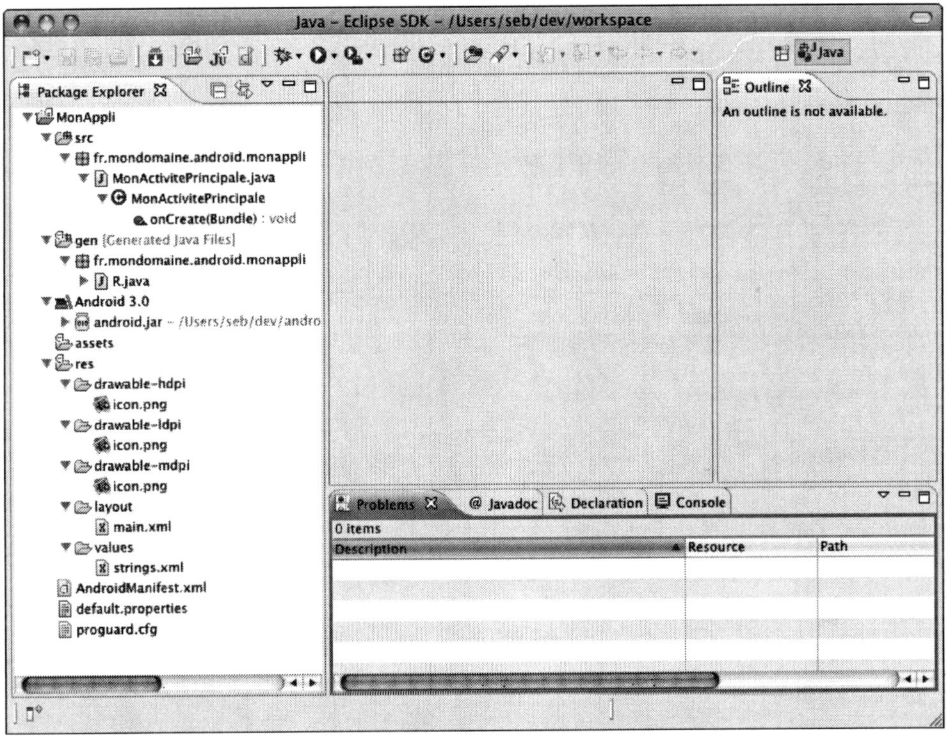

Création d'un projet Android

La compilation du projet engendre la création d'un fichier binaire `MonAppli.apk` dans le répertoire `bin` du projet.

C'est un fichier au format apk (*Android Package*). Concrètement, c'est une archive zip qui contient tout le projet : code compilé, données et fichiers ressources.

■ Remarque

Du fait que ce fichier comprenne l'application, il est courant de désigner ce fichier en utilisant directement le terme application.

1.2 Exécution de l'application

Maintenant que le projet est créé et compilé avec succès, que l'application a été générée, il reste à l'installer sur un système Android et à l'exécuter. Pour cela :

- Dans la vue **Package Explorer** d'Eclipse, faites un clic droit sur le projet `MonAppli`.

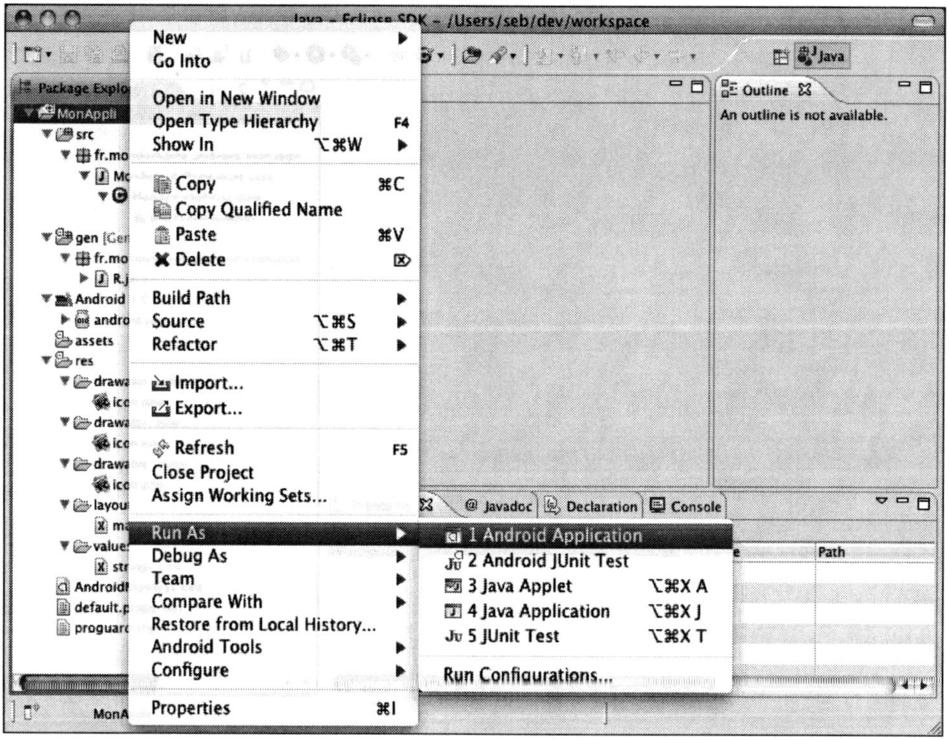

Création d'un projet Android

▶ Puis cliquez sur **Run As - Android Application**.

La vue Console permet de suivre l'avancée du chargement de l'application et de son exécution.

■ Remarque

Si un message d'erreur du type `The connection to adb is down, and a severe error has occured` *s'affiche dans la console, redémarrez Eclipse et réessayez.*

Une boîte de dialogue **Android AVD Error** s'affiche nous informant qu'il n'existe pas d'AVD (*Android Virtual Device*) c'est-à-dire une configuration de l'émulateur Android ou d'appareil Android connecté possédant une version supérieure ou égale à la version minimum indiquée lors de la création du projet. Il nous propose de créer une configuration d'un appareil à émuler.

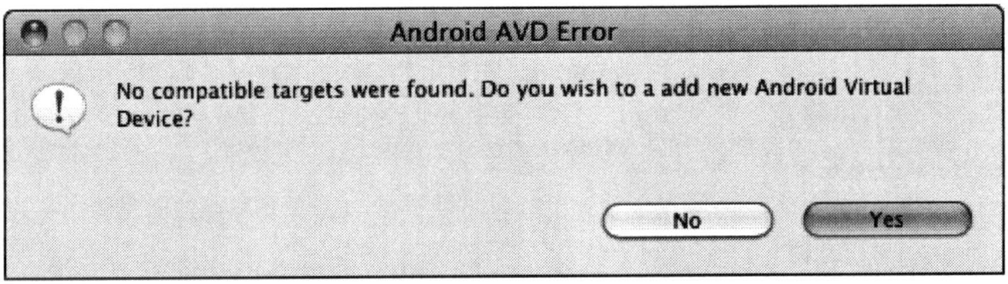

Création d'un projet Android

▶ Cliquez sur le bouton **No** et fermez la fenêtre **Android Device Chooser** qui s'affiche. Nous y reviendrons plus loin.

Deux possibilités se présentent pour exécuter l'application :

- Créer un AVD, un périphérique Android virtuel, et le faire fonctionner sous l'émulateur.
- Utiliser un appareil Android réel, comme un smartphone ou une tablette tactile, connecté à l'ordinateur.

1.2.1 ...sur l'émulateur Android

Le SDK fournit un émulateur de périphériques Android. Cet émulateur permet d'émuler de nombreuses configurations matérielles. Un AVD est une configuration matérielle précise utilisable par l'émulateur.

Voyons comment créer un AVD.

▶ Lancez l'outil **Android SDK and AVD Manager**.

Remarque

*Pour rappel, l'outil **Android SDK and AVD Manager** peut être lancé directement depuis la barre d'outils en cliquant sur son icône ou en sélectionnant **Window - Android SDK and AVD Manager**.*

L'outil **Android SDK and AVD Manager** s'ouvre alors indiquant qu'il n'existe pas d'AVD.

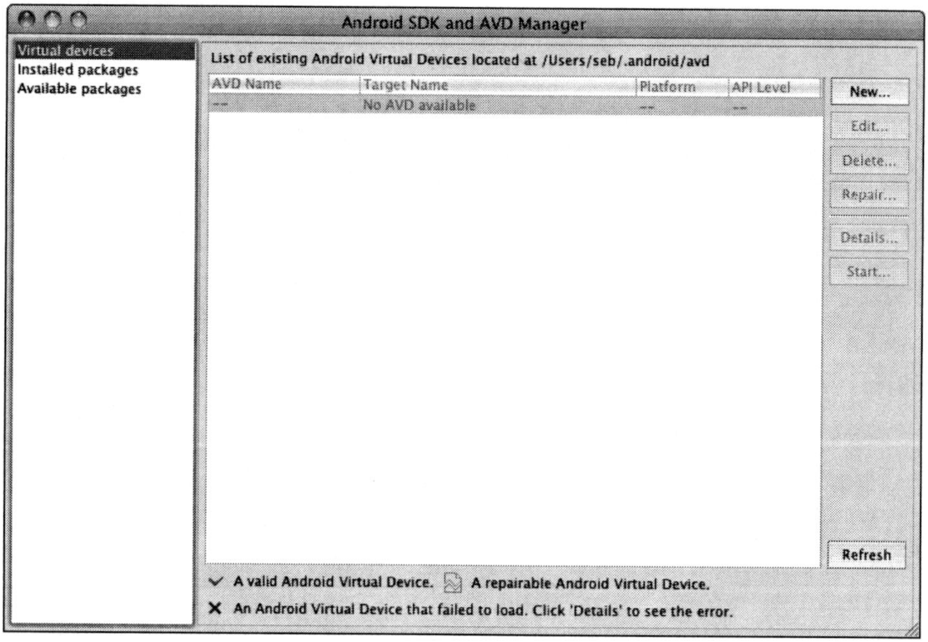

Création d'un AVD

▶ Cliquez sur le bouton **New...** situé complètement en haut à droite.

La fenêtre **Create new Android Virtual Device (AVD)** apparaît.

De nombreux champs sont à renseigner pour créer l'AVD :
- **Name** : nom de l'AVD. Il ne doit pas contenir de caractères spéciaux, ni d'espaces.

■ Remarque

Ce nom doit à la fois être court pour plus de commodités lorsqu'il est utilisé en ligne de commande sous une console et être suffisamment explicite pour caractériser la configuration de l'AVD.

- **Target** : liste proposant les plates-formes disponibles téléchargées et installées sur le poste de développement. Pour rappel, la version d'API de la plate-forme choisie devra être égale ou supérieure à la version minimum d'API spécifiée par l'application.
- **SD Card** : permet d'émuler la présence d'une carte SD dans l'appareil virtuel en spécifiant une taille. Attention à ne pas indiquer de taille excessive puisqu'un fichier image de la taille de cette carte SD sera créé sur le poste de développement. Il est également possible de réutiliser une carte SD virtuelle précédemment créée en indiquant le fichier image de cette carte SD.
- **Snapshot** : lorsque cette option est cochée, il est possible de sauvegarder l'état courant de l'AVD. Il peut ensuite être rapidement restauré, épargnant au développeur une nouvelle attente dans le cas d'un démarrage complet de l'AVD.
- **Skin** : permet de spécifier la résolution de l'écran de l'appareil émulé soit en sélectionnant une résolution standard, soit en spécifiant une résolution particulière.
- **Hardware** : permet d'affiner la configuration matérielle en renseignant des propriétés avancées comme par exemple la présence ou non d'un appareil photo ou d'un clavier physique.

Voici l'écran renseigné avec les valeurs utilisées pour notre exemple.

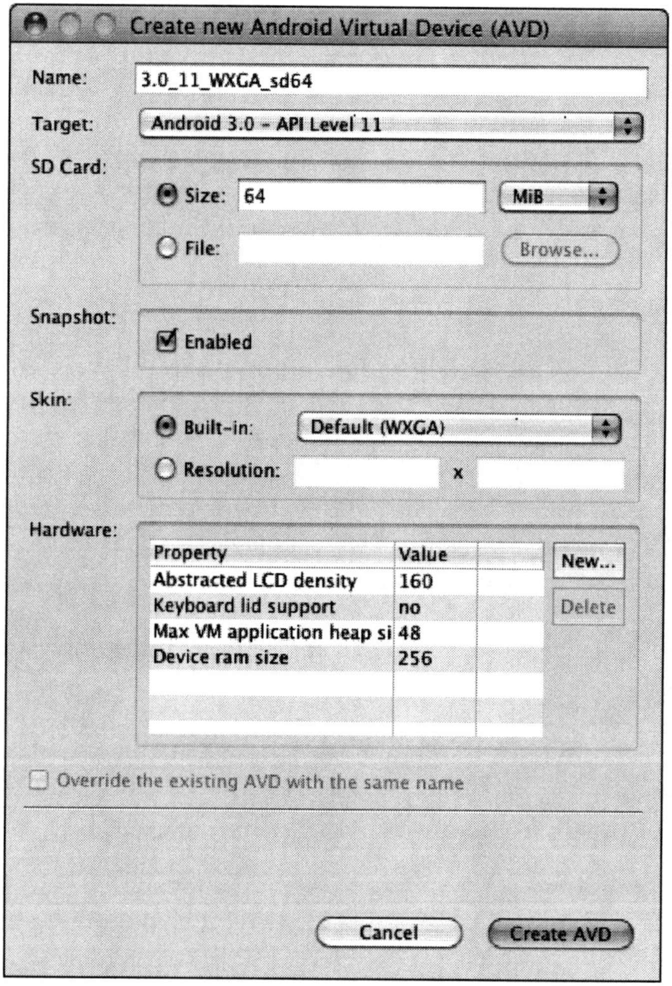

Création d'un AVD

- Une fois les champs renseignés, cliquez sur le bouton **Create AVD** pour créer l'AVD.

L'AVD est alors ajouté à la liste des AVD existants.

■ Remarque

Il est possible de créer autant d'AVD que l'on souhaite. Cela permet de tester une même application sur de nombreuses configurations matérielles et ainsi de s'assurer du bon fonctionnement de celle-ci sur un maximum de configurations différentes.

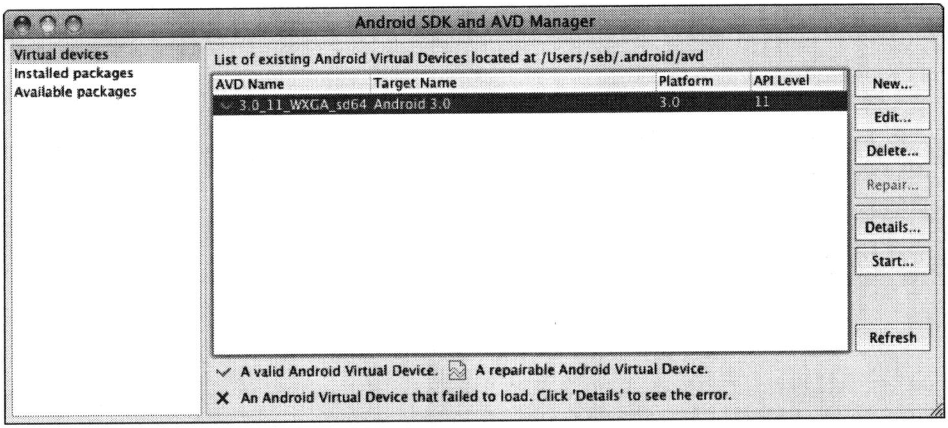

Création d'un AVD

Les boutons **Delete...**, **Repair...** et **Details...** permettent respectivement de supprimer, réparer l'AVD actuellement sélectionné et d'afficher ses caractéristiques.

Le bouton **Start** permet de démarrer l'émulateur avec l'AVD sélectionné en spécifiant des paramètres de démarrage. Il est possible de modifier la taille de la fenêtre de l'émulateur et d'effacer les données utilisateurs de l'AVD comme si l'appareil sortait d'usine. Il est également possible d'indiquer de restaurer l'AVD depuis une sauvegarde en cochant la case **Launch from snapshot**. L'option **Save to snapshot** permet d'effectuer une sauvegarde de l'AVD à chaque fermeture de la fenêtre de l'émulateur.

- Fermez la fenêtre.
- Relancez l'exécution de l'application comme vu précédemment.

L'émulateur Android, plus précisément l'application `emulator`, s'exécute alors sur le poste de développement. Patientez le temps du chargement du système.

Cela peut prendre plusieurs minutes selon la puissance du poste de développement. L'écran d'accueil ou l'écran de déverrouillage apparaît alors. L'application est ensuite chargée et lancée automatiquement.

■ Remarque

Si l'écran de verrouillage apparaît, déverrouillez-le afin de pouvoir voir l'application.

L'interface de l'émulateur et l'interface de l'application sont différentes selon la version cible d'Android utilisée par le projet et la version de l'AVD sur laquelle s'exécute l'application.

Par exemple, sur un système Android 3.0 (API 11) et dont la version minimale requise par l'application est également Android 3.0 (API 11), l'application s'ouvre sur un fond noir. Tout en haut est affichée la barre d'action qui comprend à gauche l'icône et le titre de l'application spécifiés lors de la création du projet. Juste en dessous de cette barre d'action est affichée une ligne de texte contenant le nom de l'activité principale, là encore spécifiée lors de la création du projet.

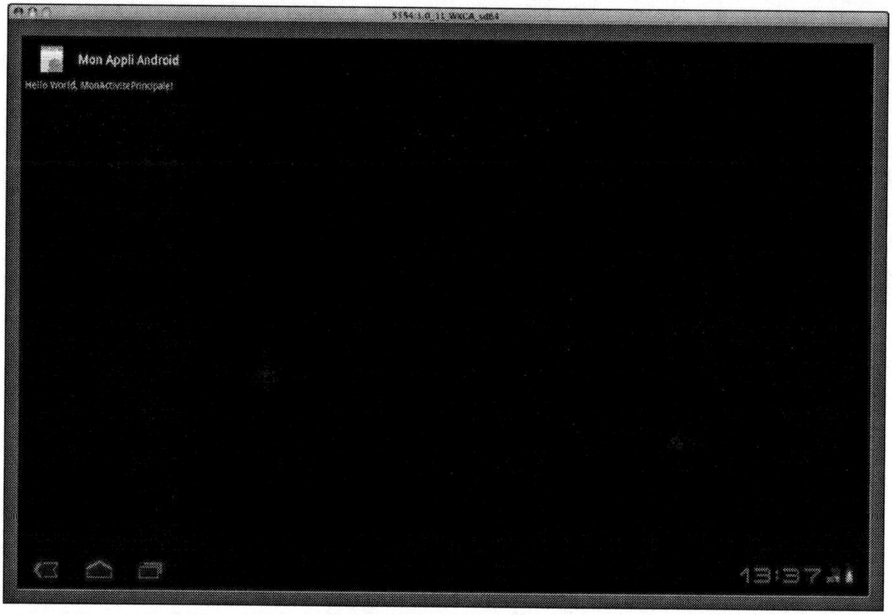

Émulateur d'un AVD de type tablette tactile sous Android 3.0 (API 11)

Sur un système Android de version inférieure à 3.0 (API 11) et dont la version minimale du système requise par l'application est également inférieure à Android 3.0 (API 11), l'application affiche un écran noir avec une barre de titre sur fond coloré où l'on retrouve le nom de l'application. En dessous est affichée une ligne de texte contenant le nom de l'activité principale.

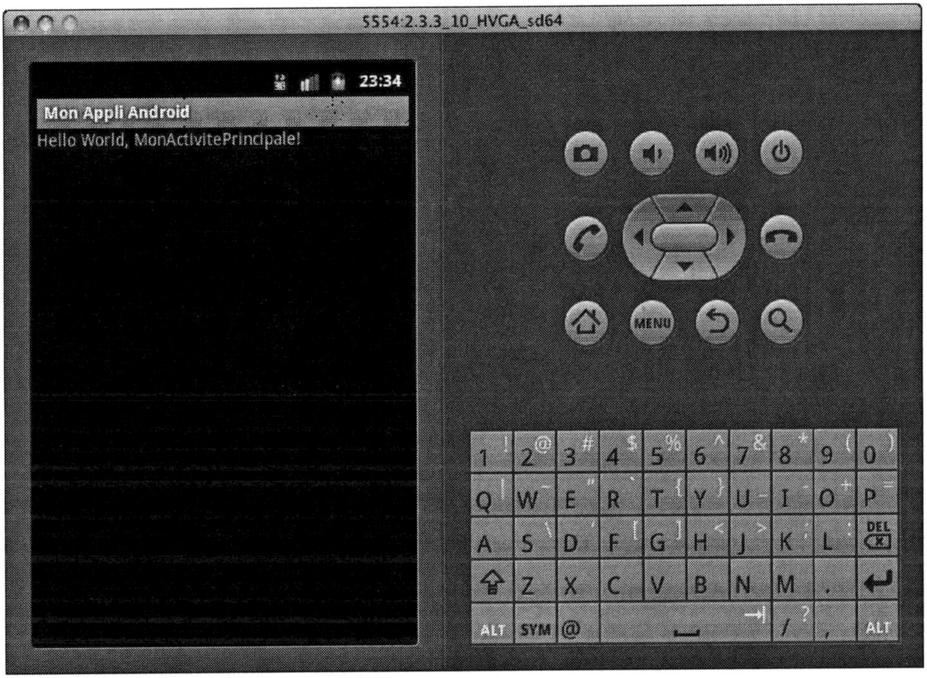

Création d'un AVD de type smartphone sous Android 2.3.3 (API 10)

■ Remarque

Il existe de nombreux raccourcis-clavier permettant d'interagir avec l'émulateur. Par exemple, la touche 7 du clavier numérique de l'ordinateur change l'orientation de l'écran de l'émulateur dans un sens, la touche 9 dans l'autre sens. Les différentes touches et options de lancement de l'émulateur sont disponibles à l'adresse suivante :
http://developer.android.com/guide/developing/tools/emulator.html

1.2.2 ...sur un appareil Android

Bien que l'émulateur puisse s'adapter à de nombreuses configurations matérielles, il n'en reste pas moins qu'il ne peut en émuler certaines. Un des gros défauts de l'émulateur est ses performances. Aussi, l'émulateur va vite montrer ses faiblesses si l'application à tester nécessite un appareil puissant. De plus, le test d'une application via l'émulateur peut s'avérer concluant alors qu'un test en environnement réel va aussitôt montrer les défauts de l'application.

Un exemple tout simple est l'appui tactile sur l'écran. Sur l'émulateur, il suffit de cliquer avec le curseur de la souris qui est précis au pixel près. Sur un appareil réel, le doigt de l'utilisateur est moins précis que le curseur de souris. Si bien que si l'application nécessite un clic sur une toute petite zone de l'écran, cela sera assez délicat avec les doigts alors que cela ne posera aucun problème sur l'émulateur via la souris.

C'est pourquoi l'exécution d'une application sur un appareil Android réel est quasi-obligatoire pour valider son bon fonctionnement, sa réactivité et surtout sa bonne ergonomie. Puisque cela ne validera l'application que sur un seul type de matériel, l'idéal est d'associer les tests sur l'émulateur et les tests sur appareils réels.

■ Remarque

Bien qu'un smartphone du commerce suffit pour tester les applications, Google propose à l'achat des smartphones de développement : les Android Dev Phone. Ces smartphones sont uniquement proposés aux développeurs enregistrés sur l'Android Market (cf. chapitre Publier une application - Publication de l'application sur l'Android Market). Ce sont des modèles de smartphone du commerce qui sont officiellement et légalement désimlockés et débloqués, notamment au niveau du bootloader. Cela permet notamment d'installer une image du système d'exploitation Android personnalisée. Pour plus d'informations, consultez l'adresse suivante : http://market.android.com/publish/buyDeveloperPhone

Pour tester une application sur un appareil Android, il faut activer le débogage USB sur l'appareil. Pour cela, la première étape de la manipulation n'est pas la même selon le système Android utilisé.

- Sur les systèmes Android de versions inférieures à 3.0 (API 11), affichez l'écran d'accueil si ce n'est déjà fait puis pressez la touche **Menu**. Sur les systèmes Android de versions 3.0 (API 11) ou supérieures, cliquez sur l'heure en bas à droite puis cliquez sur la petite fenêtre contenant l'heure qui vient d'apparaître.
- Sélectionnez **Paramètres**.

L'application de configuration des paramètres de l'appareil s'affiche.

- Sélectionnez **Applications**, puis **Développement**.
- Activez la case à cocher **Débogage USB** et valider le message d'avertissement en cliquant sur le bouton **OK**.

Il faut ensuite faire en sorte que le poste de développement puisse reconnaître l'appareil Android lorsqu'il est connecté. Suivez les instructions ci-dessous suivant le système d'exploitation installé sur le poste de développement.

Remarque

Si des problèmes surviennent lors de l'installation des pilotes ou que l'appareil n'est pas détecté ou reconnu, vérifiez que le câble USB utilisé est bien celui livré d'origine avec l'appareil Android et qu'il est directement connecté au poste de développement.

Mac OS X

- Connectez l'appareil Android au poste de développement via l'utilisation d'un câble USB.

L'appareil Android est automatiquement détecté.

Windows XP

L'installation d'un pilote USB sur le poste de développement est requise pour reconnaître les appareils Android.

- Téléchargez-le via l'outil Android SDK and AVD Manager vu précédemment. Le paquetage se nomme **Google USB Driver package** et se trouve sous **Third party Add-ons** puis **Google Inc**.

- Connectez l'appareil Android au poste de développement via l'utilisation d'un câble USB. Windows détecte automatiquement l'appareil et lance l'assistant d'ajout de matériel.
- Sélectionnez **Non, pas pour cette fois** et cliquez sur **Suivant**.
- Sélectionnez **Installer à partir d'une liste ou d'un emplacement spécifié**, puis cliquez sur **Suivant**.
- Sélectionnez **Rechercher le meilleur pilote dans ces emplacements**.
- Décochez **Rechercher dans les médias amovibles** et cochez **Inclure cet emplacement dans la recherche**.
- Cliquez sur le bouton **Parcourir**, sélectionnez le dossier `sdk\extras\google\usb_driver\` et cliquez sur **OK** puis sur **Suivant**.
- Cliquez enfin sur le bouton **Installer**.

L'installation du pilote s'effectue.

Windows Vista

L'installation d'un pilote USB sur le poste de développement est requise pour reconnaître les appareils Android.

- Téléchargez-le via l'outil Android SDK and AVD Manager vu précédemment. Le paquetage se nomme **Google USB Driver package** et se trouve sous **Third party Add-ons** puis **Google Inc**.
- Connectez l'appareil Android au poste de développement via l'utilisation d'un câble USB. Windows détecte automatiquement l'appareil et tente de l'installer.
- Ouvrez le menu **Démarrer** et sélectionnez **Panneau de configuration**.
- Sélectionnez **Matériel et audio** puis **Gestionnaire de périphériques**.
- Faites un clic droit sur la ligne **Périphérique USB composite** comportant une icône d'alerte dans la liste puis sélectionnez **Mettre à jour le pilote logiciel...**.
- Sélectionnez **Rechercher un pilote logiciel sur mon ordinateur**.

- Cliquez sur le bouton **Parcourir...**, sélectionnez le dossier `sdk\extras\google\usb_driver\` et cliquez sur **Suivant**.
- Cliquez enfin sur le bouton **Installer**.

L'installation du pilote s'effectue.

Windows 7

L'installation d'un pilote USB sur le poste de développement est requise pour reconnaître les appareils Android.

- Téléchargez-le via l'outil Android SDK and AVD Manager vu précédemment. Le paquetage se nomme **Google USB Driver package** et se trouve sous **Third party Add-ons** puis **Google Inc**.
- Connectez l'appareil Android au poste de développement via l'utilisation d'un câble USB. Windows détecte automatiquement l'appareil et tente de l'installer.
- Ouvrez le menu **Démarrer** et sélectionnez **Panneau de configuration**.
- Sélectionnez **Matériel et audio** puis **Gestionnaire de périphériques** (sous **Périphériques et imprimantes**).
- Faites un clic droit sur la ligne **Périphérique USB composite** comportant une icône d'alerte dans la liste puis sélectionnez **Mettre à jour le pilote...**.
- Sélectionnez **Rechercher un pilote sur mon ordinateur**.
- Cliquez sur le bouton **Parcourir...**, sélectionnez le dossier `sdk\extras\google\usb_driver\` et cliquez sur **Suivant**.
- Cliquez enfin sur le bouton **Installer**.

L'installation du pilote s'effectue.

Ubuntu

- Déconnectez l'appareil Android du poste de développement s'il est déjà connecté.

- Ouvrez une console et lancez la commande `lsusb`.

```
$ lsusb
Bus 001 Device 002: ID 80ee:0021
Bus 001 Device 001: ID 1d6b:0001 Linux Foundation 1.1 root hub
```

- Connectez l'appareil Android au poste de développement via l'utilisation d'un câble USB.
- Relancez la commande `lsusb`. Une nouvelle ligne concernant l'appareil Android apparaît.

```
$ lsusb
Bus 001 Device 003: ID 18d1:4e12 Google Inc. Nexus One Phone
Bus 001 Device 002: ID 80ee:0021
Bus 001 Device 001: ID 1d6b:0001 Linux Foundation 1.1 root hub
```

- Sur cette nouvelle ligne, relevez le code constructeur qui correspond aux quatre premiers caractères affichés après ID. Dans notre exemple, ce code est *18d1*.
- Déconnectez l'appareil Android du poste de développement.

Pour qu'Ubuntu puisse reconnaître un appareil Android, il faut lui fournir un fichier de règles contenant la configuration USB correspondant à cet appareil.

- Connectez-vous en tant que `root`.
- Créez le fichier `/etc/udev/rules.d/##-android.rules` en remplaçant ## par `70` pour les versions Ubuntu 9.10 et supérieures, et par `51` pour les versions inférieures.
- Insérez dans ce fichier la ligne suivante correspondant à la version d'Ubuntu du poste de développement :

Ubuntu 10.10 et supérieurs:

```
SUBSYSTEM=="usb", ATTR{idVendor}=="18d1", MODE="0666"
```

Ubuntu 7.10 à 10.04 :

```
SUBSYSTEM=="usb", SYSFS{idVendor}=="18d1", MODE="0666"
```

Ubuntu 7.04 et inférieures :

```
SUBSYSTEM=="usb_device", SYSFS{idVendor}=="18d1", MODE="0666"
```

- Remplacez dans cette ligne le code *18d1* par le code constructeur correspondant à l'appareil Android relevé précédemment ou à trouver parmi les suivants :

Constructeur	Code
Acer	0502
Dell	413c
Foxconn	0489
Garmin-Asus	091E
Google	18d1
HTC	0bb4
Huawei	12d1
Kyocera	0482
LG	1004
Motorola	22b8
Nvidia	0955
Pantech	10A9
Samsung	04e8
Sharp	04dd
Sony Ericsson	0fce
ZTE	19D2

- Exécutez la commande suivante en remplaçant `##-android.rules` par le nom du fichier précédemment créé.

```
$ chmod a+r /etc/udev/rules.d/##-android.rules
```

- Redémarrez le démon udev pour prendre en compte ce nouveau fichier de règles en utilisant l'une des commandes suivantes :

```
$ sudo reload udev
$ sudo service udev reload
$ sudo restart udev
```

- Reconnectez l'appareil Android au poste de développement.

Vérification de la connexion

À ce stade, il est important de vérifier que l'environnement de développement reconnaît bien l'appareil Android qui est connecté.

- Ouvrez une console et exécutez la commande suivante :

```
$ adb devices
```

Remarque

Le client `adb` est localisé dans le dossier `sdk/platform-tools`. Pour plus de confort, il est conseillé d'ajouter ce chemin à la variable PATH du système.

L'affichage suivant doit apparaître, avec un identifiant d'appareil différent de celui indiqué. Si tel est le cas, l'appareil Android est correctement détecté.

```
List of devices attached
HT018PXXXXXX    device
```

Remarque

Les combinaisons des configurations d'environnement de développement et d'appareil Android étant très nombreuses, il se peut que l'appareil ne soit pas reconnu. Dans ce cas, après avoir vérifié que les consignes ont bien été suivies, il est conseillé de faire des recherches en ligne. D'autres utilisateurs auront sans doute déjà rencontré le même problème et fourniront sans doute une solution.

Lancement de l'application

▶ Lancez l'exécution de l'application sur l'appareil.

L'application se charge rapidement et se lance automatiquement.

Remarque

Si l'écran de verrouillage apparaît, il faut le déverrouiller afin de pouvoir voir l'application.

2. Structure d'un projet Android

Découvrons plus avant ce que contient le projet créé et, de façon plus générale, ce qui constitue un projet Android.

Un projet Android contient plusieurs dossiers et quelques fichiers de configuration à la racine. Depuis la vue Explorateur d'Eclipse, nous avons les éléments suivants.

Le dossier `src` contient le code source Java du projet.

Le dossier `gen` contient les fichiers générés automatiquement par le plug-in ADT, comme le fichier `R.java`. Ce dernier permet de référencer aisément les ressources du projet depuis le code Java en associant une constante avec l'identifiant unique d'une ressource.

Le dossier `Android` ou `Google APIs` inclut le SDK de la version cible de compilation spécifiée lors de la création du projet.

Le dossier `assets` permet de stocker des fichiers de données bruts comme par exemple des fichiers MP3. L'application pourra alors lire ces fichiers dans leur format d'origine sous forme de flux d'octets. Le format du fichier est conservé tel quel.

Le dossier `res` contient tous les fichiers ressources de l'application classés dans des sous-dossiers selon leur type (cf. Les ressources). Ces fichiers, contrairement à ceux stockés dans le répertoire `assets`, peuvent être modifiés pour être optimisés lors de la compilation du projet.

Le fichier AndroidManifest.xml est le fichier manifeste du projet. Il est décrit un peu plus loin.

Le fichier default.properties contient les propriétés du projet. Ce fichier ne doit pas être édité manuellement car il est mis à jour automatiquement lorsque le développeur édite les propriétés du projet via l'interface d'Eclipse en faisant un clic droit sur le nom du projet **Android**, puis **Propriétés**.

■ Remarque

Existe aussi le dossier bin, non affiché dans Eclipse, contenant les fichiers compilés et le fichier binaire final de l'application. Le dossier libs pourra être ajouté pour inclure les bibliothèques tiers.

2.1 Le manifeste

Le fichier AndroidManifest.xml est le fichier manifeste du projet. Il contient la configuration principale de l'application.

■ Remarque

Dans la suite de cet ouvrage, il sera fait référence à ce fichier en le nommant simplement manifeste.

Le manifeste est un fichier au format XML. Le développeur peut le modifier directement ou utiliser les vues fournies par le plug-in ADT.

Ce fichier permet, entre autres, d'indiquer les composants applicatifs définis par l'application, le point d'entrée principal, les droits de sécurité nécessaires à l'application, les bibliothèques nécessaires, les environnements système et matériels compatibles pour faire fonctionner l'application...

■ Remarque

Tout composant applicatif défini par l'application comme par exemple une activité, un service... doit être déclaré dans le manifeste sans quoi le système Android ne le connaîtra pas et ne pourra donc pas permettre son utilisation.

Il existe de trop nombreuses balises et attributs pour pouvoir tous les détailler dans cet ouvrage. Beaucoup d'attributs sont optionnels. Seuls quelques-uns sont obligatoires.

Les principales balises et leurs attributs seront décrits au fur et à mesure dans les chapitres concernant les composants ou fonctionnalités qu'ils représentent.

Voici les premiers éléments figurant dans ce fichier.

Syntaxe

```
<?xml version="1.0" encoding="utf-8"?>
<manifest xmlns:android="http://schemas.android.com/apk/res/android"
    package="chaîne de caractères"
    android:versionCode="entier"
    android:versionName="chaîne de caractères">

  <uses-sdk android:minSdkVersion="entier"
            android:targetSdkVersion="entier"/>

  <application android:icon="ressource drawable"
               android:label="ressource texte">
    <activity android:name="chaîne de caractères"
              android:label="ressource texte">
      <intent-filter>
        <action android:name="chaîne de caractères" />
        <category android:name="chaîne de caractères" />
      </intent-filter>
    </activity>
  </application>

</manifest>
```

La première ligne du fichier décrit le format du fichier et son encodage.

Exemple

```
<?xml version="1.0" encoding="utf-8"?>
<manifest
    xmlns:android="http://schemas.android.com/apk/res/android"
    package="fr.mondomaine.android.monappli"
    android:versionCode="1"
    android:versionName="1.0">

  <uses-sdk android:minSdkVersion="8"
            android:targetSdkVersion="11" />
```

```
  <application android:icon="@drawable/icon"
               android:label="@string/app_name">
    <activity android:name=".MonActivitePrincipale"
              android:label="@string/app_name">
      <intent-filter>
        <action android:name="android.intent.action.MAIN" />
        <category
            android:name="android.intent.category.LAUNCHER" />
      </intent-filter>
    </activity>
  </application>

</manifest>
```

Dans cet exemple, le contenu de la balise `intent-filter` de l'activité indique que cette activité est le composant principal de l'application, c'est-à-dire celui à lancer pour démarrer l'application, et qu'il peut apparaître dans des applications répertoriant les activités principales, comme l'application Lanceur d'applications du système Android. Tout ceci sera décrit plus en détail dans les chapitres suivants.

2.1.1 Balise manifest

La balise racine du fichier est la balise `manifest`. Elle contient directement ou indirectement toutes les autres balises.

Elle prend plusieurs attributs. Le premier `xmlns:android` définit l'espace de nom Android qui sera utilisé dans le fichier. Sa valeur doit obligatoirement être `http://schemas.android.com/apk/res/android`.

L'attribut `package` contient le paquetage de l'application demandé lors de la création du projet. Il est l'identifiant unique de l'application et doit respecter le format standard des noms de domaine.

Viennent ensuite les attributs `android:versionCode` et `android:versionName` qui représentent en nombre et en lettre la version de l'application (cf. chapitre Publier une application - Préliminaires).

2.1.2 Balise uses-sdk

La balise `uses-sdk` permet d'indiquer les versions de SDK sur lesquelles pourra être exécutée l'application. Android utilise les valeurs des attributs de cette balise pour autoriser ou non l'installation de l'application. L'Android Market les utilise également pour filtrer les applications compatibles avec le système Android de l'appareil de l'utilisateur.

L'attribut `android:minSdkVersion` indique le niveau d'API minimum requis par l'application. Cette valeur dépend des API utilisées par l'application. Plus la valeur est basse et plus le nombre de systèmes Android pouvant exécuter l'application est important. Mais dans ce cas, l'application ne pourra pas utiliser les nouveautés introduites par les dernières versions d'API. Il faut donc trouver le juste milieu entre le choix des API à utiliser et les versions des systèmes Android cibles.

■ Remarque

Attention à bien vérifier que la valeur de l'attribut `android:minSdkVersion` *n'est pas trop basse par rapport aux API utilisées. Car si l'application utilise des API d'une version supérieure à celle spécifiée dans l'attribut* `android:minSdkVersion`*, l'application ne fonctionnera pas sur un système Android d'une version ne contenant pas l'API utilisée.*

L'attribut `android:targetSdkVersion`, s'il est présent, indique le niveau d'API utilisé lors du développement de l'application et sur lequel l'application a été testée. Le système Android utilise cet attribut pour déterminer s'il a besoin ou non d'ajouter, le cas échéant, des mécanismes de compatibilité. Si le système est de la même version que cet attribut, le système Android ne fait rien. Dans le cas contraire, il peut ajouter des mécanismes de compatibilité. Cela permet également à notre application de se voir appliquer par défaut le thème graphique du système de cette version et d'être compatible avec les tailles et densités d'écrans de cette version système.

2.1.3 Balise application

La balise `application` contient les informations concernant l'application elle-même. Deux de ses attributs sont essentiels. Ce sont les attributs `android:icon` et `android:label` qui permettent respectivement de spécifier l'icône et le titre de l'application. Cette icône et ce titre seront utilisés pour représenter l'application à divers endroits, aussi bien sur l'appareil Android que sur l'Android Market par exemple.

Remarque

Bien que l'attribut `android:label`accepte directement les chaînes de caractères, il est recommandé de ne spécifier que des références à des ressources. Ceci présente de multiples avantages : la séparation du code et des ressources, la prise en compte automatique de la traduction de la chaîne de caractères...

Cette balise contient les balises décrivant les composants applicatifs. Ce sont, entre autres, les balises `activity`, `service`, `provider`, `receiver` et `uses-library`. Ces balises et leurs attributs seront étudiés au fur et à mesure de l'étude de l'ouvrage.

2.2 Les ressources

Les ressources d'une application Android sont les données qu'elle utilise. Ce peut être une image telle que l'icône de l'application, un son, un texte comme le titre de l'application...

Ces ressources sont incorporées au binaire de l'application. Elles font partie intégrante du projet Android et doivent être stockées dans des sous-dossiers du dossier `res` selon leur type de donnée.

`res/anim` : animations de transitions définies dans des fichiers au format XML.

`res/color` : couleurs à plusieurs états définis dans des fichiers au format XML.

`res/drawable` : images aux formats 9-Patch, PNG, GIF, JPEG et BMP et dessins de type `Drawable` définis dans des fichiers au format XML.

`res/layout` : descriptions d'interfaces graphiques définies dans des fichiers au format XML.

`res/menu` : menus de différents types définis dans des fichiers au format XML.

`res/raw` : données brutes, identiques à celles pouvant être stockées dans le dossier `assets` du projet, mais accessibles uniquement via leur identifiant unique de ressource.

`res/values` : valeurs de différents types simples comme par exemple des chaînes de caractères, des entiers... contenus dans des fichiers au format XML. Chacune de ces valeurs est accessible via son identifiant unique.

■ Remarque

Bien que les noms des fichiers contenus dans le dossier `res/values` soient laissés à la seule discrétion du développeur et que ces fichiers puissent contenir différents types de ressources simples, il est d'usage de classer ces ressources selon leur type dans des fichiers indépendants. Les noms de ces fichiers sont ceux des types de ressources qu'ils contiennent. Par exemple, `strings.xml` pour les ressources de type `string`, `arrays.xml` pour les `array`, `colors.xml` pour les `color`...

`res/xml` : fichiers XML divers, notamment des fichiers de configuration de composants, lus à l'exécution.

■ Remarque

Tous ces dossiers ne sont pas créés par défaut. Il faudra donc les créer au fur et à mesure selon les besoins.

■ Remarque

Il n'est pas possible de créer de sous-dossiers dans ces sous-dossiers afin d'organiser encore plus les ressources... ce qui peut être gênant pour les projets utilisant beaucoup de ressources de mêmes types.

Par défaut, un nouveau projet comportera les dossiers `res/drawable-hdpi`, `res/drawable-mdpi` et `res/drawable-ldpi`. De façon générale, les termes suivant le trait d'union précisent la configuration logicielle ou matérielle dans laquelle les ressources contenues dans le dossier correspondant peuvent être utilisées. Les termes `hdpi`, `mdpi` et `ldpi` en particulier, décrivant la catégorie de densité de l'écran, sont étudiés plus en détail dans le chapitre suivant.

Mais notons dès à présent qu'au-delà des ressources de type `Drawable`, tout type de ressource peut se voir dédié à des configurations logicielles ou matérielles précises. Pour cela, le nom du dossier de ressources doit être complété du ou des qualificatifs séparés par des traits d'union. Il existe un grand nombre de qualificatifs disponibles représentant la taille de l'écran, la densité de l'écran, la langue du système, l'orientation de l'écran... Nous en découvrirons certains dans les chapitres suivants.

Syntaxe

```
type_ressource[-qualificatif_1]...[-qualificatif_n]
```

Exemple

res/drawable-hdpi

res/drawable-fr-hdpi

Dans cet exemple, le dernier cas concerne les ressources de type `Drawable` qui seront utilisées sur un système dont l'écran à une haute densité de pixels et dont la langue du système est le français.

■ Remarque

Il est recommandé que chaque ressource dispose d'une variante par défaut. C'est-à-dire que la ressource doit figurer a minima dans son dossier de ressource par défaut, celui ne comportant pas de qualificatifs. Par exemple, toute ressource de type image doit figurer a minima dans le dossier `res/drawable`. Cela permet d'assurer une compatibilité de l'application sur les anciennes versions Android.

Chacune des ressources du dossier `res` possède son propre identifiant unique. C'est l'unique moyen par lequel la ressource peut être atteinte depuis le code Java ou depuis le code XML. C'est une valeur entière générée automatiquement. Cette valeur permet à de multiples méthodes d'identifier aisément les ressources à utiliser. Mais cette valeur peut changer à chaque compilation au gré des ajouts ou suppressions de ressources.

Afin de ne pas inclure ces valeurs en dur dans le code et à avoir à les changer par le développeur à chaque modification, il est généré automatiquement une classe Java `R` faisant la correspondance entre les valeurs entières des identifiants uniques et des constantes associées.

Ces constantes, statiques et publiques, sont définies dans des sous-classes de la classe `R` correspondant aux différents types de ressources.

Dès lors, le développeur n'a plus qu'à utiliser ces constantes, dont le nom n'évolue pas automatiquement, en lieu et place des valeurs entières dans le code Java.

Le nom complet de ces constantes Java est composé du nom de paquetage d'où elles sont issues, du type et du nom de la ressource. Le nom de paquetage peut être omis s'il s'agit du paquetage courant.

Le type de la ressource correspond au nom du sous-dossier du dossier `res` contenant la ressource. Le nom de la ressource est le nom du fichier dépourvu de son extension.

Cette syntaxe est valable pour toutes les ressources à l'exception de celles du dossier `res/values`. Pour ces dernières, le type de la ressource est le nom de la balise définissant la ressource. Et le nom de la ressource est le nom spécifié par l'attribut `name` de la balise de la ressource.

Syntaxe depuis le code Java

```
[paquetage.]R.type.nom
```

Exemples

R.drawable.icon

R.layout.main

R.string.message

R.color.rouge

Même chose pour les fichiers ressources. Afin de ne pas écrire des données en dur dans certains fichiers ressources, il est possible de faire référence aux ressources depuis le code XML. Les syntaxes du type et du nom des ressources sont les mêmes que précédemment.

Syntaxe depuis le code XML

```
@[paquetage:]type/nom
```

Exemples

@drawable/icon

@layout/main

@string/message

@color/rouge

Dans la suite de cet ouvrage, le terme identifiant unique ou identifiant, tout court, fera référence au nom complet de la constante associée à la valeur entière comme par exemple `R.string.message`.

Chapitre 3
Découverte de l'interface utilisateur

1. Introduction

Les applications Android proposent, pour la majorité d'entre elles, une interface utilisateur. Celle-ci va permettre une interaction à double sens entre l'utilisateur et l'application de façon visuelle, tactile et sonore.

■ Remarque

Il est d'usage de parler de clic pour désigner l'action de pression et de relâchement rapide d'un bouton d'un dispositif de pointage comme une souris par exemple. Ce terme fait référence au bruit provoqué par cette action. Or pour les écrans tactiles, le dispositif de pointage est le doigt de l'utilisateur. L'usage du terme clic dans ce cas apparaît moins approprié. C'est pourquoi d'autres actions, comme par exemple toucher l'écran, tapoter ou appuyer sur l'écran sont utilisées en lieu et place de cliquer. Cet ouvrage fait référence aux appareils Android en général, qu'ils possèdent un écran tactile ou non comme pour les netbooks. Si bien que les termes cliquer et appuyer seront utilisés ici indifféremment et désigneront la même action.

Comme nous le verrons dans le chapitre Composants applicatifs principaux, une application Android comportant une interface utilisateur est composée d'une ou plusieurs activités. Pour l'instant, retenons juste qu'à une activité correspond ce que l'on appellera une page d'écran. Une page d'écran peut être vue comme une page web par exemple, avec son interface graphique : texte, boutons, images...

De nombreux composants sont fournis par Android pour aider à la réalisation de telles interfaces. Nous allons découvrir dans ce chapitre les principaux composants que sont les vues, les layouts (conteneur de vues), les widgets (composants), les menus...

Mais auparavant, commençons par découvrir comment le système Android permet de réaliser des applications fonctionnant sur tout type d'écrans.

2. Écrans

L'une des particularités du système Android est qu'il peut s'adapter à bon nombre de configurations matérielles différentes.

L'élément le plus visible confirmant cela est sans nul doute l'écran, notamment sa taille. Cela va du petit smartphone dont la diagonale de l'écran fait 6,5 cm jusqu'à la tablette tactile de 30 cm en passant par bon nombre de tailles intermédiaires, sans compter les télévisions embarquant le système Google TV basé sur Android...

Mais la taille n'est qu'une des caractéristiques de l'écran. La résolution de l'écran en est une autre, allant généralement de pair avec la première. Ainsi, dans la plupart des cas, plus la taille de l'écran est grande, plus la résolution qu'il offre est meilleure. On trouve donc des appareils Android ayant une petite résolution de 240 x 320 pixels (QVGA) jusqu'à ceux en ayant une de 1366 x 768 pixels (WXGA au format 16/9) ou encore 1280 x 800 pixels (WXGA au format 16/10).

Bref, on le voit, le système Android peut fonctionner sous de nombreuses et diverses configurations d'écrans. Dès lors une application faite pour un écran de smartphone à petite résolution fera pâle figure dans l'immensité d'un grand écran à haute résolution. Afin d'offrir à l'utilisateur la meilleure expérience possible quant à l'utilisation de l'application, le développeur devra faire en sorte que l'application s'adapte elle aussi aux différentes tailles et résolutions d'écran des appareils Android sur lesquels l'application peut s'exécuter.

Android classe les écrans selon leur taille de diagonale en quatre catégories : `small` (petite), `normal` (normale), `large` (grande) et `xlarge` (très grande). Cette dernière catégorie est proposée depuis Android 2.3 (API 9). On trouvera par exemple des écrans d'environ 6,35 cm (2,5 pouces) de taille de diagonale dans la catégorie petite, d'environ 10 cm (4 pouces) dans la normale, d'environ 18 cm (7 pouces) dans la grande et d'environ 25 cm (10 pouces) dans la très grande.

Plusieurs résolutions peuvent exister à l'intérieur d'une même catégorie. Si bien que pour une même surface d'écran, le nombre de pixels peut varier sensiblement. Le nombre de pixels sur une surface représente la densité. Elle est exprimée en points par pouce notés `dpi` (*dots-per-inch*).

Android classe donc aussi les écrans en quatre autres catégories selon leur densité de pixels : `ldpi` (faible), `mdpi` (moyenne), `hdpi` (haute) et `xhdpi` (très haute). Cette dernière catégorie est proposée depuis Android 2.2 (API 8). On trouvera par exemple des valeurs de 120 dpi pour les densités faibles, 160 dpi pour les moyennes, 240 dpi pour les hautes et 320 dpi pour les très hautes. Ce sont d'ailleurs ces valeurs de densités qui servent d'étalons.

Il est possible d'obtenir les caractéristiques de l'écran, comme sa résolution et sa densité. Pour cela, il faut utiliser la méthode `getWindowManager` depuis une activité pour récupérer l'instance du gestionnaire de fenêtre. L'appel à la méthode `getDefaultDisplay` sur cette instance permet ensuite de récupérer un objet de type `Display` contenant les informations souhaitées. Il ne reste plus qu'à les récupérer dans un objet de type `DisplayMetrics` en utilisant la méthode `getMetrics`.

Exemple

```
DisplayMetrics metrics = new DisplayMetrics();
getWindowManager().getDefaultDisplay().getMetrics(metrics);
int densiteDpi = metrics.densityDpi;
int resolutionX = metrics.widthPixels;
int resolutionY = metrics.heightPixels;
```

Mais à taille d'écran strictement identique, un bouton de 100 pixels de largeur, par exemple, aura une taille d'affichage différente si les résolutions sont différentes. Pour éviter cela, Android recommande d'utiliser une nouvelle unité : le `dp` ou `dip` (*density-independent pixel*) ou pixel à densité indépendante.

Remarque

Ne pas confondre dpi et dip !

Le système se charge de convertir une valeur en dip en nombre de pixels physiques en tenant compte de la densité de l'écran. La dimension physique résultante sera la même quelle que soit la densité de l'écran. C'est-à-dire que le bouton aura la même taille physique sur tous les écrans.

Sous Android, les dimensions peuvent en fait être spécifiées sous différentes unités. Ces unités sont répertoriées dans le tableau suivant :

Unité	Description
`dp` ou `dip`	(*density-independent pixel*). Unité indépendante de la densité de l'écran.
`sp` ou `sip`	(scale-independent pixel). Unité dépendante de la taille préférée de police de caractère. Cette unité est utilisée pour les tailles de police des chaînes de caractères.
`px`	Pixel. Unité minimale graphique.
`in`	Pouce. Unité de mesure valant 2,54 cm.
`mm`	Millimètre.

Remarque

Afin de ne pas mélanger dip et dpi, il est préférable d'utiliser uniquement dp et sp.

Remarque

Afin qu'une application puisse s'adapter correctement à tous types d'écrans, tailles et résolutions, il est vivement recommandé de n'utiliser que des dimensions indépendantes de la densité, c'est-à-dire spécifiées en dp, en dip, en sp ou en sip.

Il est possible de spécifier différentes variantes d'une même image selon la densité de l'écran. Android recherche la ressource correspondant d'abord à la catégorie de densité de l'écran courant. Si elle existe, elle est utilisée telle quelle. Sinon, Android recherche cette ressource dans une autre densité, en priorité dans les densités plus hautes que l'actuelle. Une fois trouvée, le système la retaille en utilisant un certain facteur.

Pour connaître le facteur à appliquer, le système utilise l'échelle suivante indiquant les différents ratios : 3-4-6-8 correspondant respectivement aux différentes densités : `ldpi`, `mdpi`, `hdpi` et `xhdpi`.

Par exemple, si la densité de l'écran est haute (`hdpi`) et que la ressource n'existe pas dans cette densité ni dans une densité supérieure (`xhdpi`), le système peut utiliser celle de densité moyenne (`mdpi`) à supposer qu'elle existe. Puis le système modifie automatiquement sa taille en appliquant un facteur de 1,5, soit 6/4, pour les hautes densités (`hdpi`). Si l'écran a une densité faible (`ldpi`), le facteur utilisé est 0,75, soit 3/4.

Le développeur qui souhaite fournir des images dédiées à une catégorie de densités spécifique pourra utiliser les mêmes coefficients multiplicateurs pour déterminer la taille à fournir pour ces densités.

Par exemple, s'il fournit une image de 100x100 pixels pour une densité normale (`mdpi`) et s'il souhaite en fournir une pour une densité haute, cette image devrait avoir une taille de 150x150 pixels, soit un coefficient multiplicateur de 1,5.

Comme déjà vu au chapitre précédent, il est possible de fournir plusieurs variantes d'une même image selon la densité de l'écran utilisé. Pour cela, ces variantes doivent être réparties dans différents sous-dossiers `drawable` du dossier `res` dont le qualificatif composant le nom de sous-dossier est la catégorie de densité de l'écran.

■ Remarque

Les ressources qui se trouvent dans le dossier `res/drawable` sont considérées être des ressources de moyenne densité (`mdpi`).

Syntaxe

```
drawable-catégorie_densité
```

Exemple

res/drawable-hdpi/icon.png

res/drawable-ldpi/icon.png

res/drawable-mdpi/icon.png

Depuis Android 1.6 (API 4), il est possible d'utiliser la balise `supports-screen` dans le manifeste pour indiquer au système, et accessoirement à l'Android Market, avec quelles catégories de tailles d'écrans est compatible l'application.

À chacune de ces catégories correspond un attribut dans cette balise : `android:smallScreens`, `android:normalScreens`, `android:largeScreens` et `android:xlargeScreens`. Ceux-ci prennent une valeur booléenne indiquant si l'application supporte la catégorie correspondante ou non. Si ce n'est pas le cas, le système recherche la meilleure solution d'affichage compatible possible et convertit automatiquement les dimensions pour les adapter à l'écran utilisé.

■ Remarque

Les valeurs par défaut de ces attributs dépendent des valeurs des attributs `android:minSdkVersion` et `android:targetSdkVersion`. Dès lors, le plus simple est de préciser ces valeurs explicitement dans le manifeste afin de lever toute ambiguïté.

L'attribut `android:anyDensity` prend un booléen indiquant si l'application a été conçue de façon à être indépendante de la densité, ou plus concrètement si elle utilise des dimensions de type dp ou sp ou qu'elle convertit les dimensions spécifiées en pixels. Dans le cas contraire, le système exécutera l'application dans un mode de compatibilité.

■ Remarque

Pour rappel, il est fortement conseillé de réaliser des applications dont l'interface est indépendante de la densité de l'écran.

Syntaxe

```
<supports-screens
  android:smallScreens="booléen"
  android:normalScreens="booléen"
  android:largeScreens="booléen"
  android:xlargeScreens="booléen"
  android:anyDensity="booléen"
  ...
/>
```

Exemple

```
<?xml version="1.0" encoding="utf-8"?>
<manifest
    xmlns:android="http://schemas.android.com/apk/res/android"
    package="fr.mondomaine.android.monappli"
    android:versionCode="1"
    android:versionName="1.0">

  <uses-sdk android:minSdkVersion="8"
            android:targetSdkVersion="11" />

  <supports-screens
      android:smallScreens="true"
      android:normalScreens="true"
      android:largeScreens="true"
      android:xlargeScreens="true"
      android:anyDensity="true" />

  <application android:icon="@drawable/icon"
               android:label="@string/app_name">
    <activity android:name=".MonActivitePrincipale"
              android:label="@string/app_name">
      <intent-filter>
        <action android:name="android.intent.action.MAIN" />
        <category
            android:name="android.intent.category.LAUNCHER" />
      </intent-filter>
    </activity>

</manifest>
```

3. Mode programmatique et mode déclaratif

Pour réaliser une interface utilisateur, le développeur dispose de deux techniques :

- Le mode programmatique : l'interface est réalisée via l'écriture de code Java directement dans le code Java de l'application. Ce mode permet de générer l'interface dynamiquement mais a pour conséquence de mélanger le code de conception de l'interface avec le code de l'application.
- Le mode déclaratif : l'interface est réalisée via l'écriture de code XML dans des fichiers XML séparés. Ce mode permet donc d'isoler le code de l'interface utilisateur du code de l'application en Java.

Ces deux modes ne sont pas antinomiques. Ils peuvent être aussi bien utilisés seuls que combinés ensemble pour tirer parti au maximum des avantages de chacun d'eux.

Sous Eclipse, le plugin ADT précédemment installé permet d'obtenir des onglets supplémentaires correspondant à différentes vues du fichier actuellement édité.

Par exemple, l'ouverture d'un fichier layout (cf. section Layouts dans ce chapitre) permet d'éditer le fichier à la fois via un éditeur de code XML et via une interface graphique nommée **Graphical Layout**.

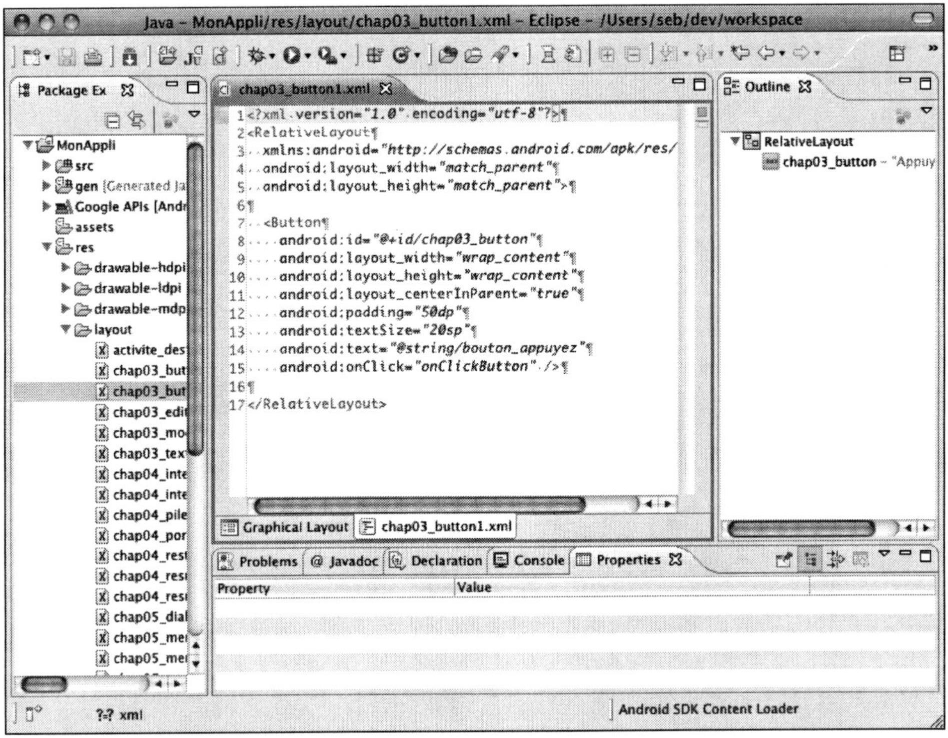
Java - MonAppli/res/layout/chap03_button1.xml - Eclipse - /Users/seb/dev/workspace
Package Ex
Outline
chap03_button1.xml
MonAppli
src
gen
Google APIs
assets
res
drawable-hdpi
drawable-ldpi
drawable-mdpi
layout
<?xml version="1.0" encoding="utf-8"?>
<RelativeLayout
xmlns:android="http://schemas.android.com/apk/res/
android:layout_width="match_parent"
android:layout_height="match_parent">
<Button
android:id="@+id/chap03_button"
android:layout_width="wrap_content"
android:layout_height="wrap_content"
android:layout_centerInParent="true"
android:padding="50dp"
android:textSize="20sp"
android:text="@string/bouton_appuyez"
android:onClick="onClickButton" />
</RelativeLayout>
RelativeLayout
chap03_button
Graphical Layout
chap03_button1.xml
Problems
Javadoc
Declaration
Console
Properties
Property
Value
Android SDK Content Loader

Éditeur XML

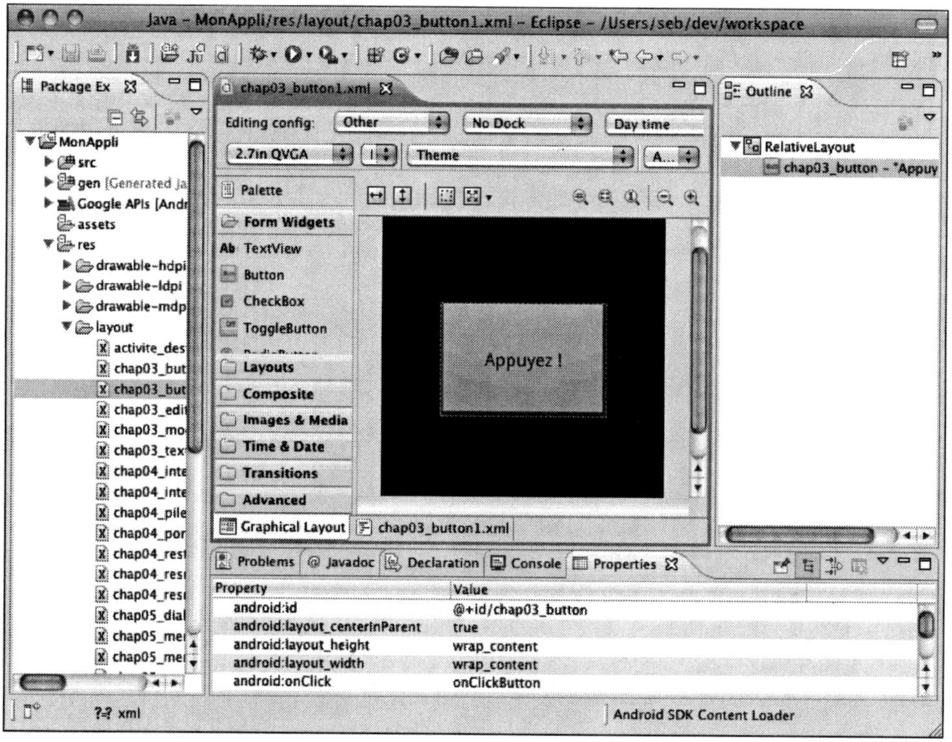

Éditeur graphique

■ Remarque

N'hésitez pas à découvrir les vues associées aux autres types de fichiers.

4. Vues

L'élément de base de l'interface utilisateur est la vue (classe `View`).

Tous les autres éléments de l'interface utilisateur héritent de la classe `View`. C'est le cas, notamment, de la classe `ViewGroup` qui est une vue permettant de contenir plusieurs autres vues. On l'appellera conteneur de vues.

Dès lors, l'interface utilisateur d'une activité est composée d'un ensemble de vues et de conteneurs de vues. Pour une activité donnée, on obtiendra par exemple une hiérarchie de vues du type :

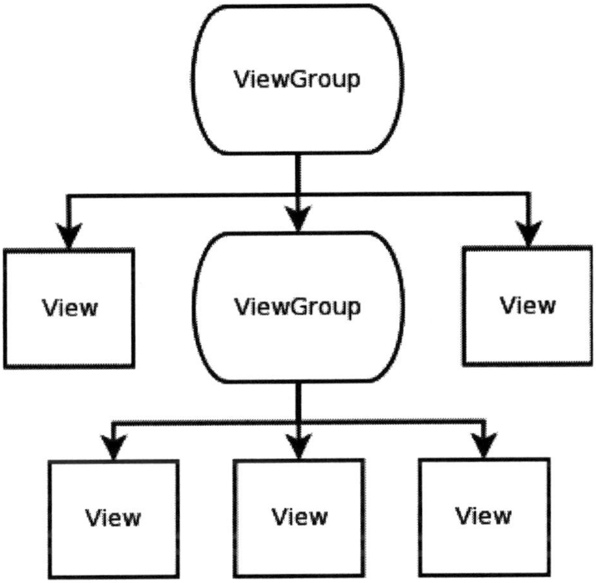

Hiérarchie des vues d'une activité

Cette hiérarchie permet d'ordonner l'affichage des vues. La vue qui se trouve à la racine de la hiérarchie est dessinée en première. S'il s'agit d'un conteneur de vue, alors ce conteneur demande à ses vues enfants de se dessiner et ainsi de suite jusqu'à ce que toutes les vues soient dessinées.

Une vue possède des propriétés. Toutes les classes enfants de la classe `View` hériteront de ces propriétés. Découvrons les principales :

Propriété	Description
`android:background`	Élément à utiliser pour le fond de la vue (image, couleur...).
`android:clickable`	Spécifie si la vue réagit aux clics.
`android:id`	Identifiant unique de la vue.

Propriété	Description
`android:minHeight`	Hauteur minimale de la vue.
`android:minWidth`	Largeur minimale de la vue.
`android:onClick`	Nom de la méthode de l'activité à exécuter lorsque l'utilisateur clique sur la vue.
`android:padding`	Dimension de la marge interne pour les quatre côtés de la vue.
`android:paddingBottom`	Dimension de la marge interne basse de la vue.
`android:paddingLeft`	Dimension de la marge interne gauche de la vue.
`android:paddingRight`	Dimension de la marge interne droite de la vue.
`android:paddingTop`	Dimension de la marge interne haute de la vue.
`android:tag`	Permet d'associer un objet à la vue.
`android:visibility`	Spécifie la visibilité de la vue.

■ Remarque

L'attribut `android:tag` peut revêtir différents rôles et s'avérer d'une grande utilité dans bon nombre de situations. C'est une propriété laissée au bon usage du développeur. Par exemple, cela permet d'associer une donnée à la vue.

5. Layouts

Les layouts sont des conteneurs de vues (`ViewGroup`) prédéfinis fournis par Android. Chaque layout propose un style de mise en page différent permettant aux vues de se positionner les unes par rapport aux autres ou par rapport au conteneur parent.

Les principaux layouts prédéfinis sont `FrameLayout`, `LinearLayout`, `RelativeLayout`, `TableLayout`. Ils offrent respectivement une structure de positionnement des vues par plan, linéaire, relative et sous forme de tableau.

FrameLayout

Conteneur réduit à sa plus simple expression. Tout ce qu'il contient sera dessiné à partir du coin en haut à gauche. Les derniers éléments enfants ajoutés seront dessinés par dessus les plus anciens.

LinearLayout

Conteneur dont les éléments enfants sont disposés, suivant la valeur de l'attribut orientation, soit :

- Verticalement, les uns sous les autres, un seul élément par ligne.
- Horizontalement, les uns après les autres, à la droite du précédent.

RelativeLayout

Conteneur dont les positions des vues enfants sont précisées par rapport à la vue parente ou par rapport aux autres vues enfants.

TableLayout

Conteneur dont les éléments enfants sont disposés sous forme de tableau. Les vues enfants sont des objets `TableRow` définissant chacun une ligne du tableau. Les éléments enfants des objets `TableRow` sont les cellules du tableau.

5.1 Mode déclaratif

Le mode déclaratif est le mode le plus simple pour déclarer l'interface utilisateur d'un écran. Voyons tout d'abord comment déclarer ce layout puis dans un second temps comment l'utiliser.

5.1.1 Déclaration du layout

La première étape consiste à créer un fichier au format XML, dans le répertoire `res/layout` du projet.

Pour rappel (cf. chapitre Premiers pas - Structure d'un projet Android), le nom du dossier `layout` peut être spécialisé pour filtrer l'usage des layouts selon certaines caractéristiques. Il est notamment possible de fournir différents layouts pour un même écran, au sens interface, selon la catégorie de la taille de l'écran physique. Pour cela, le qualificatif à utiliser est le nom de la catégorie de la taille d'écran.

Remarque

Les ressources qui se trouvent dans le dossier `res/layout` sont considérées être des ressources pour des écrans de tailles normales (normal).

Exemple

res/layout-small/principal.xml

res/layout-normal/principal.xml

res/layout-xlarge/principal.xml

Il est également possible de créer des layouts différents selon l'orientation de l'écran. Le qualificatif à spécifier est `port` pour le mode portrait et `land` pour le mode paysage. Les différentes catégories de qualificatifs peuvent être combinées ensemble pour affiner davantage le filtre.

Exemple

res/layout-port/principal.xml

res/layout-xlarge-land/principal.xml

Le fichier layout XML doit avoir la syntaxe suivante :

Syntaxe

```
<?xml version="1.0" encoding="utf-8"?>
<Type_de_layout
    xmlns:android="http://schemas.android.com/apk/res/android"
    android:layout_width="dimension"
    android:layout_height="dimension"
    ... >
    ...
</Type_de_layout>
```

La première ligne décrit la version XML et l'encodage du fichier.

La seconde ligne spécifie le type de layout souhaité en utilisant la balise XML correspondante. On spécifie ensuite les propriétés de cette balise et donc du layout.

Remarque

Le layout racine de l'écran doit spécifier l'attribut `xmlns:android`*avec la valeur précédemment donnée afin de définir l'espace de noms android qui sera utilisé pour la déclaration des attributs.*

Les attributs `android:layout_width` et `android:layout_height` sont obligatoirement requis sans quoi une exception est générée.

Les valeurs possibles de ces attributs sont :

- `match_parent` : la vue est aussi grande que la vue parente moins les valeurs d'espacements (padding). Depuis la version 8 du SDK, cette valeur remplace la valeur `fill_parent`.
- `wrap_content` : la vue est aux dimensions de son contenu plus les valeurs d'espacement (padding). C'est-à-dire de taille la plus petite possible mais suffisante pour afficher son contenu.
- une dimension : la vue est précisément dimensionnée selon cette valeur. Une dimension s'écrit avec un nombre, à virgule flottante si besoin, suivi d'une unité. Par exemple : `42dp`.

Remarque

Pour rappel, afin qu'une application puisse s'adapter correctement à tous types d'écrans, tailles et résolutions, il est vivement recommandé de n'utiliser que des dimensions indépendantes de la densité. Ainsi, pour les dimensions d'un layout, il sera privilégié les valeurs `match_parent`, `wrap_content` *et celles spécifiées en dp.*

Exemple

```
<?xml version="1.0" encoding="utf-8"?>
<RelativeLayout
    xmlns:android="http://schemas.android.com/apk/res/android"
    android:layout_width="match_parent"
    android:layout_height="match_parent" >
</RelativeLayout>
```

Dans cet exemple, l'écran comporte un layout relatif dont les dimensions seront celles de la vue parente. C'est-à-dire ici l'écran entier à l'exception de la barre de statut et de la barre de titre tout en haut.

5.1.2 Utilisation du layout

Maintenant que le layout est défini dans le fichier XML, il faut qu'une activité l'utilise pour créer son interface utilisateur. On utilise pour cela la méthode `setContentView` de la classe `Activity`.

Syntaxe

```
public void setContentView (int layoutResID)
```

Cette méthode prend en paramètre un nombre entier qui est l'identifiant unique du layout.

Exemple

```
public void onCreate(Bundle savedInstanceState) {
    super.onCreate(savedInstanceState);
    setContentView(R.layout.principal);
}
```

Dans cet exemple, l'activité courante utilise le fichier nommé `res/layout/principal.xml` pour construire l'interface utilisateur à afficher dès la création de l'activité.

On spécifie la constante `R.layout.principal` plutôt qu'un nombre entier. Pour rappel, cette constante est générée automatiquement lors de la compilation du projet dans le fichier `gen/`*`paquetage`*`/R.java`. Elle contient la valeur de l'identifiant unique du layout principal. Cette valeur peut changer à chaque compilation suivant l'ajout ou la suppression de nouvelles ressources, ce qui la rend inutilisable en tant que telle. D'où l'utilisation de la constante permettant au développeur de faire abstraction de la valeur intrinsèque.

5.2 Mode programmatique

Le mode programmatique est le plus souple et le plus puissant des deux modes. En contrepartie, c'est aussi le plus complexe.

Il permet de générer dynamiquement l'interface utilisateur lors de la création de l'activité. Mais aussi et surtout, il permet de modifier cette interface pendant l'exécution de l'application. Par exemple, lorsqu'un bouton **OK** grisé doit être activable lorsque l'utilisateur a rempli tous les champs d'un formulaire.

Création et utilisation du layout

Pour créer un layout, il faut instancier un nouvel objet de la classe du type du layout souhaité. Prenons par exemple un layout relatif.

Syntaxe

```
public RelativeLayout (Context context)
```

Ce constructeur prend en paramètre un contexte. Pour l'instant, retenons juste que le contexte regroupe un ensemble d'informations concernant l'environnement de l'application. Et que la classe `Activity` hérite indirectement de la classe `Context`.

Une fois l'objet créé, il faut lui spécifier ses dimensions en utilisant sa méthode `setLayoutParams`.

Syntaxe

```
public void setLayoutParams (ViewGroup.LayoutParams params)
```

Cette méthode prend en paramètre un objet de type `ViewGroup.LayoutParams`. Il faut donc en créer un en utilisant l'un de ses constructeurs.

Syntaxe

```
public ViewGroup.LayoutParams (int width, int height)
```

Les paramètres `width` et `height` sont des nombres entiers. Comme nous l'avons vu précédemment, ce peut être une valeur parmi `match_parent`, `wrap_content` ou une dimension.

Et pour finir, il faut définir ce layout en tant que vue racine de l'activité concernée afin d'en faire son interface utilisateur grâce à la deuxième méthode `setContentView` qui prend cette fois-ci en paramètre un objet de type `View`.

Syntaxe

```
public void setContentView (View view)
```

Exemple

```
public void onCreate(Bundle savedInstanceState) {
    super.onCreate(savedInstanceState);

    RelativeLayout layout = new RelativeLayout(this);
    LayoutParams lp = new LayoutParams(LayoutParams.MATCH_PARENT,
      LayoutParams.MATCH_PARENT);
    layout.setLayoutParams(lp);
    setContentView(layout);
}
```

Dans cet exemple, le constructeur `RelativeLayout` prend en paramètre `this` car la méthode `onCreate` est celle d'un objet héritant de la classe `Activity` qui hérite elle-même de la classe `Context`.

5.3 Combinaison des deux modes

Dans la majorité des cas, on préfère déclarer les layouts en mode déclaratif de façon à séparer l'interface utilisateur du code de l'application. On spécifie des valeurs par défaut aux attributs des vues déclarées que l'on pourra ensuite modifier lors de l'exécution de l'application via le mode programmatique.

Cela permet d'avoir une vision claire de la hiérarchie des vues établie dans le layout. Et cela permet aussi de pouvoir spécifier différents layouts suivant la taille de l'écran, la langue utilisée par l'utilisateur... sans avoir à modifier le code de l'application.

Ainsi, on réunit le meilleur des deux modes. C'est cette façon de faire qui sera privilégiée dans la suite de cet ouvrage pour les layouts et autres composants graphiques.

6. Widgets

Un widget est un composant de l'interface graphique qui peut ou non permettre l'interaction avec l'utilisateur.

De base, Android fournit un ensemble de composants permettant la création d'interface graphique plus ou moins complexe.

6.1 Déclaration

La déclaration de ces composants est aisée dans les fichiers de layouts au format XML. La syntaxe de leur déclaration est la suivante.

Syntaxe

```
<Type_de_widget
    android:id="@[+][paquetage:]id/nom_ressource"
    android:layout_width="dimension"
    android:layout_height="dimension"
    ...
/>
```

La propriété `android:id` permet d'associer un identifiant unique au composant. C'est une propriété optionnelle mais grâce à cet identifiant, il est aisé de récupérer l'objet correspondant dans le code Java pour ensuite le modifier. C'est pourquoi elle est indiquée ici.

Généralement, la valeur de l'identifiant unique sera de la forme `@+id/`*`nom_ressource`*. Le signe plus indique qu'il s'agit d'un nouvel identifiant. Celui-ci se verra donc assigner une nouvelle valeur de façon automatique lors de la génération du fichier `R.java`.

6.2 Utilisation

Pour pouvoir utiliser le composant depuis le code Java de l'application, il suffit d'utiliser la méthode `findViewById` et de lui spécifier en paramètre l'identifiant unique du composant concerné. Cette méthode retourne un objet de type `View` qu'il faut ensuite convertir dans le type de la classe concernée.

Syntaxe

```
public View findViewById (int id)
```

6.3 Découverte de quelques widgets

Il serait bien trop long de présenter exhaustivement tous les composants et toutes leurs propriétés. Certains composants pouvant avoir plus d'une cinquantaine de propriétés spécifiques.

Tous ces composants font partie du paquetage `android.widget`.

C'est pourquoi nous allons présenter uniquement les principaux composants graphiques fournis par Android et quelques-unes de leurs principales propriétés.

À chaque fois, une copie d'écran sera fournie avec une partie du code utilisé en exemple.

6.3.1 TextView (Champ de texte)

Le composant `TextView` permet d'afficher du texte.

Composant TextView

Les principales propriétés du composant `TextView` sont :

Propriété	Description
`android:autoLink`	Permet de convertir automatiquement les liens hypertextes et les adresses de messagerie électronique en liens cliquables.
`android:ellipsize`	Spécifie comment doit s'afficher le texte lorsqu'il est plus long que la vue.
`android:gravity`	Indique où doit être positionné le texte dans sa vue lorsqu'il est plus petit qu'elle.
`android:height`	Hauteur du composant.
`android:lines`	Nombre exact de lignes à afficher.
`android:maxHeight`	Hauteur maximale du composant.
`android:maxLines`	Nombre maximum de lignes à afficher.
`android:maxWidth`	Largeur maximale du composant.
`android:minLines`	Nombre minimum de lignes à afficher.
`android:text`	Texte à afficher.
`android:textColor`	Couleur du texte.
`android:textSize`	Taille du texte.
`android:textStyle`	Style du texte.
`android:width`	Largeur du composant.

■ Remarque

À savoir : le composant `TextView` possède également quatre propriétés permettant d'afficher à ses côtés une ressource de type `Drawable`, comme une image par exemple. Ce sont les propriétés : `android:drawableTop`, `android:drawableBottom`, `android:drawableLeft` et `android:drawableRight`.

Exemple

```
<?xml version="1.0" encoding="utf-8"?>
<RelativeLayout
    xmlns:android="http://schemas.android.com/apk/res/android"
    android:layout_width="match_parent"
    android:layout_height="match_parent" >

    <TextView android:id="@+id/textview_message"
        android:layout_width="wrap_content"
        android:layout_height="wrap_content"
        android:layout_centerInParent="true"
        android:background="#FFF"
        android:textColor="#000"
        android:textSize="14sp"
        android:maxLines="3"
        android:gravity="center"
        android:text="@string/message" />

</RelativeLayout>
```

Les propriétés du composant peuvent être modifiées dans le code Java en utilisant la méthode `findViewById` comme vu précédemment.

Exemple

```
public void onCreate(Bundle savedInstanceState) {
    super.onCreate(savedInstanceState);

    setContentView(R.layout.textview);
         TextView msg = (TextView) findViewById(R.id.textview_message);
    msg.setText(R.string.nouveau_message);
}
```

Dans cet exemple, on modifie le texte du composant avant de l'afficher.

■ Astuce

L'utilisation de couleurs pour le fond des vues permet de vérifier rapidement les dimensions des vues.

6.3.2 EditText (Champ de texte de saisie)

Le composant `EditText` permet la saisie du texte par l'utilisateur. Lorsque l'utilisateur clique sur le composant, le clavier virtuel apparaît. L'utilisateur peut également utiliser le clavier physique si l'appareil en possède un.

Composant EditText

Ce composant hérite du composant `TextView`. Ses propriétés sont les mêmes que celles du composant `TextView`. Les principales propriétés utilisées pour ce composant sont :

Propriété	Description
`android:inputType`	Permet de filtrer la saisie de l'utilisateur en spécifiant le type de donnée qu'accepte ce composant.
`android:scrollHorizontally`	Permet de faire défiler le texte horizontalement lorsque celui-ci est plus grand que la largeur du composant.

Exemple

```
<?xml version="1.0" encoding="utf-8"?>
<RelativeLayout
    xmlns:android="http://schemas.android.com/apk/res/android"
    android:layout_width="match_parent"
    android:layout_height="match_parent" >

    <EditText android:id="@+id/edit_texte"
        android:layout_width="match_parent"
        android:layout_height="wrap_content"
        android:layout_margin="10dp"
        android:background="#FFF"
        android:textColor="#000"
        android:lines="5"
        android:gravity="top"
        android:inputType="textMultiLine|textAutoCorrect"
        android:text="@string/edit_texte"/>

</RelativeLayout>
```

6.3.3 Button (Bouton)

Le composant `Button` représente un bouton que l'utilisateur peut presser et cliquer. Des actions peuvent être associées à ces états.

Composant Button

Ce composant hérite du composant `TextView`. Ses propriétés sont les mêmes que celles du composant `TextView`. Les principales propriétés utilisées pour ce composant sont :

Propriété	Description
`android:text`	Texte à afficher sur le bouton.
`android:onClick`	Nom de la méthode de l'activité à exécuter lorsque l'utilisateur clique sur la vue.

L'usage de la propriété `onClick` implique la création de la méthode correspondante dans la classe de l'activité. Cette méthode doit être définie publiquement et prendre en paramètre un objet de type `View`.

Syntaxe

```
public void nomMethode(View vueConcernee)
```

Exemple

```
<?xml version="1.0" encoding="utf-8"?>
<RelativeLayout
    xmlns:android="http://schemas.android.com/apk/res/android"
    android:layout_width="match_parent"
    android:layout_height="match_parent" >

    <Button android:id="@+id/button1_cliquez_moi"
        android:layout_width="wrap_content"
        android:layout_height="wrap_content"
        android:layout_centerInParent="true"
        android:padding="50dp"
        android:textSize="20sp"
        android:text="@string/cliquez_moi"
        android:onClick="onClickButton" />

</RelativeLayout>
```

Voici la méthode `onClickButton` que l'on crée dans notre activité.

```
public void onClickButton(View view) {
    ((Button)view).setText(R.string.cliquez_moi_fait);
}
```

Dans cet exemple, lorsque l'utilisateur clique sur le bouton, la propriété `onClick` indique qu'il faut exécuter la méthode `onClickButton`. Celle-ci prend en paramètre la vue concernée. Ici, il s'agit d'un bouton donc nous convertissons la vue en bouton afin de pouvoir modifier son texte.

Il existe une alternative à l'usage de la propriété `onClick` qui consiste à déclarer l'action à réaliser dans le code Java plutôt que dans le code XML.

Pour ce faire, on utilisera la méthode `setOnClickListener` de l'objet bouton pour définir l'action à réaliser lorsque l'utilisateur cliquera sur le bouton.

Syntaxe

```
public void setOnClickListener (View.OnClickListener l)
```

Cette méthode prend en paramètre un objet de type `View.onClickListener`. Il faut donc en créer un et implémenter sa méthode abstraite `onClick` où l'on renseignera l'action à réaliser.

Syntaxe

```
public void onClick (View v)
```

Exemple

```
<?xml version="1.0" encoding="utf-8"?>
<RelativeLayout
    xmlns:android="http://schemas.android.com/apk/res/android"
    android:layout_width="match_parent"
    android:layout_height="match_parent" >

    <Button android:id="@+id/button2_cliquez_moi"
        android:layout_width="wrap_content"
        android:layout_height="wrap_content"
        android:layout_centerInParent="true"
        android:padding="50dp"
        android:textSize="20sp"
        android:text="@string/cliquez_moi" />

</RelativeLayout>
```

Ci-dessous la déclaration de l'évènement à exécuter :

```
public void onCreate(Bundle savedInstanceState) {
    super.onCreate(savedInstanceState);

    setContentView(R.layout.button2);
    final Button btn =
      (Button) findViewById(R.id.button_cliquez_moi);
    btn.setOnClickListener(new View.OnClickListener() {
        public void onClick(View v) {
          btn.setText(R.string.cliquez_moi_fait);
        }
    });
}
```

6.3.4 Et les autres

Beaucoup d'autres composants, plus ou moins sophistiqués, sont proposés. Sont disponibles, par exemple, les cases à cocher (`CheckBox`), les boutons radio (`RadioButton`), les listes déroulantes (`Spinner`), les barres de progression (`ProgressBar`), les images (`ImageView`)...

Sous Android 3.0 (API 11) sont apparus de nouveaux composants dont notamment un calendrier (`CalendarView`), une liste de choix dans une fenêtre flottante (`ListPopupWindow`) et un sélecteur de nombre (`NumberPicker`).

Chapitre 4
Les fondations

1. Introduction

Évoquée légèrement jusqu'ici, l'activité est l'un des composants applicatifs phare du système Android. Elle est étudiée plus en détail dans ce chapitre.

Mais auparavant, nous découvrirons les intentions qui sont le liant des différents composants applicatifs du système Android. Grâce à elles, une application Android peut, notamment, profiter des autres applications installées sur le système, et ce, sans les connaître. En effet, les intentions sont résolues dynamiquement à l'exécution du système.

Enfin, avant toute chose, et bien que cela soit répété à maintes reprises dans cet ouvrage, il faut bien retenir de suite qu'une des notions les plus importantes du système Android est que c'est le système qui gère le cycle de vie des applications. Plus particulièrement, c'est le système qui décide quand une application sera détruite, notamment en fonction des ressources disponibles du système concernant le processeur, la mémoire... ou en fonction de la durée d'inactivité de l'utilisateur... Il en résulte que toute application sérieusement développée devra donc tenir compte de cela.

Cet avertissement étant réalisé, découvrons tout de suite les intentions puis les activités.

2. Intention

L'une des grandes forces d'Android est qu'il permet de ne pas lier statiquement les composants applicatifs les uns aux autres et les rend de ce fait les plus indépendants possible. Ce principe est poussé si loin qu'il permet même de pouvoir utiliser des composants applicatifs d'une application depuis une autre application sans les connaître lors de l'écriture du code. Ils seront choisis lors de l'exécution de l'application, soit par le système, soit par l'utilisateur.

Pour pouvoir réaliser cela et faire communiquer dynamiquement ces composants entre eux, Android fournit les objets de type `Intent` (intention). Comme son nom l'indique, une intention désigne une action à réaliser. Mais une intention peut également décrire un événement qui vient de se produire comme c'est le cas pour les récepteurs d'évènements (cf. chapitre Composants applicatifs principaux - Récepteur d'évènements).

Remarque

Un objet de type `Intent` encapsule uniquement des informations, tel un message. Ce sont au composant source et au système d'en faire usage afin d'exploiter l'intention qu'il renferme.

Android fournit des noms d'action génériques utilisables tels quels. Par exemple, `android.intent.action.DIAL` pour lancer un appel téléphonique.

Le développeur peut également créer ses propres actions. Puisque ces actions peuvent avoir une portée globale dans le système, il est demandé de nommer les actions créées en les précédant du nom du paquetage de l'application qui les crée.

L'action d'un objet de type `Intent` peut être spécifiée et récupérée en utilisant les méthodes `setAction` et `getAction`.

Syntaxe

```
public Intent setAction (String action)
public String getAction ()
```

■ Remarque

La méthode `setAction` retourne le même objet de type `Intent` afin de pouvoir chaîner les appels de méthodes.

Pour être réalisée, l'action spécifiée dans l'intention peut avoir besoin de données. Elle peut également avoir besoin d'informations précisant les données qui doivent être utilisées ou modifiées par l'action. Toutes ces informations peuvent être fournies à l'objet de type `Intent` sous la forme de catégorie, de données ou d'Extras.

La catégorie est utilisée pour déterminer le type de composant qui doit réaliser l'action. Il existe plusieurs catégories par défaut. Le développeur peut, là encore, en définir de nouvelles. Pour ajouter une catégorie à un intent, il suffit d'appeler sa méthode `addCategory` et de lui fournir une chaîne de caractères en paramètre nommant la catégorie.

Syntaxe

```
public Intent addCategory (String category)
```

Les données regroupent l'URI et le type MIME de la donnée cible. Le format et le sens de ces données sont dépendants de l'action spécifiée dans l'intent. En général, le type MIME peut être déduit de l'URI. Voici les principales méthodes disponibles pour spécifier et récupérer ces informations :

Syntaxe

```
public Intent setData (Uri data)
public Uri getData ()
public Intent setType (String type)
public String getType ()
```

■ Remarque

L'utilisation de `setData` et celle de `setType` sont concurrentes. Elles écrasent leurs données respectives.

Les Extras sont d'autres données applicatives pouvant être incluses dans l'intent en utilisant la méthode `putExtras`, et la méthode `getExtras` pour les récupérer. Ces données doivent être fournies sous forme d'objet de type `Bundle`.

La fonction de la classe `Bundle` est similaire à celle de la classe `Map`, c'est-à-dire qu'elle stocke des données, associées sous forme de clés-valeurs. À une clé correspond une seule et unique valeur qui peut néanmoins être un tableau de valeurs de même type. La classe `Bundle` n'accepte que des chaînes de caractères comme clés. Les valeurs devront implémenter l'interface `Parcelable`, mécanisme de sérialisation léger spécifique à Android.

Remarque

Attention, l'interface `Parcelable` et le type `Parcel` associé ne doivent pas être utilisés pour sérialiser des données persistantes. La représentation interne des données pouvant être modifiée à chaque nouvelle version du SDK.

Syntaxe

```
public Intent putExtras (Bundle extras)
public Bundle getExtras ()
```

Pour plus de facilité, la classe `Intent` fournit une multitude de méthodes directes pour spécifier les données extras sans passer explicitement par l'objet `Bundle`.

Syntaxe

```
public Intent putExtra (String name, int value)
public int getIntExtra (String name, int defaultValue)
public Intent putExtra (String name, String value)
public String getStringExtra (String name)
...
```

Enfin, la méthode `addFlags` permet d'ajouter des drapeaux à un objet de type `Intent` comme nous le verrons plus loin.

Syntaxe

```
public Intent addFlags (int flags)
```

Il existe deux manières d'écrire une intention : de manière explicite ou de manière implicite.

2.1 Intention explicite

Une intention explicite désigne précisément le composant cible auquel elle est destinée. De fait, elle choisit aussi l'action à réaliser. L'intention peut également contenir explicitement l'action à réaliser dans le cas où le composant peut en réaliser plusieurs.

Un des usages les plus courants des intentions explicites est le lancement de composants applicatifs, notamment d'activités, à l'intérieur d'une même application.

Remarque

Le composant destinataire est recherché parmi les composants déclarés dans le manifeste. Ainsi, si le composant n'apparaît pas dans le fichier, il ne pourra être invoqué.

Concrètement, pour créer une intention explicite, il faut créer un objet de type `Intent` et lui fournir la classe destinataire. Pour cela, une solution consiste à utiliser un des constructeurs de la classe `Intent`. Celui-ci prend en paramètres le contexte applicatif et le nom de la classe destinataire et retourne l'objet de type `Intent` créé. Un autre constructeur permet de spécifier explicitement l'action et la donnée.

Syntaxe

```
public Intent (Context packageContext, Class<?> cls)
public Intent (String action, Uri data, Context packageContext,
  Class<?> cls)
```

Exemple

```
Intent intent = new Intent(this, MonActiviteDestinataire.class);
```

2.2 Intention implicite

Contrairement à l'intention explicite qui désigne le composant destinataire, l'intention implicite indique, quant à elle, l'action à réaliser. Charge au système de trouver le composant applicatif destinataire le plus à même de pouvoir réaliser cette action, généralement issu d'une autre application. S'il en existe plusieurs de mêmes niveaux, le système demandera à l'utilisateur d'en choisir un. Si le système n'en a trouvé aucun, une exception sera générée.

Découvrons d'abord comment créer une intention implicite puis comment les composants applicatifs déclarent les intentions implicites auxquelles ils peuvent répondre.

2.2.1 Création

Concrètement, pour créer une intention implicite, il faut créer un objet de type `Intent` et lui fournir l'action à réaliser. Pour cela, une solution consiste à utiliser un des constructeurs de la classe `Intent` qui prend directement en paramètre l'action. Un autre constructeur permet de spécifier la donnée associée.

Syntaxe

```
public Intent (String action)
public Intent (String action, Uri uri)
```

Exemple

```
Intent intent = new Intent(Intent.ACTION_DIAL,
  Uri.parse("tel:01020304"));
```

Le système recherchera alors le meilleur composant parmi ceux ayant déclaré la capacité de réaliser l'action demandée et répondant aux critères requis. Il utilise pour cela les valeurs `action`, `category` et `data` de l'objet `intent`.

2.2.2 Filtre d'intentions

Un filtre d'intentions permet à un composant applicatif de déclarer au système le type d'intention implicite auquel il peut répondre. Seules les intentions implicites prises en compte par le filtre peuvent être traitées par le composant concerné.

■ Remarque

Les filtres d'intentions n'ont aucune incidence sur les intentions explicites. Ces dernières n'ont que faire de ces filtres et passent outre.

La déclaration des capacités d'un composant applicatif se fait en utilisant la balise `intent-filter` dans le manifeste. Un composant applicatif peut avoir plusieurs `intent-filter` différents. S'il n'en a aucun, le composant ne peut être lancé que par des intentions explicites.

Lorsqu'une intention implicite doit être traitée, le système analyse ses données et les compare aux filtres des composants disponibles. L'objet de type `Intent` doit alors satisfaire aux critères d'un des filtres pour être traité. Les critères sont l'action, la catégorie et les données.

De ce fait, les balises `intent-filter` peuvent inclure les balises `action`, `category` et `data` pour les décrire sur chacun de ces points.

Syntaxe

```
<intent-filter android:icon="ressource drawable"
               android:label="ressource texte"
               android:priority="entier" >
    ...
</intent filter>
```

Les attributs `android:icon` et `android:label` peuvent être affichés à l'utilisateur selon les besoins. S'ils ne sont pas spécifiés, ce sont ceux du composant parent qui seront utilisés par défaut.

Si un intent correspond à plusieurs filtres d'activités ou de récepteurs d'évènements différents, l'attribut `android:priority` permet de choisir celui qui sera utilisé par le système. La valeur de cet attribut doit être un entier. Priorité est donnée à la valeur la plus grande.

La balise `action` d'un `intent-filter` désigne le nom complet de l'action que le composant peut traiter via l'attribut `android:name`. Le nom complet est composé du paquetage de l'application suivi du nom de l'action en majuscule liés par un point. Plusieurs actions peuvent être indiquées dans le même filtre `intent-filter`.

Remarque

Il suffit que l'action de l'objet intent corresponde à une seule des actions du filtre pour que le critère de l'action soit satisfait.

Syntaxe

```
<action android:name="chaîne de caractères" />
```

Exemple

```
<intent-filter>
  <action android:name="android.intent.action.VIEW" />
  <action android:name="fr.mondomaine.android.monappli.ACTION1" />
</intent-filter>
```

La balise `category` d'un `intent-filter` désigne le nom complet de la catégorie caractérisant le composant. Le nom complet est composé du paquetage de l'application suivi du nom de la catégorie en majuscule liés par un point. Plusieurs catégories peuvent être indiquées dans le même filtre `intent-filter`.

Remarque

Il faut obligatoirement que toutes les catégories de l'objet intent soient incluses dans le même filtre pour que le critère de la catégorie soit satisfait. Peu importe si le filtre fournit plus de catégories que celles demandées par l'intent.

Syntaxe

```
<category android:name="chaîne de caractères" />
```

Exemple

```
<intent-filter ...>
  <category android:name="android.intent.category.DEFAULT" />
  <category
    android:name="fr.mondomaine.android.monappli.CATEGORIE1"/>
</intent-filter>
```

La balise `data` d'un `intent-filter` permet de spécifier une URI et/ou un type MIME. Les attributs de cette balise sont nombreux et, pour certains d'entre eux, dépendants les uns des autres. De ce fait, nous découvrirons l'utilisation de cette balise et de certains de ses attributs au fur et à mesure de cet ouvrage.

Remarque

Les données, data et type MIME, fournis par l'intent et ceux du filtre doivent correspondre parfaitement pour que le critère des données soit satisfait.

Syntaxe

```
<data android:host="chaîne de caractères"
      android:mimeType="chaîne de caractères"
      android:path="chaîne de caractères"
      android:pathPattern="chaîne de caractères"
      android:pathPrefix="chaîne de caractères"
      android:port="chaîne de caractères"
      android:scheme="chaîne de caractères" />
```

Remarque

Les valeurs des attributs `android:host`, `android:mimeType` et `android:scheme` doivent être écrites en minuscules.

Remarque

Android considère que si seul le type MIME est indiqué alors le filtre, et donc le composant, accepte les données `content:` et `file:` que nous découvrirons plus tard.

Exemple

```
<intent-filter>
  <data android:mimeType="video/*" />
</intent-filter>
```

2.3 Intention en attente

Une intention en attente désigne un objet de type PendingIntent. Celui-ci contient un objet de type Intent décrivant une action à réaliser. Cette action peut être réalisée à une date ultérieure par une autre application en se faisant passer pour l'application qui a créé l'objet de type PendingIntent et en recevant ses droits pour l'occasion.

Les méthodes statiques getActivity, getService et getBroadcast de la classe PendingIntent créent un objet de type PendingIntent permettant respectivement de lancer une activité, un service ou de diffuser un évènement. Ces méthodes prennent en paramètres le contexte applicatif, un code non utilisé, l'intention à réaliser ainsi que des drapeaux.

Syntaxe

```
public static PendingIntent getActivity (Context context, int
requestCode, Intent intent, int flags)
public static PendingIntent getService (Context context, int
requestCode, Intent intent, int flags)
public static PendingIntent getBroadcast (Context context, int
requestCode, Intent intent, int flags)
```

Exemple

```
Intent intent = new Intent(this, MonActiviteDestinataire.class);
intent.addFlags(Intent.FLAG_ACTIVITY_NEW_TASK);
PendingIntent pendingIntent = PendingIntent.getActivity(this, 0,
  intent, PendingIntent.FLAG_UPDATE_CURRENT);
```

Cet exemple crée, ou met à jour du fait de l'utilisation du drapeau PendingIntent.FLAG_UPDATE_CURRENT, un objet de type PendingIntent chargé de lancer l'activité MonActiviteDestinataire à une date ultérieure.

Remarque

L'ajout du drapeau `Intent.FLAG_ACTIVITY_NEW_TASK` *est requis pour démarrer l'activité dans une nouvelle tâche (cf. section Activité).*

3. Activité

Une activité est un composant applicatif indépendant qui possède la plupart du temps une interface utilisateur. Dans le cas le plus représentatif, une activité présente un écran à l'utilisateur afin d'interagir avec lui. Une application très simple peut n'avoir qu'une seule activité alors qu'une plus complexe peut en posséder plusieurs. Cependant, une seule activité de l'application est active à la fois. L'écran qu'elle gère étant celui que voit l'utilisateur.

Pour définir une activité, il faut créer une classe qui hérite de la classe `Activity` et implémenter, le cas échéant, les méthodes héritées.

L'exécution d'une activité s'opère dans le processus léger, ou thread, principal du processus de l'application. Ce thread est également appelé thread de l'interface utilisateur car lui seul permet de modifier l'interface utilisateur. Toute modification de l'interface depuis un thread concurrent génère une erreur.

Remarque

Afin de préserver l'expérience utilisateur, une activité ne doit pas bloquer son thread principal plus de cinq ou dix secondes selon les cas (cf. chapitre Concurrence, sécurité et réseau - Programmation concurrente).

3.1 Déclaration

Pour être utilisée, une activité doit être déclarée au système via le manifeste.

La balise `activity` contient les informations propres à une activité. Comme la plupart des balises, cette balise propose une multitude d'attributs. Nous en découvrirons certains au fur et à mesure de la découverte des fonctionnalités concernées.

■ Remarque

Une activité acceptant de recevoir des intentions implicites doit obligatoirement déclarer la catégorie `android.intent.category.DEFAULT` dans ses filtres d'intentions. Cette catégorie est automatiquement ajoutée à l'objet intent lorsque cet objet est passé à la méthode `startActivity` ou à la méthode `startActivityForResult`.

Voici en attendant la syntaxe de cette balise et de ses trois principaux attributs :

Syntaxe

```
<activity android:icon="ressource drawable"
          android:label="ressource texte"
          android:name="chaîne de caractères"
          ... >
    ...
</activity>
```

Les attributs `icon` et `label` ont les mêmes fonctions que pour la balise `application` mais limitées à l'activité. S'ils ne sont pas spécifiés, ce sont ceux de l'application qui seront utilisés par défaut.

■ Remarque

À noter que l'attribut `android:screenOrientation` permet à l'activité de préciser l'orientation qu'elle doit adopter. Par défaut, l'orientation d'une activité dépend de la tenue de l'appareil par l'utilisateur. Il est possible de ne pas réagir à ces changements d'orientation et de fixer une fois pour toutes l'orientation de l'activité en utilisant par exemple la valeur `portrait`, `landscape` ou `nosensor` correspondant respectivement à portrait, paysage et l'un ou l'autre choisi par le système selon l'appareil. Cependant, il est recommandé qu'une application ne présume pas et ne fixe pas son orientation. Ceci est d'autant plus vrai si elle doit fonctionner sur des appareils de type différent tels que les smartphones et les tablettes tactiles. Car les utilisateurs ont tendance à utiliser les premiers principalement en mode portrait et les seconds en mode paysage.

■ Remarque

À partir d'Android 3.0 (API 11), il est possible de demander à ce que l'affichage des vues d'une activité ou d'une application en entier utilise l'accélération matérielle si elle est disponible sur le matériel utilisé. Cela permet d'améliorer les performances d'affichage des vues, des animations et plus globalement la réactivité du système. Au final, l'expérience utilisateur est meilleure. Pour cela, le développeur doit utiliser l'attribut `android:hardwareAccelerated` *soit dans la balise* `application` *ou soit dans une ou des balises* `activity` *du manifeste selon l'usage souhaité.*

L'attribut `android:name` permet de spécifier le nom de l'activité concernée, c'est-à-dire son nom de classe Java précédé du paquetage entier.

Exemple

```
android:name="fr.mondomaine.android.monappli.MonActivitePrincipale"
```

Pour faire plus court, le nom du paquetage étant déjà connu car spécifié par l'attribut `package` de la balise `manifest`, il est possible d'indiquer le nom de la classe de l'activité en remplaçant le paquetage par un point.

Exemple

```
android:name=".MonActivitePrincipale"
```

Exemple

```
<activity android:name=".MonActivitePrincipale"
          android:label="@string/app_name">
  <intent-filter>
    <action android:name="android.intent.action.MAIN" />
    <category android:name="android.intent.category.LAUNCHER" />
  </intent-filter>
</activity>
```

Dans cet exemple, et contrairement à ce qui est indiqué en remarque plus haut, le filtre de l'activité ne déclare pas la catégorie `android.intent.category.DEFAULT`. C'est le seul et unique cas où cela n'est pas obligatoire du fait de la déclaration combinée de l'action `android.intent.action.MAIN` et de la catégorie `android.intent.category.LAUNCHER`.

Pour rappel, l'action `android.intent.action.MAIN` signifie que le composant applicatif est le point d'entrée de l'application. Et la catégorie `android.intent.category.LAUNCHER` indique en plus que ce composant fait partie des composants qui peuvent être lancés par l'utilisateur. La combinaison de ces deux balises fait que ce composant, ici une activité, sera ajouté à l'application **Lanceur d'applications** de l'appareil Android.

Remarque

*L'application **Lanceur d'applications** est l'application affichant, sous forme de grille d'icônes et avec leur nom, la liste des applications qui peuvent être lancées par l'utilisateur.*

3.2 Cycle de vie

Le cycle de vie d'une activité décrit les états dans lesquels l'activité peut se trouver entre sa création, l'instanciation, et sa mort, la destruction de cette instanciation.

Lors de chaque changement d'état est appelée une méthode pouvant être dérivée dans la classe de l'activité.

Remarque

Chacune de ces méthodes doit appeler sa méthode parente sans quoi une exception sera générée.

Une activité ne peut être détruite par le système tant qu'elle est dans un état précédant l'état de pause. En pause et au-delà, le système peut décider de détruire l'activité à tout instant.

3.2.1 onCreate

La méthode `onCreate` est la première méthode du cycle de vie appelée lors de la création d'une activité. Elle n'est appelée qu'une seule et unique fois durant tout le cycle de vie de l'activité. La fonction de cette méthode est de permettre d'initialiser l'activité, créer les vues qui doivent être affichées à la création de l'activité, récupérer les instances de ces vues...

Remarque

Si un appel à la méthode `finish` est réalisé dans cette méthode pour mettre fin directement à l'activité sans qu'elle n'ait pu s'afficher un seul instant, alors la méthode `onDestroy` sera appelée immédiatement après, court-circuitant la séquence d'appels normale : `onStart`, `onResume`, ...

Elle reçoit en paramètre un objet de type `Bundle`. Celui-ci permet de récupérer des informations, des données sauvegardées précédemment lors de la dernière exécution de cette activité. Il est décrit plus en détail plus loin.

Il faut noter que ce paramètre est nul lors de la création de cette activité.

Syntaxe

```
protected void onCreate (Bundle savedInstanceState)
```

Exemple

```
public class MonActivite extends Activity {
  @Override
  public void onCreate(Bundle savedInstanceState) {
    super.onCreate(savedInstanceState);
    setContentView(R.layout.principal);

    Intent intent = getIntent();
    traitement(intent);
  }
}
```

Dans cet exemple, la méthode appelle sa méthode parente en lui passant l'objet de type `Bundle` et appelle la méthode `setContentView` pour créer la vue initiale de l'activité qui sera affichée à l'utilisateur. La méthode `getIntent` permet de récupérer l'intent qui a demandé le lancement de cette activité.

3.2.2 onStart

La méthode `onStart` est le pendant de la méthode `onStop`. Elle est appelée après la méthode `onCreate` ou après la méthode `onRestart` si l'activité était dans l'état stoppé et qu'elle revient de nouveau au premier plan.

Elle précède l'affichage de l'activité, plus précisément de sa vue.

Syntaxe

```
protected void onStart ()
```

Exemple

```
public class MonActivite extends Activity {
  @Override
  public void onStart() {
    super.onStart();
  }
}
```

3.2.3 onResume

La méthode `onResume` est le pendant de la méthode `onPause`. Elle est appelée après la méthode `onStart` ou après la méthode `onPause` si l'activité était en pause et qu'elle revient de nouveau au premier plan.

À ce stade, l'activité est affichée à l'utilisateur. Une fois cette méthode quittée, l'activité va fonctionner normalement au premier plan et pouvoir interagir avec l'utilisateur.

Syntaxe

```
protected void onResume ()
```

Exemple

```
public class MonActivite extends Activity {
  @Override
  public void onResume() {
    super.onResume();
  }
}
```

3.2.4 onPause

La méthode `onPause` est le pendant de la méthode `onResume`. Elle est appelée lorsqu'une autre activité va prendre la main en premier plan, et ce, dès que cette méthode sera quittée. Il faut donc qu'elle soit à la fois rapide pour ne pas bloquer l'activité suivante et efficace. Car elle a pour rôles de sauvegarder les données persistantes de l'activité et de stopper les tâches consommatrices de CPU, de mémoire...

Remarque

Jusqu'à Android 3.0 (API 11), le système Android peut décider de tuer l'application, plus précisément son processus, à partir de n'importe quel moment dès la sortie de cette méthode. C'est la seule méthode dont on est sûr qu'elle soit appelée avant la suppression du processus. C'est donc la dernière limite pour effectuer les sauvegardes et autres actions importantes qui doivent être réalisées de façon certaine. À partir d'Android 3.0 (API 11), cette remarque n'est plus valable pour la méthode `onPause` mais l'est dorénavant pour la méthode `onStop`.

Il peut être utile d'utiliser la méthode `isFinishing` pour déterminer si l'activité est en train de se terminer ou si elle est juste mise en pause. Dans le premier cas, elle retournera `true` sinon `false`.

Syntaxe

```
public boolean isFinishing ()
```

Syntaxe de la méthode`onPause`

```
protected void onPause ()
```

Exemple

```
public class MonActivite extends Activity {
  @Override
  public void onPause() {
    super.onPause();
    if (isFinishing()) {
      traitement1();
    } else {
      traitement2();
    }
  }
}
```

3.2.5 onStop

La méthode `onStop` est le pendant de la méthode `onStart`.

Cette méthode permet de libérer certaines ressources, notamment les objets de type `Cursor` que nous verrons plus loin (cf. chapitre La persistance des données - Bases de Données SQLite).

■ Remarque

Jusqu'à Android 3.0 (API 11), cette méthode peut ne jamais être appelée si le système a décidé de tuer le processus de l'application avant. Il faut donc plutôt utiliser la méthode onPause pour sauvegarder des données persistantes.

■ Remarque

À partir d'Android 3.0 (API 11), le système Android ne peut plus tuer le processus de l'application avant d'appeler cette méthode. Par contre, il peut décider de tuer l'application à partir de n'importe quel moment dès la sortie de cette méthode. C'est donc la dernière limite pour effectuer les sauvegardes et autres actions importantes qui doivent être réalisées de façon certaine.

Syntaxe

```
protected void onStop ()
```

Exemple

```
public class MonActivite extends Activity {
  @Override
  public void onStop() {
    super.onStop();
  }
}
```

3.2.6 onRestart

La méthode `onRestart` peut être appelée après la méthode `onStop` si l'activité revient au premier plan. Puis elle est suivie à son tour d'un appel à la méthode `onStart`.

Cette méthode permet de redemander certaines ressources libérées dans la méthode `onStop`.

Syntaxe

```
protected void onRestart ()
```

Exemple

```
public class MonActivite extends Activity {
  @Override
  public void onRestart() {
    super.onRestart();
  }
}
```

3.2.7 onDestroy

La méthode `onDestroy` est le pendant de la méthode `onCreate`. Elle est appelée après un appel à la méthode `finish` ou directement par le système s'il a besoin de ressources. C'est la dernière méthode mise à la disposition du développeur à être appelée avant la destruction effective et irréversible de l'activité.

Cette méthode permet de libérer des ressources liées à l'activité, par exemple un thread qui n'a plus raison d'être sans cette activité.

Remarque

Cette méthode peut ne jamais être appelée si le système a décidé de tuer le processus de l'application avant. Il faut donc plutôt utiliser la méthode `onPause` *pour sauvegarder des données persistantes.*

Syntaxe

```
protected void onDestroy ()
```

Exemple

```
public class MonActivite extends Activity {
  @Override
  public void onDestroy() {
    supprimeThread();
    super.onDestroy();
  }
}
```

3.3 Lancement

La méthode `startActivity` permet de lancer une activité en lui indiquant en paramètre un objet de type `Intent`, implicite ou explicite.

Syntaxe

```
public abstract void startActivity (Intent intent)
```

Exemple

```
Intent intent = new Intent(this, MonActiviteDestinataire.class);
startActivity(intent);
```

Si l'activité exécutée doit retourner un résultat une fois terminée, il faut utiliser les méthodes `startActivityForResult` et `onActivityResult` qui fonctionnent de concert. Une fois l'activité destinataire terminée, la méthode `onActivityResult` du composant source est appelée. Des paramètres lui sont fournis : le code indiqué dans l'appel `startActivityForResult` permettant d'identifier l'origine du résultat, le résultat de l'activité terminée et des données supplémentaires fournies par l'activité quittée dans les champs `extra` d'un intent.

■ Remarque

L'exécution de la méthode `onActivityResult` a lieu juste avant la méthode `onResume` de l'activité source.

Syntaxe

```
public void startActivityForResult (Intent intent, int requestCode)
protected void onActivityResult (int requestCode, int resultCode,
  Intent data)
```

Exemple

```
public class MonActivitePrincipale extends Activity {
  private static final int REQ_MSG_ACTIVITEDEST = 1;

  private void lanceActiviteDestinataire() {
    Intent intent =
      new Intent(this, MonActiviteDestinataire.class);
      startActivityForResult(intent, REQ_MSG_ACTIVITEDEST);
```

```
    }

    @Override
    protected void onActivityResult(int requestCode,
        int resultCode, Intent data) {
      if (requestCode == REQ_MSG_ACTIVITEDEST) {
        if (resultCode == RESULT_OK) {
          Bundle bundle = data.getExtras();
          traitement(bundle);
        }
      } else
        super.onActivityResult(requestCode, resultCode, data);
    }
}
```

L'activité destinataire indique le résultat de retour et si besoin l'intent l'accompagnant en utilisant la méthode `setResult`. Cette méthode modifie juste la valeur de retour, écrasant la précédente valeur le cas échéant. Elle ne termine pas l'activité en cours. On utilisera par exemple la méthode `finish` pour cela.

Syntaxe

```
public final void setResult (int resultCode)
public final void setResult (int resultCode, Intent data)
```

Exemple

```
public class MonActiviteSecondaire extends Activity {

  private void retourneCancel() {
    setResult(RESULT_CANCELED);
    finish();
  }

  private void retourneOK() {
    Intent intent = new Intent();
    intent.putExtra("clé", "valeur");
    setResult(RESULT_OK, intent);
    finish();
  }
}
```

3.4 Sauvegarde et restauration de l'état

Aperçu dans la description de la méthode `onCreate`, un objet de type `Bundle` permet de sauvegarder l'état de l'activité lorsque celle-ci est détruite par le système et uniquement par le système pour être recréée ensuite à l'état identique. L'utilisateur qui ferme volontairement une activité, par exemple en pressant la touche **Retour** de l'appareil, ne provoquera pas la sauvegarde de cet objet de type `Bundle`.

Alors que c'est le cas lorsque le système a besoin de ressources ou plus couramment lorsque l'utilisateur change l'orientation de l'appareil. L'activité et ses vues en cours sont alors détruites par le système pour être recréées dans un format compatible avec la nouvelle orientation. Pour ce faire, le SDK fournit deux méthodes complémentaires : `onSaveInstanceState` et `onRestoreInstanceState`.

La méthode `onSaveInstanceState` permet de sauvegarder les données dans l'objet de type `Bundle` qui est fourni en paramètre. C'est cet objet qui sera passé, le cas échéant, à la méthode `onCreate` et à la méthode `onRestoreInstanceState`. Cette méthode est appelée avant la méthode `onStop`. Ce peut être avant ou après la méthode `onPause` mais dans tous les cas, l'activité n'est pas détruite par le système tant que cette méthode n'a pas été appelée.

Remarque

Il existe des situations où la méthode `onPause` est appelée alors que la méthode `onSaveInstanceState` ne l'est pas. C'est le cas décrit précédemment où l'utilisateur ferme l'activité courante. Il faut donc veiller à ne pas utiliser la méthode `onSaveInstanceState` à la place de la méthode `onPause`, notamment pour la sauvegarde de données persistantes.

La méthode `onRestoreInstanceState` reçoit en paramètre l'objet de type `Bundle` précédemment sauvegardé. Grâce à ces informations, l'activité peut restaurer ses données et ses vues dans l'état dans lequel elles étaient précédemment. Il est également possible de le faire dans la méthode `onCreate`. La méthode `onRestoreInstanceState` est appelée après la méthode `onStart` et avant la méthode `onResume`.

Syntaxe

```
protected void onSaveInstanceState (Bundle outState)
protected void onRestoreInstanceState (Bundle savedInstanceState)
```

Exemple

```
public class MonActivite extends Activity {
  private static final String CLE_1 =
    "fr.mondomaine.android.monappli.cle1";
  private static final String CLE_2 =
    "fr.mondomaine.android.monappli.cle2";

  private String mValue1;
  private int mValue2;

  @Override
  protected void onSaveInstanceState(Bundle outState) {
    super.onSaveInstanceState(outState);
    outState.putString(CLE_1, mValue1);
    outState.putInt(CLE_2, mValue2);
  };

  @Override
  protected void onRestoreInstanceState(Bundle savedState) {
    mValue1 = savedState.getString(CLE_1);
    mValue2 = savedState.getInt(CLE_2);
    super.onRestoreInstanceState(savedState);
  };
}
```

3.5 Pile d'activités

À chaque application, le système associe une pile d'activités de type FIFO (*First In, First Out*) ou Premier Entré, Premier Sorti. Celle-ci empile les activités de l'application qui sont lancées les unes à la suite des autres. Cela concerne également les activités lancées depuis l'application mais fournies par d'autres applications comme nous le verrons dans d'autres chapitres.

Cette succession d'activités stockées dans la pile représente une tâche, au sens fonctionnel.

Lorsque l'utilisateur souhaite revenir à l'activité précédente de l'activité courante en pressant par exemple le bouton **Retour**, le système dépile l'activité en cours, la détruit et reprend l'exécution de l'activité précédente. L'opération peut se répéter jusqu'à vider complètement la pile qui est alors détruite.

Lorsque l'utilisateur retourne à la page d'accueil Android, le bureau, en pressant la touche **Accueil**, la pile de l'application courante est sauvegardée en mémoire par le système. Si l'utilisateur relance l'application, par défaut, sa pile sera restaurée et l'activité courante sera celle située au sommet de la pile.

■ Remarque

S'il en estime le besoin, le système Android peut à tout instant détruire les activités autres que l'activité courante afin de libérer des ressources système. Il est donc vivement conseillé de sauvegarder l'état de ces activités avant leur destruction de sorte que le système puisse les restaurer dans l'état dans lequel l'utilisateur les avait laissées.

■ Remarque

Par défaut, le système peut vider une pile non utilisée après un certain laps de temps pour ne garder que la première activité. Il considère en effet que l'utilisateur ne souhaite par reprendre son ancienne action mais en recommencer une nouvelle. Il est possible de modifier ce comportement en utilisant les attributs `android:alwaysRetainTaskState`, `android:clearTaskOnLaunch` *et* `android:finishOnTaskLaunch` *de la balise* `activity` *de l'activité d'accueil dans le manifeste.*

Comme nous le verrons plus loin avec la barre d'action (cf. chapitre Compléter l'interface utilisateur - Barre d'action), l'utilisateur peut appuyer sur l'icône de l'application de cette barre pour vouloir revenir juste une activité en arrière. Cela est facilement réalisable en utilisant la méthode `finish` déjà vue.

Mais l'appui sur l'icône de l'application dans cette barre d'action peut également signifier que l'utilisateur souhaite revenir à l'activité d'accueil. En l'état actuel, si l'activité d'accueil est lancée de nouveau via l'utilisation d'un intent, elle sera ajoutée au sommet de la pile d'activités. L'utilisateur ne comprendra pas que s'il revient en arrière pour quitter l'application, il retrouve en fait une ancienne activité... L'action correcte est que toutes les activités sauf la première soient dépilées de la pile. La seule activité restante, la première correspondant généralement à l'activité d'accueil, deviendra alors l'activité courante.

Pour rendre cela possible de façon aisée, Android permet de modifier le fonctionnement par défaut de la pile.

Par exemple, il suffit d'ajouter le drapeau `Intent.FLAG_ACTIVITY_CLEAR_TOP` à l'intent utilisé pour lancer une activité pour dépiler les activités de la pile jusqu'à celle concernée par l'intent. Dans notre cas, il s'agit de l'activité d'accueil. De ce fait, toutes les activités depuis le sommet de la pile jusqu'à l'activité d'accueil sont dépilées.

Exemple

```
Intent intent = new Intent(this, MonActivitePrincipale.class);
intent.addFlags(Intent.FLAG_ACTIVITY_CLEAR_TOP);
startActivity(intent);
```

■ Remarque

Il existe nombre d'autres drapeaux de type `Intent.FLAG_ACTIVITY_*` permettant de modifier le comportement par défaut.

■ Remarque

Android permet également aux activités de spécifier leur mode d'ajout à la pile directement depuis le manifeste. Pour cela, il faut utiliser l'attribut `android:launchMode` de la balise `activity`. Le cas échéant, les drapeaux spécifiés dans les intents sont prioritaires à ceux définis dans le manifeste.

Chapitre 5
Compléter l'interface utilisateur

1. Introduction

La découverte de l'interface utilisateur réalisée dans un chapitre précédent a permis d'aborder les thèmes généraux et de découvrir les widgets. Mais l'interface utilisateur d'une application ne se limite pas à cela. Il existe d'autres éléments complétant ceux abordés précédemment et qui apportent de nouvelles fonctionnalités aux applications.

Dans ce chapitre, nous allons découvrir comment utiliser les nouveaux styles et thèmes introduits sous Android 3.0, comment créer un menu ou une barre d'action selon le système utilisé et nous découvrirons les différentes méthodes pour notifier l'utilisateur. Enfin, nous terminerons par décrire comment rendre une application multilingue.

2. Styles et thèmes

À l'instar des feuilles de style CSS utilisées pour les pages web, les styles sous Android permettent d'extraire les propriétés de design d'une vue de son contenu. Cette séparation permet un code plus clair des vues et une réutilisation des styles.

Un style est une ressource définie dans un fichier XML du dossier `res/values`. Il est d'usage de regrouper tous les styles dans un seul fichier nommé `styles.xml`. Les styles y sont définis en utilisant la balise `style`. Celle-ci permet de nommer le style et de spécifier éventuellement un style parent dont il hérite les propriétés. Sont ensuite définis les différents éléments composant le style en utilisant les balises `item`.

Les styles ne s'appliquent que sur une vue individuelle en utilisant l'attribut `style` de la balise de la vue. La valeur de cet attribut désigne le style désiré.

Dès lors si l'on souhaite appliquer un style à toute une application, il devient vite fastidieux d'assigner le style à toutes les vues de l'application. Pour éviter cette manipulation, Android propose d'utiliser les thèmes.

Les thèmes ne sont ni plus ni moins que des styles appliqués à des activités ou à l'application entière.

Si une application ne redéfinit pas son propre thème en utilisant l'attribut `android:theme` dans sa balise `application` du manifeste, elle utilise alors le thème du système Android sur lequel elle s'exécute.

Un nouveau thème graphique, nommé holographic, a fait son apparition sous Android 3.0 (API 11). Celui-ci introduit notamment un nouvel élément de l'interface : une barre d'action (cf. section Barre d'action).

Toute application désirant utiliser le nouveau thème holographic lorsqu'elle s'exécute sur un système de version 3.0 ou supérieur doit spécifier un niveau d'API supérieur ou égal à 11 dans l'attribut `android:targetSdkVersion` de la balise `uses-sdk` du manifeste.

■ Remarque

Cela n'est pas nécessaire uniquement dans le cas où l'application est faite pour les systèmes Android 3.0 et supérieurs, c'est-à-dire lorsque la valeur de l'attribut `android:minSdkVersion` est supérieure ou égale à 11.

De cette façon, si l'application s'exécute sur un système Android de version inférieure à la 3.0 (API 11), elle utilisera le thème du système de cette version. Et si l'application est exécutée sur un système 3.0 (API 11) ou supérieur, elle utilisera le nouveau thème holographic.

Remarque

Pour rappel, les API qu'une application peut utiliser de façon certaine sont celles qui existent dans la version spécifiée par l'attribut `android:minSdkVersion`. *De ce fait, si la valeur de l'attribut* `android:minSdkVersion` *est inférieure à 11, alors l'application ne pourra pas utiliser les nouveaux éléments tels que la barre d'action puisque dans ces versions, les classes de ces éléments n'existent pas.*

3. Menus

Éléments importants de l'interface utilisateur, deux types de menus sont proposés sous Android : les menus d'activité et les menus contextuels. Leur déclaration se fait de manière identique.

3.1 Déclaration

Pour rappel, nous privilégions ici la méthode déclarative bien qu'il soit possible de créer ou modifier les menus directement depuis le code Java.

La première étape consiste donc à créer un fichier au format XML dans le répertoire `res/menu` du projet et d'y insérer la balise `menu`.

Syntaxe

```
<menu xmlns:android="http://schemas.android.com/apk/res/android">
    ...
</menu>
```

Exemple

```
<?xml version="1.0" encoding="utf-8"?>
<menu xmlns:android="http://schemas.android.com/apk/res/android">
</menu>
```

Les options du menu sont ensuite ajoutées une par une en utilisant la balise `item`. Ses attributs permettent de paramétrer l'option. Voici les principaux :

Propriété	Description
android:title	Titre de l'option à afficher.
android:icon	Image représentant l'icône de l'option.
android:onClick	Nom de la méthode de l'activité à exécuter lorsque l'utilisateur clique sur la vue. Apparue sous Android 3.0 (API 11).
android:showAsAction	Permet de spécifier si cette option doit figurer dans la barre d'action et de quelle façon. Apparue sous Android 3.0 (API 11).
android:checked	Permet de présélectionner l'option lorsqu'elle fait partie d'un groupe de cases à cocher ou de boutons radio.

Syntaxe

```
<item android:id="@[+][paquetage:]id/nom_ressource"
  android:icon="ressource drawable"
  android:title="ressource texte"
  android:onClick="nom méthode"
  android:showAsAction="[always|ifRoom|never][|][withText]"
  android:checked="booléen"
  ...
/>
```

Exemple

```
<?xml version="1.0" encoding="utf-8"?>
<menu xmlns:android="http://schemas.android.com/apk/res/android">
  <item android:id="@+id/menu_principal_option1"
        android:icon="@drawable/menu_principal_option1"
        android:title="@string/menu_principal_option1"
        android:onClick="traitementOption1" />
</menu>
```

Il est possible de créer un niveau supplémentaire de sous-menu. Ce sont des menus qui s'affichent lorsque l'utilisateur a sélectionné un choix du premier menu.

Cela permet de créer une arborescence de menus à deux niveaux maximum. Il ne peut pas y avoir de sous-menus de sous-menus.

Pour créer un sous-menu, il suffit d'insérer un nouveau menu dans un item du premier menu en utilisant à nouveau la balise `menu`. Les items du sous-menu doivent être indiqués dans cette nouvelle balise `menu`.

Syntaxe

```
<item ...>
  <menu>
    <item ...>
    ...
  </menu>
</item>
```

Exemple

```
<?xml version="1.0" encoding="utf-8"?>
<menu xmlns:android="http://schemas.android.com/apk/res/android">
  <item android:id="@+id/menu_principal_option1"
        android:icon="@drawable/menu_principal_option1"
        android:title="@string/menu_principal_option1">
    <menu>
      <item android:id="@+id/menu_secondaire_option1"
            android:icon="@drawable/menu_secondaire_option1"
            android:title="@string/menu_secondaire_option1" />
    </menu>
  </item>
</menu>
```

Il est possible de grouper une partie des options d'un menu afin de leur appliquer les mêmes propriétés. Il est également possible d'ajouter des cases à cocher ou des boutons radio à tous les éléments d'un menu. Pour ces deux cas de figure, les options doivent être regroupées dans une même balise `group`. Le cas échéant, l'attribut `android:checkableBehavior` permet de spécifier le type de groupe.

Syntaxe

```
<group android:id="@[+][paquetage:]id/nom_ressource"
  android:checkableBehavior="all|none|single" >
  ...
</group>
```

Exemple

```
<?xml version="1.0" encoding="utf-8"?>
<menu xmlns:android="http://schemas.android.com/apk/res/android">
  <group android:id="@+id/group"
         android:checkableBehavior="single">
    <item android:id="@+id/menu_contextuel_option1"
        android:icon="@drawable/icon"
        android:title="@string/menu_config"
        android:checked="true" />
    <item android:id="@+id/menu_contextuel_option2"
        android:icon="@drawable/icon"
        android:title="@string/menu_config" />
  </group>
</menu>
```

3.2 Utilisation

La transformation de la description du menu depuis le format XML en instance d'objet de type `Menu` se fait depuis l'activité concernée en utilisant un objet de type `MenuInflater`.

Celui-ci est retourné par la méthode `getMenuInflater` de l'activité.

Syntaxe

```
public MenuInflater getMenuInflater ()
```

Exemple

```
MenuInflater convertisseurMenu = getMenuInflater();
```

La méthode `inflate` de cet objet permet de lire le fichier menu XML renseigné en paramètre par son identifiant et d'ajouter les éléments et sous-menus à l'objet de type `Menu` fourni en paramètre.

Syntaxe

```
public void inflate (int menuRes, Menu menu)
```

Exemple

```
Menu menu = new Menu();
convertisseurMenu.inflate(R.menu.principal, menu);
```

3.3 Menu d'activité

Le menu d'activité est un menu proposant un choix dépendant de l'écran actuellement affiché. Ce menu peut contenir des icônes mais pas de cases à cocher ni de boutons radio.

Pour les applications ciblant une version inférieure à Android 3.0 (API 11), lorsque l'utilisateur presse la touche **Menu** de l'appareil, celui-ci apparaît. Ou plus précisément, les six premiers éléments du menu apparaissent. S'il en existe plus de six, le sixième élément est remplacé par le choix **Plus**. Si l'utilisateur le sélectionne, un nouveau menu apparaît sous forme de liste et affiche le reste des éléments du menu, du 6ème jusqu'au dernier.

Ce menu d'activité disparaît lorsque l'utilisateur sélectionne une option ou lorsqu'il presse la touche **Retour**.

Pour les applications ciblant une version Android 3.0 (API 11) et supérieure, les options du menu sont regroupées par défaut dans le sous-menu de la barre d'action (cf. section Barre d'action) représentées par une icône menu placée à l'extrémité droite de la barre d'action. Leur présence et leur apparence peuvent être modifiées par leur attribut `android:showAsAction`.

3.3.1 Création

Puisque ce type de menu est rattaché à une activité, celui-ci doit être défini par l'activité dans sa méthode `onCreateOptionsMenu`. Cette méthode reçoit en paramètre l'objet de type `Menu` à construire. Elle doit retourner `true` pour permettre l'affichage de ce menu.

Syntaxe

```
public boolean onCreateOptionsMenu (Menu menu)
```

Exemple

```
@Override
public boolean onCreateOptionsMenu(Menu menu) {
  MenuInflater convertisseurMenu = getMenuInflater();
  convertisseurMenu.inflate(R.menu.principal, menu);
  return true;
}
```

3.3.2 Utilisation

Depuis Android 3.0 (API 11), l'attribut `android:onClick` de la balise `item` permet de spécifier directement le nom de la méthode à exécuter lorsque l'utilisateur choisit l'option correspondante. Cette méthode doit être définie dans l'activité concernée, être déclarée publique et recevoir en paramètre l'objet de type `MenuItem` sélectionné.

Syntaxe

```
public void nomMethode(MenuItem item)
```

Exemple

```
public void onMenuOption1(MenuItem item) {
  traitement1();
}
```

L'objet de type `MenuItem` contient les informations de l'élément sélectionné récupérables via ses différents accesseurs. L'un d'eux, la méthode `getItemId`, permet de récupérer l'identifiant de l'option sélectionnée par l'utilisateur.

Syntaxe

```
public abstract int getItemId ()
```

Exemple

```
int id = item.getItemId();
```

Il existe une autre façon de répondre à la sélection d'une option d'un menu par l'utilisateur et qui est la seule disponible pour les versions inférieures à Android 3.0 (API 11). Il s'agit d'implémenter la méthode `onOptionsItemSelected` dans l'activité ou le fragment concerné. Elle reçoit en paramètre l'objet de type `MenuItem` sélectionné. Elle doit retourner `true` si elle traite l'option sélectionnée, `false` sinon.

Syntaxe

```
public boolean onOptionsItemSelected (MenuItem item)
```

Exemple

```
@Override
public boolean onOptionsItemSelected(MenuItem item) {
  switch (item.getItemId()) {
  case R.id.menu_option1 :
    traitement1();
    return true;
  }
  return super.onOptionsItemSelected(item);
}
```

Remarque

Dans cet exemple, à la fin de la méthode `onOptionsItemSelected`, celle-ci appelle sa méthode mère dans le cas où cette dernière a défini des options de menus supplémentaires. C'est le cas lorsque des activités souhaitent partager des menus communs. Elles héritent d'une même classe mère qui spécifie les options de menus communs et les actions correspondantes.

Remarque

Afin de modifier dynamiquement le menu une fois créé, il faut surcharger la méthode `onPrepareOptionsMenu`. À partir d'Android 3.0 (API 11), il faut également explicitement appeler la méthode `invalidateOptionsMenu` afin de forcer la reconstruction du menu.

3.4 Menu contextuel

Un menu contextuel est un menu dépendant du contexte dans lequel il est activé. L'utilisateur active un tel menu en effectuant une pression longue sur une vue. Si la vue a déclaré un tel menu, celui-ci apparaît sous la forme d'une fenêtre en premier plan. Un tel menu ne peut contenir d'icônes.

Les options du menu sont affichées sous forme de liste dans une pop-up. Ce menu contextuel disparaît lorsque l'utilisateur sélectionne une option ou lorsqu'il presse la touche **Retour**.

3.4.1 Création

Dans un premier temps, il faut permettre à la vue de gérer les appuis longs. Pour cela il faut utiliser la méthode `registerForContextMenu` en lui passant en paramètre la vue.

Syntaxe

```
public void registerForContextMenu (View view)
```

Exemple

```
View vue = findViewById(R.id.layout_principal);
registerForContextMenu(vue);
```

Un menu contextuel doit être défini par l'activité de la vue concernée dans la méthode `onCreateContextMenu`. Celle-ci reçoit en paramètres l'objet menu de type `ContextMenu` à construire, la vue sur laquelle l'utilisateur devra faire un appui long et un objet de type `ContextMenuInfo` comprenant des données supplémentaires selon le type de vue utilisée.

Syntaxe

```
public void onCreateContextMenu (ContextMenu menu, View v,
  ContextMenu.ContextMenuInfo menuInfo)
```

Exemple

```
@Override
public void onCreateContextMenu(ContextMenu menu, View v,
    ContextMenuInfo menuInfo) {
  super.onCreateContextMenu(menu, v, menuInfo);
  switch (v.getId()) {
  case R.id.layout_principal:
    MenuInflater inflater = getMenuInflater();
    inflater.inflate(R.menu.contextuel, menu);
    break;
  }
}
```

3.4.2 Utilisation

La méthode `onContextItemSelected` doit être surchargée pour traiter le choix de l'utilisateur parmi les options du menu contextuel. Cette méthode reçoit en paramètre l'objet de type `MenuItem` sélectionné. Elle doit retourner `true` si elle traite l'option sélectionnée, `false` sinon.

Syntaxe

```
public boolean onContextItemSelected (MenuItem item)
```

Exemple

```
@Override
public boolean onContextItemSelected(MenuItem item) {
  switch (item.getItemId()) {
  case R.id.menu_contextuel_option1 :
    traitementContextuel1();
    return true;
  }
  return super.onContextItemSelected(item);
}
```

4. Barre d'action

Nouvel élément d'une activité introduit sous Android 3.0 (API 11) via le nouveau thème holographic, la barre d'action remplace la barre de titre ainsi que le menu d'activité tels qu'ils apparaissaient dans les versions inférieures.

Par défaut, de gauche à droite, cette barre comprend l'icône de l'activité ou par défaut de l'application, son titre ainsi que les options du menu d'activité affichées soit directement dans la barre, soit dans un sous-menu représenté par une icône située le plus à droite.

Il est également possible d'insérer directement dans la barre d'action des widgets, comme une barre de recherche, des onglets de fragments ou une liste de navigation. L'apparence de la barre d'action peut également être modifiée et l'icône remplacée par une image.

4.1 Options de menu

Qu'elles soient directement visibles ou accessibles dans le sous-menu, les options de menu sont gérées telles que définies dans le chapitre Menu (cf. section Menus).

Par défaut, les options de menu apparaissent dans le sous-menu de la barre d'action accessible via une icône située le plus à droite. Pour placer directement l'une de ces options de menu sur la barre d'action, il faut utiliser l'attribut `android:showAsAction` de la balise `item` correspondante dans la description XML du menu.

Spécifier la valeur `ifRoom` dans cet attribut permet de placer l'option de menu correspondante directement dans la barre d'action si la place le permet. La valeur `withText` peut lui être ajoutée pour indiquer que le titre de l'option doit également être affiché.

Exemple

```
<?xml version="1.0" encoding="utf-8"?>
<menu xmlns:android="http://schemas.android.com/apk/res/android">
  <item android:id="@+id/menu_principal_option1"
        android:icon="@drawable/menu_principal_option1"
        android:title="@string/menu_principal_option1"
        android:onClick="traitementOption1"
        android:showAsAction="ifRoom|withText" />
</menu>
```

La méthode `getActionBar` d'une activité permet de récupérer l'instance de sa barre d'action de type `ActionBar`.

Syntaxe

```
public ActionBar getActionBar ()
```

Exemple

```
ActionBar actionBar = getActionBar();
```

4.2 Icône de l'application

Dans une barre d'action, l'icône de l'activité ou par défaut de l'application fait également office de bouton d'action. Lorsque l'utilisateur clique dessus, il est recommandé que l'activité courante retrouve son état initial ou que l'application retourne à l'activité d'accueil (cf. chapitre Les fondations - Activité).

Pour détecter le clic sur ce bouton, il faut implémenter la méthode `onOptionsItemSelected` déjà vue (cf. section Menus). Celle-ci reçoit un objet de type Item dont l'identifiant unique est, dans ce cas, `android.R.id.home`. Il faut alors implémenter et déclencher l'action correspondante.

La méthode `setDisplayHomeAsUpEnabled` permet d'ajouter une marque dans l'icône afin d'indiquer à l'utilisateur qu'un clic sur celle-ci retourne, non pas au début de l'application, mais dans l'activité précédente. Il faut spécifier en paramètre un booléen activant ou non cette possibilité.

Remarque

Cette méthode permet juste de modifier l'affichage de l'icône, il appartient au développeur de traiter le clic du bouton comme décrit précédemment.

Syntaxe

```
public abstract void setDisplayHomeAsUpEnabled(boolean showHomeAsUp)
```

Exemple

```
actionBar.setDisplayHomeAsUpEnabled(true);
```

5. Notifications

Une application peut avoir besoin d'avertir l'utilisateur. Pour cela, Android fournit plusieurs solutions selon que l'application est affichée en premier plan ou est exécutée en tâche de fond. Ces trois solutions sont : le toast (message temporaire), la boîte de dialogue et la barre de statut.

5.1 Toast

Sous Android, le toast est un message qui s'affiche pendant quelques secondes en premier plan dans une fenêtre dépouillée taillée à la mesure du message.

Cette fenêtre n'accepte pas d'interactions utilisateur. Android se charge de la faire apparaître puis disparaître.

C'est le système de notification parfait pour des messages à caractère purement informatif.

■ Remarque

L'utilisateur peut ne pas voir les messages toast s'il détourne le regard pendant les quelques secondes d'affichage. L'importance de ces messages doit donc être très faible et n'avoir aucune incidence sur la suite.

Pour créer un objet de type `Toast` très simple, il suffit d'utiliser l'une des méthodes statiques `makeText` de la classe `Toast`. Cette méthode prend en paramètres le contexte applicatif, l'identifiant unique du message à afficher ou directement le message sous forme de chaînes de caractères et enfin la durée d'affichage de ce message à l'écran. Cette durée peut être la constante `Toast.LENGTH_SHORT` pour indiquer une durée très courte de l'ordre de quelques secondes ou la constante `Toast.LENGTH_LONG` pour une durée un peu plus longue. La méthode `makeText` retourne l'objet `Toast` créé.

Syntaxe

```
public static Toast makeText (Context context, int resId,
  int duration)
public static Toast makeText (Context context, CharSequence text,
  int duration)
```

Exemple

```
Toast toast = Toast.makeText(this, "Le message",
  Toast.LENGTH_SHORT);
Toast toast = Toast.makeText(this, R.string.message,
  Toast.LENGTH_LONG);
```

Pour afficher le message, il suffit ensuite d'invoquer sa méthode `show`.

Syntaxe

```
public void show ()
```

Exemple

```
toast.show();
```

Petite astuce, afin d'éviter à avoir à déclarer l'objet toast, il est possible de chaîner directement l'appel à la méthode `show` à l'appel de la méthode `makeText`.

Exemple

```
Toast.makeText(this, "Le message", Toast.LENGTH_SHORT).show();
```

Remarque

La classe `Toast` propose d'autres méthodes permettant de positionner le message ailleurs sur l'écran ou encore de personnaliser la vue du message en fournissant son propre layout.

5.2 Boîte de dialogue

Une boîte de dialogue est une fenêtre flottante modale, c'est-à-dire qu'elle apparaît en premier plan et empêche toutes interactions avec les fenêtres en arrière-plan. L'utilisateur ne peut interagir qu'avec la boîte de dialogue via par exemple l'emploi de boutons **OK** et **Annuler**.

En matière de notification, une telle boîte de dialogue peut être utilisée par exemple pour faire patienter l'utilisateur via l'affichage d'une barre de progression. Elle peut être également utilisée pour questionner l'utilisateur et lui demander son approbation (**OK**) ou non (**Annuler**).

5.2.1 Tour d'horizon

Il est possible de créer toutes sortes de boîtes de dialogue en fournissant un layout personnalisé à la classe `Dialog`. Cependant, la plupart des applications ont quasiment les mêmes besoins en matière de boîtes de dialogue. C'est pourquoi Android fournit des boîtes de dialogue préformatées, simplifiant le travail du développeur. Celles-ci héritent de la classe `Dialog`.

La boîte de dialogue la plus répandue est la boîte de dialogue d'alerte que nous allons étudier ici. Une autre est la boîte de dialogue de progression représentée par la classe `ProgressDialog`, permettant d'informer l'utilisateur qu'un traitement est en cours et lui permettant éventuellement de suivre le niveau de progression.

D'autres boîtes de dialogue permettent à l'utilisateur de saisir une date ou une heure. Elles sont respectivement représentées par les classes `DatePickerDialog` et `TimePickerDialog`.

Remarque

À noter que sur certains appareils et sur certaines versions d'Android, la date initiale d'une boîte de dialogue de type `DatePickerDialog` affichée à l'utilisateur ne peut être inférieure à l'an 2000 malgré le fait que le développeur en aura précisée une antérieure dans l'attribut `android:startYear`et que la compilation de l'application se fera sans soucis.

5.2.2 Boîte de dialogue d'alerte

Comme son nom l'indique, la boîte de dialogue d'alerte permet d'alerter l'utilisateur. Pour cela, elle peut afficher un titre, une icône, de zéro à trois boutons ainsi qu'un message ou une liste d'éléments comportant éventuellement des cases à cocher ou des boutons radio.

Une boîte de dialogue d'alerte est une instance de type `AlertDialog`. Pour aider à sa construction, Android fournit la classe `AlertDialog.Builder`. L'utilisation d'une instance de ce type permet de générer ce type de boîte de dialogue.

La création d'une instance de type `AlertDialog.Builder` est réalisée par l'un de ses constructeurs. Ceux-ci prennent en paramètres le contexte applicatif et pour l'un d'eux le thème graphique.

Syntaxe

```
public AlertDialog.Builder (Context context)
public AlertDialog.Builder (Context context, int theme)
```

Exemple

```
AlertDialog.Builder builder = new AlertDialog.Builder(this);
```

Les différentes méthodes de la classe `AlertDialog.Builder` permettent ensuite de composer la boîte de dialogue. Par exemple, les méthodes `setTitle` et `setMessage` permettent de spécifier respectivement le titre et le message soit en fournissant en paramètre une séquence de caractères, soit en indiquant l'identifiant de la ressource à afficher. Ces méthodes retournent la même instance de type `AlertDialog.Builder` de façon à pouvoir chaîner les appels de méthodes.

Syntaxe

```
public AlertDialog.Builder setTitle (CharSequence title)
public AlertDialog.Builder setTitle (int titleId)
public AlertDialog.Builder setMessage (CharSequence message)
public AlertDialog.Builder setMessage (int messageId)
```

Exemple

```
builder.setTitle(R.string.title).setMessage(R.string.message);
```

Les méthodes `setIcon` permettent de spécifier l'icône à afficher. Elles prennent en paramètre soit un objet de type `Drawable`, soit l'identifiant de la ressource. Elles retournent l'objet de type `AlertDialog.Builder`.

Syntaxe

```
public AlertDialog.Builder setIcon (Drawable icon)
public AlertDialog.Builder setIcon (int iconId)
```

Exemple

```
builder.setIcon(android.R.drawable.ic_dialog_alert);
```

L'ajout de boutons dans une boîte de dialogue permet d'interagir avec l'utilisateur en lui proposant par exemple d'annuler ou de confirmer une action. La classe `AlertDialog.Builder` définit trois boutons, tous optionnels. Ils correspondent à une réponse négative, neutre ou positive de l'utilisateur. Ces boutons sont ajoutés à la boîte de dialogue en utilisant respectivement les méthodes `setNegativeButton`, `setNeutralButton` et `setPositiveButton`. Ces méthodes prennent en premier paramètre le texte qui s'affiche sur le bouton qu'elle représente soit en séquence de caractères, soit en identifiant de ressource. Leur second paramètre est un objet de type `DialogInterface.OnClickListener` dont la méthode `onClick` est invoquée lorsque l'utilisateur clique sur le bouton correspondant. Ces méthodes retournent, là encore, l'objet de type `AlertDialog.Builder`.

Remarque

Le bouton positif est positionné automatiquement à gauche, le neutre au milieu et le négatif à droite. Étant chacun optionnel, de multiples combinaisons d'affichage de ces boutons sont possibles.

Remarque

Les termes négatifs, neutres ou positifs sont juste là pour aider le développeur. Ils n'imposent aucune contrainte. Bien que ce ne soit pas recommandé, il est tout à fait possible d'annuler une action dans un bouton positif et de valider une action dans un négatif...

Syntaxe

```
public AlertDialog.Builder setNegativeButton (CharSequence text,
  DialogInterface.OnClickListener listener)
public AlertDialog.Builder setNegativeButton (int textId,
  DialogInterface.OnClickListener listener)
public AlertDialog.Builder setNeutralButton (int textId,
  DialogInterface.OnClickListener listener)
public AlertDialog.Builder setNeutralButton (CharSequence text,
  DialogInterface.OnClickListener listener)
public AlertDialog.Builder setPositiveButton (int textId,
  DialogInterface.OnClickListener listener)
public AlertDialog.Builder setPositiveButton (CharSequence text,
  DialogInterface.OnClickListener listener)
```

Exemple

```
builder.setPositiveButton(android.R.string.yes,
  new DialogInterface.OnClickListener() {
    public void onClick(DialogInterface dialog, int id) {
      finish();
    }
  })
.setNegativeButton(android.R.string.no,
  new DialogInterface.OnClickListener() {
    public void onClick(DialogInterface dialog, int id) {
      dialog.cancel();
    }
  }
);
```

En lieu et place d'un message, il est possible de proposer une liste d'éléments comportant éventuellement des cases à cocher ou des boutons radio. Cela se fait en utilisant l'une des méthodes `setItems`. Elles prennent en premier paramètre soit l'identifiant d'une ressource de type tableau, soit un tableau de séquences de caractères. Leur second paramètre est un objet de type `DialogInterface.OnClickListener` dont la méthode `onClick` est invoquée lorsque l'utilisateur appuie sur le bouton correspondant. Et ces méthodes retournent l'objet de type `AlertDialog.Builder`.

■ Remarque

Cette liste peut également comporter des boutons radio ou des cases à cocher sur chacun des éléments pour en faire une liste à sélection unique ou multiple. Pour cela, en lieu et place de la méthode `setItems`, on utilisera respectivement les méthodes `setSingleChoiceItems` et `setMultiChoiceItems`.

Syntaxe

```
public AlertDialog.Builder setItems (int itemsId,
  DialogInterface.OnClickListener listener)
public AlertDialog.Builder setItems (CharSequence[] items,
  DialogInterface.OnClickListener listener)
```

Exemple

```
final String[] choix = { "Choix 1", "Choix 2", "Choix 3" };

builder.setItems(choix, new DialogInterface.OnClickListener() {
  public void onClick(DialogInterface dialog, int item) {
    Toast.makeText(MonActivitePrincipale.this, choix[item],
      Toast.LENGTH_SHORT).show();
  }
});
```

Bien que la classe `AlertDialog.Builder` propose une méthode `show` permettant de créer et d'afficher la boîte de dialogue, il est recommandé d'en laisser la gestion à l'activité ou au fragment dont elle dépend.

Ainsi, une fois les différents éléments composant la boîte de dialogue définis, il ne reste plus qu'à générer l'instance de type `AlertDialog` correspondante en invoquant la méthode `create` de l'objet de type `AlertDialog.Builder` concerné. Cette méthode retourne une instance de type `AlertDialog` qui pourra être exploitée par l'activité ou le fragment concerné.

Syntaxe

```
public AlertDialog create ()
```

Exemple

```
AlertDialog dialogue = builder.create();
```

Remarque

Pour une activité, il faut implémenter la méthode `onCreateDialog` qui retournera l'instance de type `AlertDialog` créée ici. L'affichage de la boîte de dialogue se fait via la méthode `showDialog` de l'activité.

Remarque

Pour un fragment, il faut créer une nouvelle classe héritant de la classe `DialogFragment` et implémenter la méthode `onCreateDialog` qui retournera l'instance de type `AlertDialog` créée ici. La création et l'affichage du fragment, et donc de la boîte de dialogue, se font depuis l'activité comme pour tout fragment.

5.3 Barre de notification

La barre de notification ou barre de statut est le système fourni par Android pour permettre aux applications tournant en tâche de fond d'avertir l'utilisateur sans perturber leur utilisation actuelle de l'appareil. Cette barre reçoit et emmagasine les notifications qui lui sont envoyées par les applications.

Sur les versions inférieures à Android 3.0 (API 11), elle se situe tout en haut de l'écran. Sur sa partie gauche, elle affiche les icônes des notifications qu'elle a reçues. En l'étirant vers le bas, le détail de chacune des notifications apparaît.

L'affichage d'une notification dans la barre de notification se fait en utilisant un layout par défaut. Celui-ci est composé d'une icône, d'un titre sur une première ligne, d'un message sur une seconde ligne et d'une date. Une action à exécuter lorsque l'utilisateur clique sur la notification peut être spécifiée.

À la réception de la notification, d'autres fonctionnalités peuvent être déclenchées seules ou combinées ensemble comme l'affichage d'un message en haut de la barre de notification, la lecture d'un son, la vibration de l'appareil ou encore le clignotement de la lumière de l'appareil.

Il est également possible d'utiliser un layout personnalisé pour afficher la notification dans la barre de notification à la place du layout par défaut.

Depuis Android 3.0 (API 11), l'emplacement des notifications est dorénavant situé en bas dans le coin droit de l'écran. Le layout par défaut permet d'ajouter une image de type `Bitmap` en plus de l'icône ainsi qu'une information.

5.3.1 Création d'une notification

La classe `Notification.Builder` a fait son apparition sous Android 3.0 (API 11) afin d'aider à créer aisément des notifications représentées par la classe `Notification`. La classe `Notification.Builder` fournit tout un ensemble de méthodes permettant de définir les éléments d'une notification sans utiliser directement l'objet de type `Notification`.

Nous ne détaillerons ici que les caractéristiques essentielles d'une notification standard.

Remarque

Pour les versions inférieures à Android 3.0 (API 11), qui ne peuvent donc pas utiliser la classe `Notification.Builder`, il faut créer directement un objet de type `Notification` et lui fournir les éléments à utiliser dans ses variables membres publiques.

Pour créer une notification avec la classe `Notification.Builder`, il suffit d'utiliser son constructeur. Celui-ci prend en paramètre le contexte applicatif.

Syntaxe

```
public Notification.Builder (Context context)
```

Exemple

```
Notification.Builder notificationBuilder =
  new Notification.Builder(this);
```

Les méthodes `setContentTitle`, `setContentText` et `setContentInfo` permettent respectivement de spécifier le titre, le message et l'information de la notification. Elles prennent en paramètre une série de caractères de type `CharSequence` et retournent l'objet `Builder` courant de sorte à pouvoir enchaîner les appels successifs.

Remarque

L'appel à la méthode `setContentInfo` peut être remplacé par l'appel à la méthode `setNumber` si l'information à afficher ne concerne qu'un entier. L'affichage résultant sera plus approprié.

Syntaxe

```
public Notification.Builder setContentTitle (CharSequence title)
public Notification.Builder setContentText (CharSequence text)
public Notification.Builder setContentInfo (CharSequence info)
```

Exemple

```
notificationBuilder.setContentTitle("Titre de la notification")
.setContentText("Message de la notification")
.setContentInfo("Information");
```

Les méthodes `setSmallIcon` permettent de spécifier l'icône à afficher dans la barre de notification et dans la notification elle-même. Elles prennent en paramètres l'identifiant unique de l'image et un indice pour identifier l'image si elle fait partie d'un ensemble d'images de type `LevelListDrawable`.

Remarque

Il est vivement recommandé de spécifier une icône permettant à l'utilisateur de voir rapidement la présence de la notification.

Syntaxe

```
public Notification.Builder setSmallIcon (int icon)
public Notification.Builder setSmallIcon (int icon, int level)
```

Exemple

```
notificationBuilder.setSmallIcon(R.drawable.icon);
```

La méthode `setLargeIcon` permet d'ajouter une image dans la notification en plus de celle de l'icône. Cette méthode prend en paramètre l'objet de type `Bitmap` à afficher et retourne l'objet `Builder` courant.

Syntaxe

```
public Notification.Builder setLargeIcon (Bitmap icon)
```

Exemple

```
notificationBuilder.setLargeIcon(bitmap);
```

La méthode `setContentIntent` permet de spécifier une action, par exemple le lancement d'une activité, qui sera exécutée lorsque l'utilisateur cliquera sur la notification. Pour ce faire, cette méthode prend en paramètre un objet de type `PendingIntent`.

Syntaxe

```
public Notification.Builder setContentIntent (PendingIntent intent)
```

Exemple

```
notificationBuilder.setContentIntent(pendingIntent);
```

Enfin, la méthode `getNotification` permet de créer la notification selon les caractéristiques fournies précédemment. Elle retourne l'objet de type `Notification`.

Syntaxe

```
public Notification getNotification ()
```

Exemple

```
Notification notification = notificationBuilder.getNotification();
```

5.3.2 Envoi d'une notification

La gestion et l'exécution des notifications sont réalisées par le gestionnaire de notifications. C'est un service système gérant les notifications.

Comme pour tout service système, son instance peut être récupérée en utilisant la méthode `getSystemService`. Celle-ci prend en paramètre le nom du service désiré et retourne l'instance de type `Object` à convertir dans le type du service concerné.

Dans le cas présent, le service désiré est le gestionnaire de notifications désigné par la constante `Context.NOTIFICATION_SERVICE` et de type `NotificationManager`.

Syntaxe

```
public abstract Object getSystemService (String name)
```

Exemple

```
NotificationManager notificationManager =
  (NotificationManager) getSystemService(NOTIFICATION_SERVICE);
```

Chaque notification doit être identifiée de façon unique dans l'application. Pour cela, l'identifiant est représenté par la combinaison d'un entier et d'une chaîne de caractères. Si la chaîne est `null`, seul l'entier représente l'identifiant. Il doit donc être unique dans l'application.

Si un identifiant déjà existant est utilisé, la notification à laquelle il renvoie sera modifiée avec les nouveaux paramètres fournis.

L'envoi d'une notification se fait ensuite simplement en invoquant l'une des méthodes `notify`. Celles-ci prennent en paramètres l'identifiant de la notification et la notification correspondante.

Syntaxe

```
public void notify (int id, Notification notification)
public void notify (String tag, int id, Notification notification)
```

Exemple

```
notificationManager.notify(1, notification);
```

6. Internationalisation

L'une des principales clés du succès des smartphones Android est l'offre de centaines de milliers d'applications via l'Android Market. Comme nous le verrons dans un autre chapitre (cf. chapitre Publier une application - Publication de l'application sur l'Android Market), l'Android Market permet de proposer des applications dans divers pays de par le monde. Dès lors, si le développeur souhaite satisfaire au mieux les utilisateurs, il devra leur proposer des applications dans leur langue. Il devra non seulement traduire les textes mais aussi adapter le format des nombres, les monnaies, les graphiques, les fichiers audio...

Android prend en charge l'internationalisation de façon native. Si bien qu'il est relativement aisé de rendre une application multilingue.

Remarque

Le mot anglais internationalization (internationalisation) est souvent abrégé en utilisant le terme i18n, puisqu'il est formé d'un i, puis de 18 caractères et se termine par un n.

Lors de l'exécution d'une application, Android utilise automatiquement les données de l'application qui correspondent le mieux à l'appareil et à sa configuration.

Lorsque l'appareil est configuré pour utiliser des paramètres régionaux différents de ceux que l'application propose, Android utilise les paramètres régionaux par défaut de l'application.

Le fichier `strings.xml` par défaut doit être localisé dans le répertoire `res/values/`.

On indique dans ce fichier les valeurs des chaînes de caractères dans la langue qui sera utilisée par défaut.

Syntaxe

```
<string name="nom ressource">"chaîne de caractères"</string>
```

Remarque

Les guillemets encadrant la chaîne de caractères ne sont pas obligatoires mais permettent d'utiliser des caractères spéciaux tels que l'apostrophe.

Exemple

```
<?xml version="1.0" encoding="utf-8"?>
<resources>
  <string name="nom_appli">"MyApplication"</string>

  <string name="ok">"Ok"</string>
  <string name="accueil">"Welcome!"</string>
  <string name="confirmation">"Are you sure?"</string>

</resources>
```

Dans cet exemple, la langue anglaise est utilisée en tant que langue par défaut.

■ Remarque

Le fichier de traduction par défaut, `strings.xml`, doit obligatoirement exister et contenir toutes les chaînes de caractères utilisées par l'application. Si ce n'est pas le cas, l'application ne fonctionnera pas et un message d'erreur s'affichera.

Il suffira ensuite de traduire tout ou partie de ce fichier dans les langues souhaitées en créant de nouveaux fichiers strings.xml aux emplacements correspondants :

Exemple de la traduction française - fichier res/values-fr/strings.xml

```
<?xml version="1.0" encoding="utf-8"?>
<resources>
  <string name="nom_appli">"MonApplication"</string>

  <string name="accueil">"Bienvenue !"</string>
  <string name="confirmation">"Etes-vous sûr ?"</string>

</resources>
```

On peut également restreindre l'affectation de la traduction à un pays en plus de la langue.

Par exemple, on créera le fichier res/values-fr-rCA/strings.xml pour la traduction française utilisée au Canada.

Pour une ressource donnée, Android recherchera toujours en premier la ressource dans le paramètre régional correspondant à la configuration de l'appareil. Si la ressource n'existe pas, elle sera recherchée dans les fichiers par défaut.

Par exemple, supposons que les paramètres régionaux de l'appareil sont configurés pour la France et que la ressource recherchée soit la traduction du mot Ok. Android cherchera donc la ressource dans le fichier res/values-fr/strings.xml. Il ne la trouvera pas. Il cherchera ensuite dans le fichier par défaut res/values/strings.xml. La valeur y sera trouvée. Android utilisera donc cette valeur.

Si besoin, il est également possible d'internationaliser les autres types de ressources tels que les layouts, les drawables et autres en spécialisant de la même façon les répertoires correspondants.

Exemple

res/drawable/...

res/drawable-fr/...

res/drawable-fr-rCA/...

Il est possible de récupérer la séquence de caractères correspondant à une ressource en utilisant une des méthodes `getString`. Elles prennent en paramètre l'identifiant de la ressource. Et l'une d'elles permet également d'ajouter en paramètres des arguments complémentaires à remplacer dans la chaîne de caractères. Elles retournent la chaîne de caractères ainsi constituée.

Syntaxe

```
public final String getString (int resId)
public final String getString (int resId, Object... formatArgs)
```

Exemple

```
String msg = getString(R.string.messagerie_nonlus, "Utilisateur",
  5);
```

Chapitre 6
Composants applicatifs principaux

1. Introduction

En fait, les activités, abordées dans un chapitre précédent, ne sont pas les seuls composants applicatifs. Il en existe d'autres répondant à des besoins différents.

Nous découvrirons donc dans ce chapitre les fragments, sorte de mini-activité permettant d'exploiter pleinement les écrans de grande taille. Nous étudierons ensuite les services permettant d'exécuter une tâche en arrière-plan ne possédant pas d'interface graphique. Puis viendra le tour des récepteurs d'évènements qui ne s'active que sur réception d'un message.

Et enfin, bien que ce ne soit pas à proprement parler un composant applicatif principal, nous illustrerons l'implémentation d'une liste car c'est un des éléments les plus utilisés dans les applications.

2. Fragment

L'intégration d'Android sur des appareils à écran extra large comme les tablettes tactiles a fait apparaître de nouveaux besoins, notamment celui d'utiliser pleinement, efficacement et facilement les résolutions élevées proposées par ces écrans.

Une première prise en compte de ces écrans a été introduite dans la version d'Android 2.3 (API 9) via l'ajout de l'attribut `android:xlargeScreens` dans la balise `supports-screens`. Cela permettait notamment aux applications de pouvoir utiliser des ressources adaptées, notamment en spécifiant la nouvelle étiquette `xlarge`. Mais ce n'était que le strict minimum...

Il faudra attendre la version d'Android 3.0 (API 11) et son lot de nouveautés pour apporter des solutions spécifiques aux écrans extra larges.

L'une de ces nouveautés est le fragment.

■ Remarque

Pour rappel, bien qu'introduit sous Android 3.0 (API 11), le concept de fragment peut être utilisé sur les versions Android 1.6 (API 4) et supérieures en important la bibliothèque de compatibilité descendante Android dans le projet (cf. chapitre L'univers Android - Environnement de développement).

Un fragment peut être vu grossièrement comme une mini-activité. Plus précisément, c'est une entité indépendante qui possède la plupart du temps une interface utilisateur. Un fragment ne peut exister seul, il doit être inclus dans une ou plusieurs activités pour pouvoir exister.

Une activité souhaitant proposer un écran utilisateur spécialement adapté aux écrans larges pourra inclure plusieurs fragments, chacun d'eux fournissant son propre layout. Dès lors, la combinaison de différents fragments permet de proposer différentes combinaisons d'interfaces utilisateur. Cet usage des fragments peut être réalisé dynamiquement lors de l'exécution de l'activité.

La classe mère des fragments est la classe `Fragment`. À l'instar des classes filles fournies par le SDK et spécialisant la classe mère `Activity`, il existe des classes filles de la classe `Fragment` qui sont `DialogFragment`, `ListFragment` et `PreferenceFragment`, représentant des fragments spécialisés dans des fonctionnalités particulières.

Pour définir un fragment, il faut créer une classe qui hérite, directement ou indirectement, de la classe `Fragment` et implémenter, le cas échéant, les méthodes héritées.

2.1 Intégration du fragment

L'intégration d'un fragment à une activité peut se faire de manière déclarative ou programmatique. S'il ne possède pas de layout, le fragment ne peut être ajouté que de manière programmatique.

2.1.1 Mode déclaratif

Pour rappel, le mode déclaratif permet de décrire le layout directement en code XML.

Pour inclure un fragment dans un layout d'une activité, il suffit d'utiliser la balise `fragment` et de spécifier dans son attribut `android:name` le nom de la classe du fragment à instancier. Une fois instanciée et la méthode `onCreateView` appelée, la vue récupérée sera insérée dans le layout de l'activité à la place de la balise `fragment` spécifiée.

Comme pour tout widget, il peut indiquer ses dimensions via les attributs `android:layout_width` et `android:layout_height`. Il doit également être identifiable. Pour cela, il est possible de lui fournir un identifiant via l'attribut `android:id` ou une chaîne de caractères via l'attribut `android:tag`. Si aucun de ces attributs n'est fourni, le système utilisera l'identifiant interne de la vue du fragment.

Remarque

Dans la suite du chapitre, plusieurs méthodes font référence à l'identifiant unique de la vue conteneur. En mode déclaratif, cet identifiant correspond simplement à la valeur de l'attribut `android:id` spécifié dans la balise `fragment`.

Syntaxe

```
<fragment android:name="nom de classe complet"
  android:id="@[+][paquetage:]id/nom_ressource"
  android:tag="ressource texte"
  android:layout_width="dimension"
  android:layout_height="dimension"
  ... />
```

Exemple

```
<fragment
  android:name="fr.mondomaine.android.monappli.MonFragment"
  android:id="@+id/monfragment"
  android:layout_width="match_parent"
  android:layout_height="match_parent" />
```

2.1.2 Mode programmatique

Le gestionnaire de fragments permet de réaliser diverses opérations ayant trait aux fragments.

L'instance du gestionnaire de fragments, de type `FragmentManager`, est retournée par la méthode `getFragmentManager` invoquée depuis l'activité hôte.

Syntaxe

```
public FragmentManager getFragmentManager ()
```

Exemple

```
FragmentManager fragmentManager = getFragmentManager();
```

Les opérations concernant les fragments doivent être réalisées dans des transactions. Une même transaction peut contenir une ou plusieurs opérations à réaliser séquentiellement. Cette transaction, soit cette série d'opérations, est réalisée de façon atomique. C'est-à-dire que toutes les opérations contenues dans cette transaction forment un tout indivisible, et seront donc toutes réalisées quasiment en même temps.

Pour créer une transaction, il faut invoquer la méthode `beginTransaction` du gestionnaire de fragments récupéré précédemment. Celle-ci retourne la transaction sous forme d'un objet de type `FragmentTransaction`.

Syntaxe

```
public abstract FragmentTransaction beginTransaction ()
```

Exemple

```
FragmentTransaction fragmentTransaction =
  fragmentManager.beginTransaction();
```

La transaction peut ensuite recevoir une liste d'opérations concernant les fragments, comme par exemple l'ajout ou la suppression de fragments.

Les méthodes `add` de l'objet de type `FragmentTransaction` permettent d'ajouter un fragment dans une vue conteneur. Celles-ci prennent en paramètres le fragment de type `Fragment` et soit l'identifiant unique de la vue conteneur contenant le fragment, soit l'étiquette assignée au fragment, soit les deux. Cette méthode retourne l'objet de type `FragmentTransaction` de sorte à pouvoir enchaîner les appels à ces méthodes.

Remarque

L'usage d'une étiquette est le seul moyen d'identifier un fragment qui ne possède pas de vues.

Remarque

Les vues des fragments sont ajoutées au conteneur dans l'ordre des appels aux méthodes `add`.

Syntaxe

```
public abstract FragmentTransaction add (int containerViewId,
  Fragment fragment)
public abstract FragmentTransaction add (Fragment fragment,
  String tag)
public abstract FragmentTransaction add (int containerViewId,
  Fragment fragment, String tag)
```

Exemple

```
MonFragment fragment = new MonFragment();
fragmentTransaction.add(R.id.vue_conteneur, fragment);
```

Les méthodes `replace` de l'objet de type `FragmentTransaction` permettent de remplacer le ou les fragments ajoutés dans la vue conteneur par un nouveau fragment. Celles-ci prennent en paramètre l'identifiant unique de la vue conteneur, le nouveau fragment de type `Fragment`, et éventuellement l'étiquette assignée au fragment. Cette méthode retourne l'objet de type `FragmentTransaction` courant.

Syntaxe

```
public abstract FragmentTransaction replace (int containerViewId,
  Fragment fragment)
public abstract FragmentTransaction replace (int containerViewId,
  Fragment fragment, String tag)
```

Exemple

```
fragmentTransaction.replace(R.id.vue-conteneur, fragment);
```

La méthode `remove` de l'objet de type `FragmentTransaction` permet de supprimer un fragment, et ses éventuelles vues de la vue conteneur. Cette méthode prend en paramètre l'instance du fragment à supprimer et retourne l'objet de type `FragmentTransaction` courant.

Syntaxe

```
public abstract FragmentTransaction remove (Fragment fragment)
```

Exemple

```
fragmentTransaction.remove(fragment);
```

La transaction ainsi préparée doit ensuite être réalisée en invoquant sa méthode `commit`. S'il a été demandé d'ajouter cette transaction dans la pile des transactions de fragments que nous détaillons plus loin, cette méthode retourne un entier positif identifiant la transaction. Sinon, elle retourne un entier négatif.

Syntaxe

```
public abstract int commit ()
```

Exemple

```
fragmentTransaction.commit();
```

Le gestionnaire de fragments permet de rechercher l'instance d'un fragment particulier grâce à l'identifiant unique de la vue conteneur ou à l'étiquette du fragment. Pour cela, le gestionnaire fournit respectivement les méthodes `findFragmentById` et `findFragmentByTag`. Ces méthodes retournent l'instance de type `Fragment` ou `null` si aucun fragment correspondant à l'identifiant fourni n'a été trouvé.

Syntaxe

```
public abstract Fragment findFragmentById (int id)
public abstract Fragment findFragmentByTag (String tag)
```

Exemple

```
fragmentManager.findFragmentById(R.id.vue-conteneur);
```

2.2 Cycle de vie

Les méthodes `onCreate`, `onStart`, `onResume`, `onPause`, `onStop` et `onDestroy` sont similaires à celles d'une activité mais ne concernent que le fragment. Elles sont appelées lorsque les mêmes méthodes de l'activité hôte sont appelées. Si bien que le cycle de vie d'un fragment dépend également de celui de son activité hôte.

D'autres méthodes, spécifiques au cycle de vie du fragment, apparaissent. Ce sont les méthodes `onAttach`, `onCreateView`, `onActivityCreated`, `onDestroyView` et `onDetach`.

2.2.1 onAttach

La méthode `onAttach` est la première méthode du cycle de vie du fragment à être invoquée lors de sa création. Elle reçoit en paramètre l'instance de l'activité hôte.

Remarque

L'instance de l'activité hôte reçue en paramètre de la méthode `onAttach` peut également être récupérée à tout instant dans le fragment via sa méthode `getActivity`.

Syntaxe

```
public void onAttach (Activity activity)
```

Exemple

```
@Override
public void onAttach(Activity activity) {
  super.onAttach(activity);
  traitement(activity);
}
```

2.2.2 onCreateView

La méthode `onCreateView`, optionnelle, permet de fournir la vue racine du layout du fragment ainsi que toute la hiérarchie de vues afférentes qui sera utilisée pour dessiner le fragment. Elle est appelée après la méthode `onCreate` ou après la méthode `onDestroyView`. Elle reçoit en paramètre un objet de type `LayoutInflater` permettant d'ajouter des vues au fragment, la vue conteneur de type `ViewGroup`, dans laquelle sera insérée la vue du fragment, ou `null` si la vue conteneur n'existe pas, et un objet de type `Bundle` contenant les données sauvegardées d'un état passé du fragment. Elle doit retourner la vue racine de type `View` du layout du fragment. Par défaut, cette méthode retourne `null`, ce qui signifie que le fragment n'a pas d'interface graphique.

Syntaxe

```
public View onCreateView (LayoutInflater inflater,
  ViewGroup container, Bundle savedInstanceState)
```

Exemple

```
@Override
public View onCreateView(LayoutInflater inflater,
    ViewGroup container, Bundle savedInstanceState) {
  return inflater.inflate(R.layout.monfragment, container,
    false);
}
```

L'attachement de la vue à la vue conteneur est automatiquement réalisé par le système. C'est pourquoi dans cet exemple, on spécifie que la vue ne doit pas être attachée, une seconde fois, à sa vue conteneur en spécifiant la valeur `false` dans le dernier paramètre de la méthode `inflate`.

2.2.3 OnActivityCreated

La méthode `OnActivityCreated` est invoquée dès que l'activité hôte ainsi que sa hiérarchie de vues sont créées. Cette hiérarchie comprend notamment, le cas échéant, celle du fragment courant. Concrètement, cet appel est réalisé après l'exécution de la méthode `onCreate` de l'activité hôte. Cette méthode permet de récupérer les instances des vues et de les restaurer si besoin via l'utilisation de l'objet de type `Bundle` contenant les données sauvegardées d'un état passé du fragment.

Syntaxe

```
public void onActivityCreated (Bundle savedInstanceState)
```

Exemple

```
@Override
public void onActivityCreated(Bundle savedInstanceState) {
    super.onActivityCreated(savedInstanceState);
    restaureLeFragment(savedInstanceState);
}
```

2.2.4 onDestroyView

La méthode `onDestroyView` est le pendant de la méthode `onCreateView`. Elle est appelée juste avant que la hiérarchie de vues du fragment soit supprimée de la vue conteneur. Cette méthode est appelée même si le fragment n'a pas fourni de vue racine dans la méthode `onCreateView`.

Syntaxe

```
public void onDestroyView ()
```

Exemple

```
@Override
public void onDestroyView() {
  super.onDestroyView();
  nettoieVue();
}
```

2.2.5 onDetach

La méthode `onDetach` est le pendant de la méthode `onAttach`. Elle est appelée lorsque le fragment est détaché de l'activité. C'est la dernière méthode mise à la disposition du développeur à être appelée avant la destruction effective et irréversible du fragment.

Cette méthode permet de libérer des ressources liées au fragment.

Syntaxe

```
public void onDetach ()
```

Exemple

```
@Override
public void onDetach() {
  super.onDetach();
  traitement();
}
```

2.3 Sauvegarde et restauration de l'état

À l'instar d'une activité, un fragment peut également sauvegarder son état lorsqu'il est détruit afin de pouvoir être reconstruit à l'identique plus tard.

La sauvegarde de cet état est réalisée dans la méthode `onSaveInstanceState` de la classe `Fragment`. C'est l'activité hôte du fragment qui décide de quand sauvegarder l'état du fragment et donc d'invoquer cette méthode. La syntaxe et le principe sont les mêmes que pour la méthode `onSaveInstanceState` de la classe `Activity`.

La restauration du fragment peut être réalisée dans les méthodes `onCreate`, `onCreateView` et `onActivityCreated` qui reçoivent toutes l'objet de type `bundle` précédemment sauvegardé.

2.4 Pile de fragments

À l'instar de la pile d'activités, il existe une pile de transactions de fragments nommée Back Stack permettant à l'utilisateur de revenir en arrière, plus précisément aux transactions de fragments précédents. Une transaction étant une série d'opérations effectuées de façon atomique, le retour en arrière, ou dépilement, d'une transaction concerne l'ensemble des opérations contenues dans cette transaction.

Contrairement aux activités, cette pile est gérée intégralement par le développeur, plus précisément par les transactions de fragments et le gestionnaire de fragments.

Par exemple, chacune des transactions de fragments peut indiquer qu'elle doit être ajoutée à cette pile en utilisant la méthode `addToBackStack`. Celle-ci doit être appelée avant la méthode `commit`. Elle prend en paramètre une chaîne de caractères optionnelle identifiant la transaction et retourne la transaction courante.

Lors du commit, le fragment remplacé ou supprimé est ajouté à la pile et ses méthodes `onPause`, `onStop` et `onDestroyView` sont appelées.

■ Remarque

Dans le cas où le fragment remplacé ou supprimé n'est pas ajouté à la pile, c'est-à-dire si la méthode `addToBackStack` n'est pas utilisée, ses méthodes `onDestroy` et `onDetach` sont appelées et celui-ci est alors détruit.

Syntaxe

```
public abstract FragmentTransaction addToBackStack (String name)
```

Exemple

```
UnAutreFragment unAutreFragment = new UnAutreFragment();
fragmentTransaction.replace(R.id.fragment, unAutreFragment)
.addToBackStack(null).commit();
```

À tout instant, l'utilisateur peut revenir en arrière, et dépiler les transactions de fragments en appuyant sur la touche **Retour**. L'application peut également dépiler les transactions de fragments de la pile en utilisant l'une des nombreuses variantes des méthodes `popBackStack` ou `popBackStackImmediate` du gestionnaire de fragments.

La différence entre les méthodes `popBackStack` et `popBackStackImmediate` réside dans le fait que l'opération de dépilement est réalisée soit de façon asynchrone pour les premières, soit immédiatement dans les appels des secondes.

Les variantes les plus simples ne prenant pas de paramètre dépilent la dernière transaction ajoutée à la pile. Les autres prennent en paramètre l'identifiant de la transaction jusqu'à laquelle dépiler. Cet identifiant est soit l'identifiant de la transaction retourné précédemment par la méthode `commit`, soit le nom de la transaction spécifiée en paramètre de la méthode `addToBackStack`.

Enfin, un drapeau peut être fourni en paramètre avec la valeur `POP_BACK_STACK_INCLUSIVE` pour indiquer que la transaction désignée doit être dépilée également, 0 dans le cas contraire.

■ Remarque

Le fragment qui se trouve en haut de la pile est dorénavant le fragment actif. Il reprend son cycle de vie depuis la méthode `onCreateView`.

Syntaxe

```
public abstract void popBackStack ()
public abstract void popBackStack (int id, int flags)
public abstract void popBackStack (String name, int flags)
public abstract boolean popBackStackImmediate ()
public abstract boolean popBackStackImmediate (int id, int flags)
public abstract boolean popBackStackImmediate (String name, int flags)
```

Exemple

```
fragmentManager.popBackStack();
```

■ Remarque

Le gestionnaire de fragments offre d'autres fonctionnalités comme spécifier des animations de transitions, un titre de type breadcrumb ou encore ajouter un listener réagissant aux modifications de la pile. Pour plus d'infos, consulter respectivement les méthodes `setTransition`, `setBreadCrumbTitle` *et* `addOnBackStackChangedListener`.

3. Service

Un service est un composant applicatif indépendant qui ne possède pas d'interface graphique et qui s'exécute en arrière-plan. Comme son nom l'indique, ce composant applicatif peut représenter un service, au premier sens du terme. Celui-ci peut être proposé à l'application qui le contient et/ou à d'autres applications.

Un service fournit une interface permettant aux autres composants applicatifs de communiquer avec lui.

Pour définir un service, il faut créer une classe qui hérite de la classe `Service` et implémenter, le cas échéant, les méthodes héritées.

Comme pour l'activité, l'exécution d'un service s'opère dans le thread principal du processus de l'application dont il fait partie.

Remarque

Un service ne s'exécute pas dans un processus séparé, ni dans un thread concurrent du thread principal. Il ne doit donc pas bloquer le thread principal plus de dix secondes, tout comme pour une activité. Dans le cas de traitements longs, le service peut créer un thread concurrent pour cela (cf. chapitre Concurrence, sécurité et réseau - Programmation concurrente). Ou, pour plus de commodités, le service peut hériter de la classe `IntentService` *qui facilite la gestion de traitements asynchrones.*

Il est possible d'utiliser un service de multiples façons : soit directement, soit en établissant une connexion avec lui ou soit en combinant ces deux modes.

3.1 Déclaration

Pour être utilisé, un service doit être déclaré au système via le manifeste.

La balise `service` contient les informations propres à un service. Comme la plupart des balises, celle-ci propose une multitude d'attributs. Nous en découvrirons certains au fur et à mesure de la découverte des fonctionnalités concernées. Voici en attendant la syntaxe de cette balise et de ses trois principaux attributs :

Syntaxe

```
<service android:icon="ressource drawable"
         android:label="ressource texte"
         android:name="chaîne de caractères"
         ... >
    ...
</service>
```

Les attributs `android:icon` et `android:label` ont les mêmes fonctions que pour la balise `application` mais limitées au service. S'ils ne sont pas spécifiés, ce sont ceux de l'application qui seront utilisés par défaut.

L'attribut `android:name` permet de spécifier le nom du service concerné, c'est-à-dire son nom de classe Java précédé du paquetage entier. À l'instar de l'activité, ce nom peut commencer par un point signifiant que le nom du paquetage indiqué par l'attribut `package` de la balise `manifest` sera repris pour composer le nom complet.

Exemple

```
<service android:name=".MonService"/>
```

3.2 Utilisation directe

Un service peut être lancé en appelant la méthode `startService` et en lui spécifiant en paramètre un objet intent, implicite ou explicite, permettant d'identifier le service à lancer.

Si le service n'existe pas, la méthode retourne `null` sinon elle retourne un objet de type `ComponentName`, objet permettant simplement d'identifier un composant applicatif via son paquetage et le nom de sa classe.

Syntaxe

```
public abstract ComponentName startService (Intent service)
```

Exemple

```
Intent intent = new Intent(this, MonService.class);
startService(intent);
```

Remarque

Une fois lancé, ce même service peut recevoir de nouveaux intents, et donc de nouvelles instructions à traiter, en appelant de nouveau la méthode `startService`. Le service traitera alors ces intents comme s'il s'agissait du premier intent reçu lors du démarrage du service. Cette astuce permet, dans certains cas, d'éviter à établir une connexion avec le service comme décrit plus loin.

Ce service peut être stoppé à tout instant. Quel que soit le nombre d'appels à la méthode `startService` effectués, un seul appel à la méthode `stopService` arrête le service indiqué en paramètre. Cette méthode retourne `true` si un service en cours de fonctionnement a été trouvé et arrêté, `false` sinon.

Syntaxe

```
public abstract boolean stopService (Intent service)
```

Exemple

```
Intent intent = new Intent(this, MonService.class);
stopService(intent);
```

Le service peut également s'arrêter de son propre chef en invoquant les méthodes `stopSelf` ou `stopSelfResult`. Cette dernière méthode prend en paramètre un identifiant unique désignant la dernière requête reçu par la méthode `onStartCommand`. Cela permet de s'assurer qu'il n'y a pas d'autres requêtes à traiter et de permettre alors la fermeture du service. La méthode `stopSelfResult` retourne `true` si le service est arrêté, `false` sinon et notamment s'il reste des requêtes à traiter. La méthode `onStartCommand` est détaillée plus loin.

Syntaxe

```
public final void stopSelf ()
public final boolean stopSelfResult (int startId)
```

Exemple

```
public void erreurDuTraitement() {
  stopSelf();
}
```

3.3 Utilisation en établissant une connexion

Un composant applicatif peut également établir une connexion avec un service, s'il le permet, sans passer par l'utilisation directe décrite précédemment.

Pour ce faire, le service propose une interface aux autres composants. Ces derniers utilisent alors cette interface pour établir un lien entre eux et s'en servent pour communiquer.

Concrètement, la connexion s'effectue en appelant la méthode `bindService`. Cette méthode prend en paramètres un objet intent désignant le service à lancer, un objet implémentant l'interface `ServiceConnection` et des drapeaux. L'interface `ServiceConnection` fournit deux méthodes `onServiceConnected` et `onServiceDisconnected` qui sont appelées respectivement lorsque la connexion au service est établie et lorsqu'elle est perdue. Cette méthode retourne `true` si la connexion au service a été établie avec succès.

Au besoin, le service est lancé s'il n'est pas déjà en cours d'exécution lors de l'appel de la méthode `bindService`.

Syntaxe

```
public abstract boolean bindService (Intent service,
  ServiceConnection conn, int flags)
```

Exemple

```
Intent intent = new Intent(this, MonService.class);
bindService(intent, connexion, Context.BIND_AUTO_CREATE);
```

La déconnexion avec le service se fait en appelant la méthode `unbindService` qui prend en paramètre le même objet fourni lors de l'établissement de la connexion via la méthode `bindService`.

Syntaxe

```
public abstract void unbindService (ServiceConnection conn)
```

Exemple

```
unbindService(connexion);
```

3.4 Cycle de vie

Le cycle de vie d'un service décrit les états dans lesquels le service peut se trouver entre sa création, l'instanciation, et sa mort, la destruction de cette instanciation. Ce cycle de vie dépend du choix de l'utilisation du service.

Or comme dit précédemment, il est tout à fait possible de combiner l'utilisation directe du service et la mise en place d'une connexion avec le service. Dès lors, l'appel à la méthode `stopService` peut ne pas faire effet si une connexion avec le service est mise en place depuis le lancement de l'activité via la méthode `startService`.

Lors de chaque changement d'état est appelée une méthode pouvant être dérivée dans la classe du service.

Remarque

Chacune de ces méthodes doit appeler sa méthode parente sans quoi une exception sera générée.

3.4.1 onCreate

La méthode `onCreate` est appelée automatiquement lors de la création du service, que ce soit via la méthode `startService` ou la méthode `bindService`.

Syntaxe

```
public void onCreate ()
```

Exemple

```
@Override
public void onCreate() {
  super.onCreate();
  init();
}
```

3.4.2 onStartCommand

La méthode `onStartCommand` est appelée automatiquement à chaque fois qu'un client lance le service en utilisant la méthode `startService`.

Cette méthode reçoit en paramètre l'intent fourni à la méthode `StartService`, des drapeaux et un identifiant unique désignant le traitement de cet intent. C'est cet identifiant qui pourra être fourni à la méthode `stopSelfResult` le cas échéant. La méthode `onStartCommand` retourne une valeur indiquant comment redémarrer le service s'il a été tué prématurément.

Syntaxe

```
public int onStartCommand (Intent intent, int flags, int startId)
```

Exemple

```
@Override
public int onStartCommand(Intent intent, int flags, int startId) {
    mStartId = startId;
    return super.onStartCommand(intent, flags, startId);
}
```

3.4.3 onBind

La méthode `onBind` est appelée automatiquement à chaque demande d'établissement d'une connexion. Cette méthode reçoit en paramètre l'objet intent fournit à la méthode `bindService` et retourne un objet implémentant l'interface `IBinder` permettant la communication avec le service.

Remarque

Attention, l'intent reçu ici est débarrassé des données `Extras` qui auraient pu lui être fournies.

Syntaxe

```
public abstract IBinder onBind (Intent intent)
```

Exemple

```
private final IBinder mBinder = new LocalBinder();

@Override
public IBinder onBind(Intent intent) {
  return mBinder;
}
```

3.4.4 onUnbind

La méthode `onUnbind` est appelée automatiquement à chaque fermeture d'une connexion. Cette méthode reçoit en paramètre l'objet intent fourni à la méthode `bindService`. Par défaut, elle retourne `false`. Retourner `true` permet à la méthode `onRebind` d'être appelée lors des prochaines reconnexions.

Syntaxe

```
public boolean onUnbind (Intent intent)
```

Exemple

```
@Override
public boolean onUnbind(Intent intent) {
  traitement(intent);
  return super.onUnbind(intent);
}
```

La méthode `onRebind` est appelée uniquement si la méthode `onUnbind` retourne `true`. Cette méthode est similaire à la méthode `onBind`.

Syntaxe

```
public void onRebind (Intent intent)
```

Exemple

```
@Override
public void onRebind(Intent intent) {
  traitement(intent);
  super.onRebind(intent);
}
```

3.4.5 onDestroy

La méthode `onDestroy` est le pendant de la méthode `onCreate`. Elle est appelée automatiquement par le système avant la suppression du service. C'est la dernière méthode mise à la disposition du développeur à être appelée avant la destruction effective et irréversible du service.

Cette méthode permet de libérer des ressources liées au service, par exemple un thread.

Syntaxe

```
public void onDestroy ()
```

Exemple

```
@Override
public void onDestroy() {
  supprimeThread();
  super.onDestroy();
}
```

4. Récepteur d'évènements

Un récepteur d'évènements est un composant applicatif indépendant dont le rôle consiste uniquement à réceptionner des évènements et à les traiter comme il l'entend.

À l'instar d'un service, un récepteur d'évènements ne possède pas d'interface graphique. Si bien que lorsqu'il reçoit un message et souhaite en informer l'utilisateur, il peut le faire en utilisant par exemple la barre de notifications ou encore en lançant une activité.

Comme pour l'activité et le service, l'exécution d'un récepteur d'évènements s'opère dans le thread principal du processus de l'application dont il fait partie.

Remarque

Un récepteur d'évènements ne doit donc pas bloquer le thread principal plus de dix secondes (cf. chapitre Concurrence, sécurité et réseau - Programmation concurrente).

Pour définir un récepteur d'évènements, il faut créer une classe qui hérite de la classe `BroadcastReceiver` et implémenter uniquement la méthode `onReceive`.

4.1 Évènement

Les évènements sont produits soit par le système, soit par les applications elles-mêmes. Ils sont envoyés à destination de tous les récepteurs d'évènements filtrant l'évènement donné.

Concrètement, ces évènements sont des objets de type `Intent` désignant l'action qui vient d'être réalisée ou l'événement qui vient de se produire.

Pour envoyer un tel évènement, le composant émetteur dispose de plusieurs méthodes dont la plus simple est la méthode `sendBroadcast`. Celle-ci prend en paramètre l'objet intent qui sera diffusé simultanément aux récepteurs.

L'envoi de l'intent est réalisé de manière asynchrone de façon à ne pas bloquer le composant qui envoie l'évènement.

Syntaxe

```
public abstract void sendBroadcast (Intent intent)
```

Exemple

```
Intent intent = new Intent(fr.mondomaine.android.monappli.EVT_1);
sendBroadcast(intent);
```

En utilisant cette méthode, la propagation de l'intent vers tous les composants destinataires se fait de façon simultanée, ou presque. Il est cependant possible de propager l'intent récepteur après récepteur, un à la fois, et ce, de façon ordonnée ou non. Le récepteur d'évènements peut alors décider de passer un résultat au récepteur d'évènements suivant et même d'arrêter la propagation de l'intent.

Pour cela, il faut utiliser la méthode `sendOrderedBroadcast`. Celle-ci prend en paramètres l'objet intent à diffuser aux récepteurs d'évènements et une permission optionnelle que doit posséder le récepteur, `null` si aucune.

L'ordre d'appels des récepteurs d'évènements sera déterminé selon l'attribut `android:priority` de leur `intent-filter` (cf. chapitre Les fondations - Intention).

Syntaxe

```
public abstract void sendOrderedBroadcast (Intent intent,
  String receiverPermission)
```

Exemple

```
Intent intent = new Intent(fr.mondomaine.android.monappli.EVT_1);
sendOrderedBroadcast(intent, null);
```

4.2 Déclaration

Pour être créé de façon statique, un récepteur d'évènements doit être déclaré au système via le manifeste.

La balise `receiver` contient les informations propres à un récepteur d'évènements. Comme la plupart des balises, cette balise propose plusieurs attributs. Nous en découvrirons certains au fur et à mesure de la découverte des fonctionnalités concernées. Voici en attendant la syntaxe de cette balise et de ses trois principaux attributs :

Syntaxe

```
<receiver android:icon="ressource drawable"
          android:label="ressource texte"
          android:name="chaîne de caractères"
          ... >
    ...
</receiver>
```

Les attributs `android:icon` et `android:label` ont les mêmes fonctions que pour la balise `application` mais limitées au récepteur d'évènements S'ils ne sont pas spécifiés, ce sont ceux de l'application qui seront utilisés par défaut.

L'attribut `android:name` permet de spécifier le nom de l'évènement concerné, c'est-à-dire son nom de classe Java précédé du paquetage entier. À l'instar de l'activité, ce nom peut commencer par un point signifiant qu'il sera ajouté au paquetage indiqué par l'attribut `package` de la balise `manifest` pour composer le nom complet.

4.3 Cycle de vie

Le cycle de vie du composant récepteur d'évènements est très simple.

Avant de recevoir son premier évènement, le composant est inactif. Il devient actif dès qu'il reçoit un événement en paramètre de sa méthode `onReceive`. Dès la sortie de cette méthode, le composant redevient inactif.

En effet pour le système, le fait de quitter la méthode `onReceive` signifie que le composant a terminé le traitement de l'évènement, et ce, même s'il a lancé un thread asynchrone qui tourne toujours après la fin de la méthode `onReceive`.

Dans ce cas et si aucun autre composant de l'application n'est actif, le système peut décider de tuer le processus de l'application, et donc le thread en cours.

Aussi, pour éviter ce problème, il est conseillé de lancer l'exécution du thread depuis un service. Le système détectera alors le service comme composant actif et ne tuera donc pas le processus, sauf dans des cas extrêmes de besoin de ressources.

Le système gère de façon automatique la création et la destruction de l'instanciation du récepteur d'évènements.

La méthode `onReceive` est appelée automatiquement lors de la réception d'un évènement. Elle reçoit en paramètres le contexte applicatif et l'évènement de type `Intent` reçu.

Syntaxe

```
public abstract void onReceive (Context context, Intent intent)
```

Exemple

```
public class RecepteurEvenements extends BroadcastReceiver {
  @Override
  public void onReceive(Context context, Intent intent) {
  }
}
```

5. Liste

De par leur petite taille d'écran, les smartphones ont dû adopter une interface utilisateur à l'ergonomie spécifique. Pour cela, et comme nous l'avons vu dans le chapitre Compléter l'interface utilisateur, la plate-forme Android fournit de multiples composants graphiques. L'un des composants majeurs représentatif de la manière de naviguer dans une application est la liste d'éléments. C'est une liste verticale possédant une barre de défilement. L'utilisateur peut faire défiler la liste de haut en bas et inversement afin d'y choisir un élément.

Par exemple, les préférences générales du système sont affichées sous forme de listes d'éléments. La sélection des éléments de premier niveau renvoie sur une nouvelle liste d'éléments correspondant aux préférences utilisateur.

La vue représentant une liste est de type `ListView`. L'activité gérant cette vue doit hériter de la classe `ListActivity`.

Avec l'arrivée d'Android 3.0 (API 11), adapté aux grands écrans des tablettes tactiles, une déclinaison de la classe `ListActivity` en fragment de type `ListFragment` est apparue.

Que ce soit sous type d'activité ou de fragment, le fonctionnement général d'une liste est le même. Nous utiliserons donc le terme liste pour cibler à la fois les listes de type `ListActivity` et celles de type `ListFragment` dans la suite.

5.1 Vues

La vue ListView représentant la liste est en fait une vue de type ViewGroup. Chaque ligne de la liste est une vue enfant qui prend en charge l'affichage des données d'un seul élément de la liste.

Android propose des layouts prédéfinis pour les éléments de la liste. Leur identifiant permet d'y faire référence.

Par exemple, le layout android.R.layout.simple_list_item_1 comprend uniquement un objet de type TextView. Le layout android.R.layout.simple_list_item_2 comprend deux objets de type TextView ; le second en dessous du premier et dans une taille de police plus petite.

■ Remarque

Si, parmi l'ensemble des layouts prédéfinis par Android, aucun ne répond aux besoins, il est possible de créer des layouts personnalisés. Comme pour les autres layouts, il est possible de les définir sous la forme de fichiers XML.

5.2 Adaptateur

Les données des éléments d'une liste peuvent avoir différentes origines. Ce peut être par exemple des données stockées en dur dans l'application, des données provenant d'une base de données ou des données fournies par un fournisseur de contenu (cf. chapitre La persistance des données).

Afin de pouvoir supporter tout type de provenance de données, une liste consulte les données qu'elle doit afficher via une interface de type ListAdapter. Cet adaptateur fait le lien entre la vue qui doit afficher les données et les données elles-mêmes. Android fournit plusieurs sortes d'adaptateurs de liste implémentant l'interface ListAdapter et correspondant aux provenances et types des données les plus courants.

Par exemple, la classe ArrayAdapter<T> représente l'adaptateur de données stockées en dur dans le code. La classe CursorAdapter représente l'adaptateur de données stockées en base de données ou fournies par un fournisseur de contenu.

La classe `SimpleCursorAdapter`, quant à elle, est une spécialisation de cet adaptateur permettant de gérer aisément des données de type chaînes de caractères et de type images.

Remarque

Par défaut, la classe `CursorAdapter`, et donc la classe `SimpleCursorAdapter` également, effectuent les chargements des données sur le thread principal. Or cela n'est pas recommandé afin de ne pas bloquer l'application (cf. chapitre Concurrence, sécurité et réseau - Programmation concurrente). Il est donc préférable d'effectuer ces chargements sur un thread secondaire. Depuis la version 3.0 (API 11), Android fournit en complément les classes `LoaderManager` et `CursorLoader` permettant de réaliser cela de manière plus aisée.

Chaque type d'adaptateur possède un constructeur particulier. Par exemple, l'un des constructeurs de la classe `ArrayAdapter<T>` reçoit en paramètres le contexte applicatif, l'identifiant du layout et le tableau d'éléments de la liste. La classe `ArrayAdapter` prend également un type générique correspondant au type des éléments du tableau.

Remarque

Le type générique géré par défaut par la classe `ArrayAdapter<T>` est la chaîne de caractères. La méthode `toString` est utilisée sur les objets du tableau pour récupérer les éléments de la liste et les insérer dans un objet de type `TextView` dont l'identifiant est `id`.

Syntaxe de l'un des constructeurs de la classe `ArrayAdapter`

```
public ArrayAdapter (Context context, int textViewResourceId,
  T[] objects)
```

Exemple

```
ArrayAdapter<String> adaptateur =
  new ArrayAdapter<String>(this,
    android.R.layout.simple_list_item_1,
    new String[] { "Ligne 1", "Ligne 2", "Ligne 3" });
```

5.3 Implémentation

Une des premières étapes de l'implémentation est de fournir l'adaptateur à utiliser à la liste. Pour cela, il faut invoquer la méthode `setListAdapter` qui prend en paramètre l'adaptateur de type `ListAdapter`.

Syntaxe

```
public void setListAdapter (ListAdapter adapter)
```

Exemple

```
public class MonActivitePrincipale extends ListActivity {
  private static final String[] LIBELLES = {
    "Ligne 1", "Ligne 2", "Ligne 3", "Ligne 4"
  };

  @Override
  public void onCreate(Bundle savedInstanceState) {
    super.onCreate(savedInstanceState);
    setListAdapter(new ArrayAdapter<String>(this,
      android.R.layout.simple_list_item_1, LIBELLES));
  }
}
```

Chapitre 7
La persistance des données

1. Introduction

Ce chapitre a pour but de présenter la persistance des données sous Android.

Les données persistantes d'une application sont les données sauvegardées avant la fermeture de l'application de telle sorte qu'elles puissent être restaurées ultérieurement.

Android propose plusieurs mécanismes permettant de gérer la persistance de données. Nous découvrirons les fichiers de préférences, les fichiers standard et les bases de données.

Nous terminerons par les fournisseurs de contenus qui, au-delà de la persistance des données, proposent un mécanisme de partage de données entre les applications.

2. Fichiers de préférences

Android fournit un framework simple pour sauvegarder et restaurer des données de types primitifs. Ces données sont sauvegardées dans des fichiers au format XML sous la forme d'associations clés-valeurs. Ces fichiers sont appelés fichiers de préférences.

Nous allons étudier dans un premier temps comment cibler un fichier de préférences, puis comment le lire et y écrire des données. Nous terminerons par décrire comment supprimer toutes ou partie des données de ces fichiers.

■ Remarque

Le système Android permet d'afficher et de sauvegarder les préférences générales de l'utilisateur. Toute application peut adopter la même fonctionnalité et le même affichage. La hiérarchie des préférences proposées peut être réalisée directement dans un fichier XML. L'implémentation d'un tel écran de préférences est réalisée en dérivant de la classe `PreferenceActivity`. Depuis Android 3.0 (API 11), cette classe fonctionne de concert avec les fragments de type `PreferenceFragment` afin de pouvoir, entre autres, afficher côte à côte les titres des sections et les préférences qu'elles proposent.

2.1 Cibler le fichier

Par défaut, un fichier de préférences est associé à l'activité qui le crée. Ce fichier porte automatiquement le nom qualifié entier de l'activité concernée, par exemple `fr.mondomaine.android.monappli.prefsFic1.xml`.

La création et la gestion du fichier de préférences sont réalisées au travers d'un objet de type `SharedPreferences` retourné par la méthode `getPreferences`.

Syntaxe

```
public SharedPreferences getPreferences (int mode)
```

Cette méthode prend en paramètre le mode d'accès à assigner au fichier lors de sa création. Les valeurs de ce paramètre sont :

- `Context.MODE_PRIVATE` : mode privé. C'est le mode par défaut. Le fichier ne peut être lu et écrit que par l'application courante, ou une application partageant le même identifiant utilisateur.
- `Context.MODE_WORLD_READABLE` : les autres applications peuvent lire le fichier.
- `Context.MODE_WORLD_WRITEABLE` : les autres applications peuvent modifier le fichier.

Exemple

```
SharedPreferences prefs = getPreferences(Context.MODE_PRIVATE);
```

Il est également possible de spécifier explicitement un autre nom de fichier. Cela permet de créer plusieurs fichiers de préférences. Pour cela, il faut utiliser la méthode `getSharedPreferences` en spécifiant le nom du fichier en premier paramètre.

Syntaxe

```
public abstract SharedPreferences getSharedPreferences (String name,
int mode)
```

Exemple

```
SharedPreferences prefs =
  getSharedPreferences("nomFichierPrefs1.xml",
    Context.MODE_PRIVATE);
```

2.2 Lecture

Les données contenues dans un fichier de préférences sont enregistrées sous forme d'associations clés-valeurs. Une telle association est composée :

- d'une clé qui est une chaîne de caractères de type `String`.
- d'une valeur de type primitif : `boolean` (booléen), `float` (nombre à virgule flottante), `int` ou `long` (entiers) ou `String` (chaîne de caractères).

Pour lire les données contenues dans un fichier de préférences, on utilise l'objet de type `SharedPreferences` récupéré précédemment. On invoque ensuite certaines de ses accesseurs permettant de lire individuellement une donnée selon son type.

Syntaxe

```
public abstract boolean getBoolean (String key, boolean defValue)
public abstract float getFloat (String key, float defValue)
public abstract int getInt (String key, int defValue)
public abstract long getLong (String key, long defValue)
public abstract String getString (String key, String defValue)
```

Le premier paramètre est le nom de la clé. Le second paramètre est la valeur par défaut à retourner si la clé n'existe pas.

Exemple

```
boolean modeWifi = prefs.getBoolean("modeWifi", false);
int compteur = prefs.getInt("compteur", 0);
String commentaire = prefs.getString("commentaire", "");
```

On peut aussi récupérer toutes les données d'un seul coup en utilisant la méthode `getAll`.

Syntaxe

```
public abstract Map<String, ?> getAll ()
```

Exemple

```
Map<String, ?> valeurs = prefs.getAll();
Boolean modeWifi = (Boolean)valeurs.get("modeWifi");
```

La méthode `contains` de l'objet `SharedPreferences` permet de vérifier la présence d'une clé donnée qu'on lui spécifie en paramètre.

Syntaxe

```
public abstract boolean contains (String key)
```

Exemple

```
if (prefs.contains("modeWifi")) {
  traitement();
}
```

2.3 Écriture

L'écriture de données dans un fichier de préférences se fait via un objet de type `SharedPreferences.Editor`. Cet objet est retourné par la méthode `edit` appelée sur l'objet de type `SharedPreferences` récupéré précédemment.

Syntaxe

```
public abstract SharedPreferences.Editor edit ()
```

Exemple

```
SharedPreferences.Editor editeur = prefs.edit();
```

L'objet editeur permet de spécifier les nouvelles données ou de modifier les données existantes en les écrasant avec les nouvelles. On invoque ses méthodes permettant d'écrire individuellement une association clé-valeur. À l'instar des méthodes de lecture, il existe une méthode par type primitif. Ces méthodes prennent en paramètres le nom de la clé ainsi que la valeur de la donnée.

Syntaxe

```
public abstract SharedPreferences.Editor putBoolean (String key,
  boolean value)
public abstract SharedPreferences.Editor putFloat (String key,
  float value)
public abstract SharedPreferences.Editor putInt (String key,
  int value)
public abstract SharedPreferences.Editor putLong (String key,
  long value)
public abstract SharedPreferences.Editor putString (String key,
  String value)
```

Exemple

```
editeur.putBoolean("modeWifi", true);
editeur.putInt("compteur", 42);
editeur.putString("commentaire", "Ceci est un commentaire");
```

L'écriture des données ne sera effectivement réalisée dans le fichier qu'une fois la méthode commit de l'objet editeur appelée.

Syntaxe

```
public abstract boolean commit ()
```

Exemple

```
editeur.commit();
```

Remarque

Attention à ne pas oublier d'appeler la méthode `commit`. Car sans cet appel, l'objet `editeur` ne sert à rien ; les modifications qu'il contient n'étant pas enregistrées.

2.4 Suppression

La suppression des données contenues dans un fichier de préférences se fait en utilisant l'objet `editeur` de type `SharedPreferences.Editor` comme pour l'écriture des données.

La méthode `remove` de l'objet `editeur` permet de supprimer une association clé-valeur. On spécifie le nom de la clé en paramètre.

Syntaxe

```
public abstract SharedPreferences.Editor remove (String key)
```

Exemple

```
editeur.remove("modeWifi");
```

La méthode `clear` permet de supprimer toutes les données, c'est-à-dire toutes les associations clés-valeurs.

Syntaxe

```
public abstract SharedPreferences.Editor clear ()
```

Exemple

```
editeur.clear();
```

Comme pour l'écriture, il faut appeler la méthode `commit` pour enregistrer les modifications.

Il est également possible d'enchaîner les modifications puisque les méthodes de l'objet `editeur` retournent cet objet.

Exemple

```
editeur.clear().putBoolean("modeWifi", modeWifi).commit();
```

Remarque

Lors de l'appel à la méthode `commit`, la méthode `clear` est exécutée en premier quelle que soit la position de son appel.

On peut donc par exemple réécrire la ligne précédente sans en modifier le résultat.

Exemple

```
editeur.putBoolean("modeWifi", modeWifi).clear().commit();
```

3. Fichiers

Comme nous venons de le voir dans la section précédente, les fichiers de préférences sont la solution idéale pour sauvegarder des valeurs de types primitifs de manière simple. Mais si l'on veut stocker des données plus complexes ou des données brutes sans reformatage du fichier au format XML comme par exemple la sauvegarde d'une image au format PNG, cette solution n'est plus du tout adéquate.

Il faut alors pouvoir créer, écrire et lire directement des fichiers.

Android permet d'enregistrer des fichiers sur le stockage interne de l'appareil ou sur un stockage externe comme par exemple une carte SD. Il fournit également les API pour enregistrer des fichiers temporaires ou fichiers de cache dans des emplacements bien définis.

Nous allons donc découvrir dans un premier temps la gestion des fichiers sur le stockage interne, puis dans un second temps sur le stockage externe. Enfin, nous terminerons par la gestion des fichiers temporaires.

3.1 Stockage interne

Par défaut, les fichiers sont enregistrés sur le stockage interne de l'appareil. L'accès à ces fichiers est restreint à l'application. Ni l'utilisateur, ni les autres applications ne peuvent y accéder.

Nous allons voir comment créer un fichier sur le stockage interne, comment le lire et enfin comment le supprimer.

3.1.1 Écriture

La création d'un fichier se fait en invoquant la méthode `openFileOutput` de la classe `Context`. Cette méthode prend deux paramètres : le nom du fichier sans arborescence et le mode d'accès à assigner à ce fichier. La méthode retourne un flux de type `FileOutputStream`.

Syntaxe

```
public abstract FileOutputStream openFileOutput (String name,
  int mode)
```

Exemple

```
FileOutputStream flux = openFileOutput("nomFichier.png",
  Context.MODE_PRIVATE);
```

Le flux retourné permet d'écrire les données brutes dans le fichier en utilisant les différentes méthodes `write`.

Syntaxe

```
public void write (byte[] buffer)
public void write (int oneByte)
public void write (byte[] buffer, int offset, int count)
```

Exemple

```
flux.write(contenu.getBytes());
```

Il reste à fermer le flux afin d'écrire complètement le fichier sur le support en invoquant la méthode `close`.

Syntaxe

```
public void close ()
```

Exemple

```
flux.close();
```

3.1.2 Lecture

Pour pouvoir lire les données contenues dans un fichier, il faut l'ouvrir en mode lecture. Pour cela, nous utilisons la méthode `openFileInput` de la classe `Context`. Cette méthode prend en paramètre le nom du fichier sans arborescence et retourne un flux de type `FileInputStream`.

Syntaxe

```
public abstract FileInputStream openFileInput (String name)
```

Exemple

```
intnb = FileInputStream flux = openFileInput("nomFichier.png");
```

Le flux retourné permet de lire les données du fichier en utilisant les différentes méthodes `read`. Celles-ci retournent le nombre d'octets lus ou -1 si la fin du fichier est atteinte.

Syntaxe

```
public int read ()
public int read (byte[] buffer)
public int read (byte[] buffer, int offset, int count)
```

Exemple

```
flux.read();
```

Il reste à fermer le flux en invoquant la méthode `close`.

Syntaxe

```
public void close()
```

Exemple

```
flux.close();
```

3.1.3 Effacer un fichier

La méthode `deleteFile` de la classe `Context` permet de supprimer un fichier. Il faut lui passer le nom du fichier en paramètre. Elle retourne `true` si le fichier a été correctement effacé, `false` sinon.

Syntaxe

```
public abstract boolean deleteFile (String name)
```

Exemple

```
boolean succes = deleteFile("nomFichier.png");
```

3.2 Stockage externe

En plus du stockage interne, les appareils Android fournissent un stockage externe. Les fichiers stockés sur ce support sont publics. L'utilisateur et toutes les autres applications peuvent donc les lire, les modifier et les supprimer à tout instant.

Contrairement à ce que laisse supposer son nom, le stockage externe peut être interne à l'appareil. Mais il peut également être amovible, comme une carte SD par exemple. Dans ce cas, l'utilisateur peut donc le retirer à tout moment. L'application doit donc en tenir compte lors de sa conception notamment en gérant l'absence du support lors de chaque tentative d'écriture ou de lecture.

Nous allons donc découvrir dans un premier temps comment vérifier la présence et la disponibilité du support de stockage externe. Puis nous verrons où sont stockés ces fichiers. Enfin nous découvrirons l'existence d'une arborescence commune à toutes les applications permettant de partager les fichiers qu'elle contient.

3.2.1 Disponibilité du support

Pour s'assurer de la disponibilité du support de stockage externe, il faut appeler la méthode `getExternalStorageState` de la classe `Environment`.

Syntaxe

```
public static String getExternalStorageState ()
```

Exemple

```
String etatSupportExterne = Environment.getExternalStorageState();
```

Cette méthode retourne une chaîne de caractères indiquant la disponibilité du support de stockage qu'il faut alors comparer avec les états prédéfinis.

Exemple

```
if (Environment.MEDIA_MOUNTED.equals(etatSupportExterne)) {
  traitement();
}
```

Le tableau suivant fournit les constantes déclarées dans la classe `Environment` représentant les différents états de disponibilité.

État	Description
MEDIA_BAD_REMOVAL	Le support a été retiré avant d'être correctement démonté.
MEDIA_CHECKING	Le support est présent et est en train d'être vérifié.
MEDIA_MOUNTED	Le support est présent et est monté avec les droits d'accès en lecture/écriture.
MEDIA_MOUNTED_READ_ONLY	Le support est présent et est monté avec les droits en lecture seule.
MEDIA_NOFS	Le support est présent mais le format du système de fichier n'est pas supporté.

État	Description
MEDIA_REMOVED	Le support n'est pas présent.
MEDIA_SHARED	Le support est présent, non monté et partagé en tant que périphérique de stockage USB.
MEDIA_UNMOUNTABLE	Le support est présent mais il ne peut pas être monté.
MEDIA_UNMOUNTED	Le support est présent mais il n'est pas monté.

3.2.2 Accès et emplacements

Un répertoire est affecté à chaque application sur le support externe. Le chemin est :

```
/Android/data/paquetage_application/files/
```

Les fichiers de données sont ensuite répartis dans divers sous-répertoires selon leur type. Voici la liste de ces sous-répertoires :

Répertoire	Constante	Description
Music/	DIRECTORY_MUSIC	Contient les fichiers de musique.
Podcasts/	DIRECTORY_PODCASTS	Contient les podcasts.
Ringtones/	DIRECTORY_RINGTONES	Contient les sonneries.
Alarms/	DIRECTORY_ALARMS	Contient les sons d'alarmes.
Notifications/	DIRECTORY_NOTIFICATIONS	Contient les sons de notifications.
Pictures/	DIRECTORY_PICTURES	Contient les photos.
Movies/	DIRECTORY_MOVIES	Contient les films.

Répertoire	Constante	Description
Download/	DIRECTORY_DOWNLOADS	Contient les autres types de fichiers.

La méthode `getExternalFilesDir` permet d'obtenir un objet de type `File` représentant le sous-répertoire correspondant au type de donnée à sauvegarder.

Cette méthode, et plus globalement toutes les opérations d'écriture sur le stockage externe, requièrent la permission d'écriture sur ce stockage. Pour l'obtenir, il faut inclure la ligne suivante dans le fichier manifeste (cf. chapitre Concurrence, sécurité et réseau – Sécurité et droits) :

```
<uses-permission
  android:name="android.permission.WRITE_EXTERNAL_STORAGE"/>
```

Syntaxe

```
public abstract File getExternalFilesDir(String type)
```

Le paramètre indique le type de donnée à sauvegarder. Par exemple, pour un fichier de musique, on indiquera :

```
Environment.DIRECTORY_MUSIC
```

Remarque

Pour obtenir le répertoire racine, il faut passer `null` en paramètre.

Le répertoire racine ainsi que tous les sous-répertoires et leurs données seront supprimés lors de la désinstallation de l'application.

3.2.3 Fichiers communs

Android met à disposition une arborescence commune à toutes les applications sur le stockage externe. Cette arborescence permet de partager des fichiers entre toutes les applications. Les fichiers créés dans cette arborescence ne seront pas supprimés lors de la désinstallation de l'application qui les aura créés.

L'arborescence des sous-répertoires est similaire à celle privée à chaque application. Le répertoire racine est le répertoire racine du support de stockage externe.

La méthode `Environment.getExternalStoragePublicDirectory` permet d'accéder à ces sous-répertoires.

Syntaxe

```
public static File getExternalStoragePublicDirectory(String type)
```

Le paramètre indique le type de donnée à sauvegarder. Par exemple, pour un fichier de musique, on indiquera :

```
Environment.DIRECTORY_MUSIC
```

3.3 Fichiers temporaires

Une application peut avoir besoin de fichiers temporaires ou de fichiers de cache. Un emplacement spécifique est réservé à chaque application pour stocker ces fichiers à la fois sur le stockage interne et sur le stockage externe s'il est présent. L'utilisation de l'un ou l'autre dépendra principalement de la taille de ces fichiers ; la capacité de stockage externe étant généralement plus conséquente que celle du stockage interne.

Nous allons donc voir comment récupérer ces répertoires tant sur le stockage interne que sur le stockage externe.

3.3.1 Stockage interne

L'appel à la méthode `getCacheDir` de la classe `Context` retourne le répertoire où l'application doit stocker ses fichiers temporaires sur le stockage interne.

Syntaxe

```
public abstract File getCacheDir()
```

Le système peut supprimer ces fichiers à tout instant notamment lorsqu'il n'y a plus beaucoup de place sur le stockage. Mais ce n'est pas obligatoire.

De ce fait, l'application doit veiller à ce que ces fichiers n'occupent pas trop d'espace, pas plus d'un méga-octet au total. Et elle doit les supprimer dès qu'ils ne lui sont plus nécessaires.

Si l'application a besoin de plus d'espace pour ses fichiers temporaires, elle pourra utiliser le stockage externe.

Tout le contenu du répertoire de cache de l'application sera supprimé lors de la désinstallation de l'application.

3.3.2 Stockage externe

Outre l'emplacement de cache spécifique à l'application sur le stockage interne, le système propose également un emplacement de cache spécifique à chaque application sur le stockage externe.

Cet emplacement permet à une application d'y créer des fichiers temporaires de plus grandes tailles.

L'appel à la méthode `getExternalCacheDir` de la classe `Context` retourne ce répertoire.

Remarque

À l'instar de la méthode `getExternalFilesDir`, cette méthode requiert la permission d'écriture sur le stockage externe `android.permission.WRITE_EXTERNAL_STORAGE`.

Syntaxe

```
public abstract File getExternalCacheDir()
```

L'application doit supprimer ses fichiers de cache dès qu'ils ne lui sont plus nécessaires afin de libérer de l'espace.

Tout le contenu du répertoire de cache de l'application sera supprimé lors de la désinstallation de l'application.

4. Bases de données SQLite

Une application peut avoir besoin d'une base de données pour stocker et effectuer des requêtes sur ses données. Android permet de créer des bases de données au format SQLite.

Une application peut créer plusieurs bases de données. Ces bases sont privées à l'application ; elle seule y a accès.

Remarque

Android ne fournit pas de framework de haut niveau de mapping objet-relationnel. Il faut donc directement utiliser des requêtes SQL pour créer, gérer et exécuter des requêtes sur les bases de données.

Dans cette section, nous allons découvrir comment créer une base de données et y insérer une table. Puis nous verrons comment exécuter des requêtes. Enfin, nous terminerons par la modification d'une base de données existante.

4.1 Création d'une base de données

Android fournit la classe abstraite `SQLiteOpenHelper` permettant de gérer la création et la mise à jour des bases de données.

Cette classe étant abstraite, il faut créer une classe fille qui en hérite. Cette classe fille doit appeler le constructeur parent et lui passer le nom et la version de la base de données en paramètres. Le numéro de version est utilisé lors de la mise à jour de la base dans une nouvelle version comme nous le verrons plus loin.

En héritant de la classe parente `SQLiteOpenHelper`, la classe fille doit surcharger, entre autres, la méthode `onCreate`. Celle-ci permet de spécifier les requêtes de création des tables de la base.

Syntaxe

```
public abstract void onCreate (SQLiteDatabase db)
```

Exemple

```
public class BDDAssistant extends SQLiteOpenHelper {
  private static final int VERSION_BDD = 1;
  private static final String NOM_BDD = "maBDD";

  public BDDAssistant(Context context) {
    super(context, NOM_BDD, null, VERSION_BDD);
  }

  @Override
  public void onCreate(SQLiteDatabase db) {
    db.execSQL("CREATE TABLE maTable ( _id INTEGER PRIMARY KEY AUTOINCREMENT,
nom TEXT );");
  }
}
```

La classe `SQLiteOpenHelper` fournit la méthode `getWritableDatabase` pour créer et ouvrir la base de données. Elle retourne un objet de type `SQLiteDatabase` accessible en écriture permettant de modifier la base de données.

Syntaxe

```
public synchronized SQLiteDatabase getWritableDatabase ()
```

Une fois la création et l'utilisation de la base terminées, il faut la fermer en invoquant les méthodes `close` sur l'objet de type `SQLiteDatabase` puis sur l'objet de type `SQLiteOpenHelper`.

Syntaxe

```
public void close ()
```

Exemple

```
BDDAssistant bddAss = new BDDAssistant(this);
SQLiteDatabase bdd = bddAss.getWritableDatabase();
traitement(bdd);
bdd.close();
bddAss.close();
```

Remarque

L'appel à `getWritableDatabase` peut retourner un objet en lecture seule s'il existe un problème comme par exemple un disque plein. Une fois le problème corrigé, un nouvel appel de la méthode `getWritableDatabase` fermera l'objet en lecture seule et retournera un objet accessible en lecture/écriture.

Remarque

C'est lors du premier appel à la méthode `getWritableDatabase` que la base de données est réellement créée. Cette méthode exécutera successivement les méthodes `onCreate`, `onUpgrade` et `onOpen` de l'instance `maBDD`. Une fois la base de données ouverte, elle est mise en cache de sorte que les appels successifs à cette méthode retournent directement la base de données sans appeler de nouveau les méthodes précédentes.

Pour ouvrir une base de données en lecture seule, on remplacera l'appel à la méthode `getWritableDatabase` par la méthode `getReadableDatabase`.

Syntaxe

```
public synchronized SQLiteDatabase getReadableDatabase ()
```

Exemple

```
SQLiteDatabase bdd = bddAss.getReadableDatabase();
```

4.2 Traitements et requêtes SQL

L'objet de type `SQLiteDatabase` récupéré dans la section précédente permet l'exécution de traitements et requêtes SQL : `CREATE TABLE`, `DELETE`, `INSERT`... L'exécution de traitements SQL est réalisée par les méthodes `execSQL`.

Syntaxe

```
public void execSQL (String sql)
public void execSQL (String sql, Object[] bindArgs)
```

Exemple

```
bdd.execSQL("DROP TABLE IF EXISTS maTable");
```

Il n'est autorisé qu'un traitement par appel à ces méthodes. L'utilisation de ';' pour séparer les traitements est donc prohibée.

Les requêtes SQL peuvent être exécutées avec les différentes méthodes query qui prennent divers paramètres en entrée comme le nom de la table, les noms de champs...

Chacune de ces méthodes retourne un objet de type Cursor qui permet de naviguer dans les résultats de la requête et d'en extraire les données.

Syntaxe

```
public Cursor query (String table, String[] columns,
  String selection, String[] selectionArgs,String groupBy,
  String having, String orderBy)
public Cursor query (String table, String[] columns,
  String selection, String[] selectionArgs,String groupBy,
  String having, String orderBy, String limit)
public Cursor query (boolean distinct, String table,
  String[] columns, String selection,String[] selectionArgs,
  String groupBy, String having, String orderBy, String limit)
```

Exemple

```
Cursor curseur = bdd.query("maTable", new String[] { "_id", "nom" },
null, null, null, null, "_id desc", 10);
```

4.3 Mises à jour

Lors de la réalisation d'une nouvelle version d'une application, il se peut que la base de données ait besoin d'évoluer, par exemple pour créer de nouvelles tables, ou que des tables existantes doivent être modifiées, par exemple en ajoutant ou supprimant des champs... Il faut donc faire une mise à jour de la base de données.

Pour cela, il faut surcharger la méthode onUpgrade pour y placer les instructions de mises à jour. Il faut également incrémenter le numéro de version de la base de données pour pouvoir la différencier de la précédente.

Syntaxe

```
public abstract void onUpgrade (SQLiteDatabase db, int oldVersion,
  int newVersion)
```

Exemple

```
public class BDDAssistant extends SQLiteOpenHelper {
  private static final int VERSION_BDD = 2;
  ...
  @Override
  public void onUpgrade(SQLiteDatabase db, int oldVersion,
      int newVersion) {
    db.execSQL("DROP TABLE IF EXISTS maTable");
    onCreate(db);
  }
}
```

Remarque

L'appel à la méthode `onUpgrade` est effectué lors de l'exécution des méthodes `getReadableDatase` et `getWritableDatabase`. Le temps de réalisation de la mise à jour de la base de données peut être long. Dans ce cas, il faut réaliser cette opération dans un autre thread que le thread principal (cf. chapitre Concurrence, sécurité et réseau - Programmation concurrente).

5. Fournisseur de contenus

Les fournisseurs de contenus permettent de partager publiquement des données entre toutes les applications. C'est le cas par exemple des données concernant les contacts personnels qui peuvent être partagées entre toutes les applications. Chaque application peut, si elle en a obtenu les droits, lire, ajouter et modifier les contacts personnels.

Il existe par défaut plusieurs fournisseurs de contenus pour les données audio, vidéo, les images, les contacts personnels... Ils peuvent être utilisés tels quels pour y stocker de nouveaux enregistrements. Cela permet de ne pas avoir à en créer de nouveaux.

Nous allons décrire l'interface commune aux fournisseurs de contenus, puis voir comment effectuer des requêtes et des modifications sur ces fournisseurs de contenus. Enfin, nous verrons comment supprimer des enregistrements des fournisseurs de contenus.

5.1 Interface et URI

Tous les fournisseurs de contenus exposent la même interface. En interne cependant, chacun est libre de sauvegarder ses données en utilisant la ou les solutions de stockage qu'il souhaite.

Quel que soit le mode de stockage interne, les fournisseurs de contenus retournent leurs données sous forme de tables de base de données. Chaque ligne est un enregistrement et chaque colonne une valeur correspondant au champ concerné.

Chaque enregistrement possède un champ numérique `_ID` qui identifie de façon unique l'enregistrement dans la table.

Chaque fournisseur de contenus fournit une URI unique qui correspond à une table de ses données. Il y aura donc autant d'URI que de tables de données.

Syntaxe de l'URI

```
content://fr.domaine.nomProvider
content://fr.domaine.nomProvider/id
content://fr.domaine.nomProvider/sous-chemins
content://fr.domaine.nomProvider/sous-chemins/id
```

Partie	Description
`content://`	Indique que les données sont contrôlées par un fournisseur de contenus.
`fr.domaine.nomProvider`	Partie autorité de l'URI.
`sous-chemins`	Permet au fournisseur de contenus de déterminer le type de donnée. Vide s'il ne gère qu'un seul type de donnée.
`id`	L'identifiant unique de l'enregistrement demandé, soit la valeur du champ `_ID`. Vide si la requête concerne plus d'un enregistrement.

Android fournit des URI pour les fournisseurs de contenus inclus dans le système.

Exemple de l'URI pour obtenir les données des contacts

ContactsContract.Contacts.CONTENT_URI

Remarque

L'accès à certaines données nécessite certains droits. Ici, la permission `android.permission.READ_CONTACTS` est requise pour pouvoir accéder aux données des contacts. De même, la permission `android.permission.WRITE_CONTACTS` est requise pour pouvoir ajouter, modifier ou supprimer les données des contacts.

5.2 Requêtes

La classe `ContentResolver` contient les méthodes permettant d'effectuer des requêtes et de récupérer les données stockées dans les fournisseurs de contenus. La méthode `getContentResolver` permet de récupérer une instance de type `ContentResolver`.

Syntaxe

```
public abstract ContentResolver getContentResolver ()
```

Exemple

```
ContentResolver resolveur = getContentResolver();
```

La méthode `query` de la classe `ContentResolver` permet d'exécuter une requête en spécifiant l'URI en paramètre. Les autres paramètres permettent de préciser les noms des champs souhaités, une clause SQL `WHERE`, les arguments de la clause `WHERE` et une clause SQL `ORDER BY`.

Syntaxe

```
public final Cursor query (Uri uri, String[] projection,
  String selection, String[] selectionArgs, String sortOrder)
```

Exemple

```
Cursor curseur = resolveur.query(
  ContactsContract.Contacts.CONTENT_URI, null, null, null, null);
```

Pour plus de facilité, sur les versions d'Android inférieures à la 3.0 (API 11), on peut utiliser la méthode `managedQuery` de la classe `Activity` qui contrairement à la méthode précédente gère le cycle de vie du curseur automatiquement en fonction de l'état de l'activité qui la contient. Par exemple, lorsque l'activité est en pause, le curseur libère sa mémoire utilisée et se recharge automatiquement lorsque l'activité reprend.

Syntaxe

```
public final Cursor managedQuery (Uri uri, String[] projection,
  String selection, String[] selectionArgs, String sortOrder)
```

Exemple

```
Cursor curseur = managedQuery(
  ContactsContract.Contacts.CONTENT_URI, null, null, null, null);
```

Remarque

Depuis la version 3.0 (API 11), la méthode `managedQuery` est dépréciée au profit de la nouvelle classe `CursorLoader` permettant d'exécuter facilement des requêtes de façon asynchrone.

Ces appels retournent un curseur pointant sur tous les enregistrements résultats. Pour ne retourner qu'un seul enregistrement, il faut ajouter l'identifiant unique de l'enregistrement souhaité à l'URI. Pour ce faire, on utilise la méthode `withAppendedId` de la classe `ContentUris` qui retourne l'URI ainsi formée.

Syntaxe

```
public static Uri withAppendedId (Uri contentUri, long id)
```

Exemple

```
Uri uri = ContentUris.withAppendedId(
  ContactsContract.Contacts.CONTENT_URI, 42);
Cursor curseur = resolveur.query(uri, null, null, null, null);
```

Le curseur obtenu permet de lire les valeurs des enregistrements. Pour cela, la classe `Cursor` fournit, entre autres, la méthode `getColumnIndex`. Cette méthode prend en paramètre le nom du champ souhaité et retourne l'index correspondant.

Syntaxe

```
public abstract int getColumnIndex (String columnName)
```

Connaissant le type de la valeur du champ, on récupère la valeur en utilisant la méthode correspondante parmi les méthodes `getInt`, `getFloat`... Par exemple, pour récupérer une valeur de type `String`, on utilise la méthode `getString`.

Syntaxe

```
public abstract String getString (int columnIndex)
```

Exemple

```
int indexCol =
  curseur.getColumnIndex(ContactsContract.Contacts.DISPLAY_NAME);
String nom = curseur.getString(indexCol);
```

5.3 Ajout d'un enregistrement

Pour ajouter de nouveaux enregistrements à un fournisseur de contenus, il faut créer un objet de type `ContentValues` qui contiendra les données de l'enregistrement sous forme d'associations clé-valeurs. L'ajout de données dans cet objet se fait en utilisant l'une de ses méthodes `put` qui prend en premier paramètre le nom de la clé et en second paramètre la valeur. Par exemple, la méthode `put` correspondant à une valeur de type `String` possède la syntaxe suivante :

Syntaxe

```
public void put (String key, String value)
```

Exemple

```
ContentValues enregistrement = new ContentValues();
enregistrement.put(Phone.RAW_CONTACT_ID, 42);
enregistrement.put(Phone.NUMBER, "000-000");
enregistrement.put(Phone.TYPE, Phone.TYPE_MOBILE);
```

Pour ajouter l'enregistrement dans les données du fournisseur de contenus, il suffit ensuite d'appeler la méthode `insert` de l'objet de type `ContentResolver` et lui fournir en paramètre l'URI et l'enregistrement. Cette méthode retourne l'URI correspondant à l'enregistrement.

Syntaxe

```
public final Uri insert (Uri url, ContentValues values)
```

Exemple

```
Uri uri = resolveur.insert(Phone.CONTENT_URI, enregistrement);
```

5.4 Suppression d'enregistrements

La suppression d'un ou plusieurs enregistrements se fait via l'utilisation de la méthode `delete` de la classe `ContentResolver`.

Syntaxe

```
public final int delete (Uri url, String where,
  String[] selectionArgs)
```

Si le paramètre `url` contient l'identifiant d'un enregistrement alors seul cet enregistrement sera supprimé.

Si au contraire, le paramètre `url` ne contient pas d'identifiant alors les paramètres `where` et `selectionArgs` seront utilisés pour spécifier respectivement la clause SQL `WHERE` et ses arguments.

Exemple

```
Uri uri = ContentUris.withAppendedId(
  ContactsContract.Contacts.CONTENT_URI, 42);
resolveur.delete(uri, null, null);
```

6. Sauvegarde dans les nuages

Depuis la version 2.2 (API 8), Android propose la sauvegarde des données persistantes de l'application dans un nuage, c'est-à-dire en ligne, sur un serveur. C'est un service complémentaire à celui de la sauvegarde des données en local.

Lorsque l'utilisateur réinitialise l'appareil Android, lorsqu'il change d'appareil ou utilise un nouvel appareil en plus, comme une tablette en complément d'un smartphone, il peut souhaiter (ré-)installer une même application. Le fait de devoir reconfigurer l'application et y réinsérer certaines données de façon manuelle sont des tâches qui peuvent apparaître vite rébarbatives pour l'utilisateur.

C'est là que la sauvegarde en ligne entre en jeu. Celle-ci permet d'éviter ces tâches de configuration longues et fastidieuses. Les données préalablement sauvegardées en ligne peuvent être téléchargées et insérées lors d'une nouvelle installation de l'application. L'utilisateur retrouvera alors automatiquement l'application et les données l'accompagnant sans action de sa part.

■ Remarque

Les données sont associées au compte utilisateur Google principal configuré sur l'appareil. L'utilisateur devra donc avoir configuré le même compte principal sur ses différents appareils pour profiter pleinement de cette fonctionnalité.

■ Remarque

À noter que bien que cette fonctionnalité soit présente dans la majorité des appareils Android, certains ne la proposent pas. L'utilisateur peut également désactiver cette fonctionnalité dans les paramètres généraux du système. Dans de tels cas, l'application fonctionnera normalement ; les données persistantes ne seront simplement pas sauvegardées ni restaurées. Charge à l'utilisateur de les réinsérer manuellement.

L'application n'envoie pas elle-même ses données persistantes sur le serveur. Elle communique avec le Gestionnaire de Sauvegarde sur le système Android. Celui-ci se charge de préparer les données à envoyer, de communiquer avec le serveur en ligne et de lui transmettre les données.

Il est également chargé de recevoir les données depuis le serveur dans le cas d'une nouvelle installation de l'application.

L'application doit indiquer au Gestionnaire de Sauvegarde quel est le service de sauvegarde en ligne à utiliser. Car le système permet d'utiliser différents services de sauvegarde en ligne. Nous utiliserons ici le service de sauvegarde en ligne proposé par Google : l'Android Backup Service.

■ Remarque

Il appartient aux responsables de l'application, particulier, société ou autres de vérifier s'ils doivent déclarer la sauvegarde des données sur serveurs, selon le type de donnée concerné et notamment si ce sont des données personnelles, auprès de la CNIL (Commission nationale de l'informatique et des libertés – http://www.cnil.fr/). S'il utilise le service Android Backup Service de Google, le responsable devra sans doute compléter sa déclaration en indiquant un possible transfert de ces données hors de l'Union européenne.

6.1 Souscrire à l'Android Backup Service

L'inscription de l'application auprès du service Android Backup Service est une étape obligatoire pour que celle-ci puisse y sauvegarder et restaurer des données. L'inscription est gratuite.

À l'issue de l'inscription, une clé unique est générée. C'est cette clé qui permet d'identifier l'application auprès du service lors des phases de sauvegarde et de restauration.

■ Remarque

Le service requiert que chaque application possède sa propre clé. Il faudra donc inscrire chaque application, chaque paquetage, afin de générer autant de clés qu'il y a d'applications qui souhaitent utiliser le service.

- Rendez-vous à l'adresse http://code.google.com/android/backup/signup.html.
- Lisez les conditions d'utilisation du service Android Backup Service décrivant notamment les conditions et restrictions d'utilisations du service. Validez la case à cocher **I have read and agree with the Android Backup Service Terms of Service**.

- Entrez le nom du paquetage de l'application souhaitant utiliser le service dans le champ **Application package name**.
- Cliquez sur le bouton **Register**.

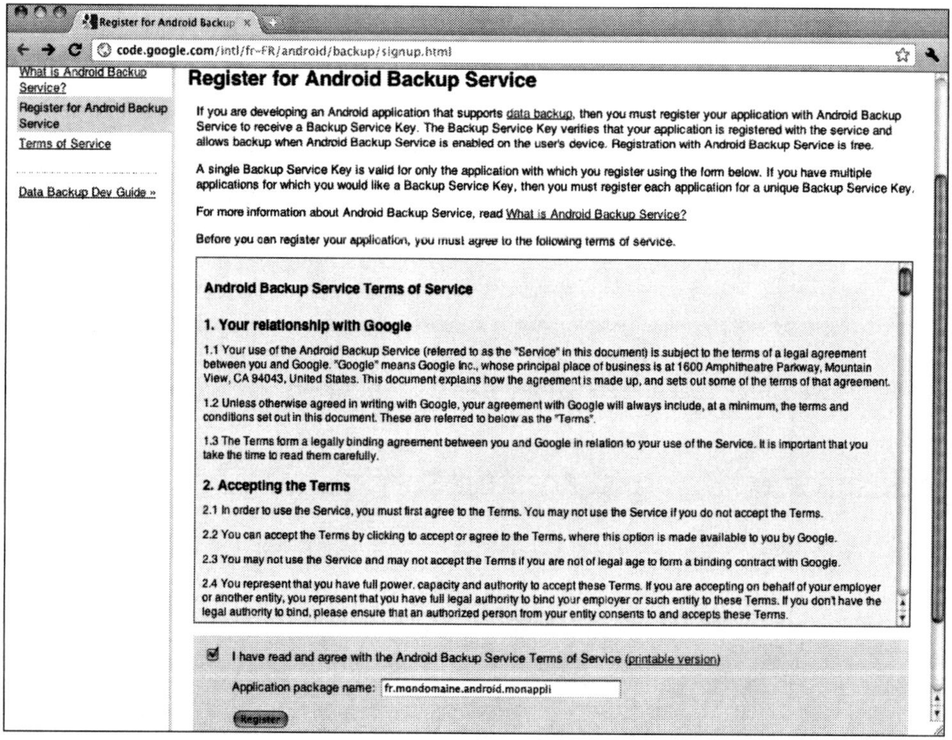

Inscription à l'Android Backup Service

L'écran suivant s'affiche alors, comportant la clé unique générée et associée au nom de paquetage fourni.

- Sauvegardez la page web ou a minima la clé en notant à quel paquetage elle est associée. Si nécessaire, la même clé peut être générée plusieurs fois.

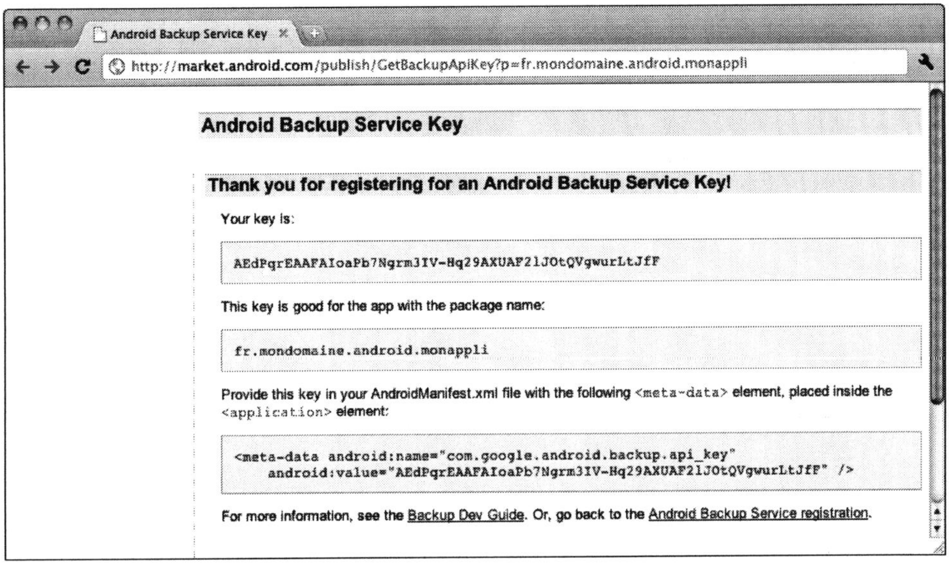

Clé de l'Android Backup Service

6.2 Configuration de la clé

La clé étant générée, il faut l'ajouter dans le manifeste en insérant une balise `meta-data` sous la balise `application`. Cette balise `meta-data` doit comporter l'attribut `android:name` identifiant la donnée, ici `com.google.android.backup.api_key`, et l'attribut `android:value` comportant la valeur de la clé générée.

Syntaxe

```
<meta-data android:name="com.google.android.backup.api_key"
           android:value="chaîne de caractères" />
```

Exemple

```
<?xml version="1.0" encoding="utf-8"?>
<manifest ...>
  <application ...>
    ...
  <meta-data android:name="com.google.android.backup.api_key"
```

```
      android:value="AEdPqrEAAFAIoa...Hq29AXUAFOtQVgwurLtJfF" />
  </application>
</manifest>
```

6.3 Agent de sauvegarde

L'application doit fournir un agent de sauvegarde chargé de transmettre les informations à sauvegarder et à restaurer au Gestionnaire de Sauvegarde.

Pour cela, il faut créer une classe héritant de la classe `BackupAgent`. La classe créée communiquera avec le Gestionnaire de Sauvegarde et devra notamment implémenter les méthodes `onBackup` et `onRestore` pour réaliser respectivement les opérations de sauvegarde et de restauration.

Android fournit la classe `BackupAgentHelper` héritant de la classe `BackupAgent`. Celle-ci utilise des assistants capables de sauvegarder aisément certains types de données et notamment les fichiers de préférences et les fichiers binaires stockés en local. De ce fait, il n'est pas nécessaire d'implémenter les méthodes `onBackup` et `onRestore`. Par contre, hériter de la classe `BackupAgentHelper` entraîne certaines restrictions comme par exemple l'impossibilité de sauvegarder des données stockées dans une base de données SQLite. Pour cela, il faudra hériter directement de la classe `BackupAgent`.

Nous ne traiterons ici que de l'héritage de la classe `BackupAgentHelper` plutôt que de la classe de base `BackupAgent` afin de profiter des services qu'elle offre.

6.3.1 Configuration

Une fois le nom de la classe à créer choisi, il faut l'indiquer dans le manifeste en utilisant l'attribut `android:backupAgent` de la balise `application`. Cela permet au Gestionnaire de Sauvegarde d'en avoir connaissance et de pouvoir communiquer avec l'agent correspondant.

Syntaxe

```
android:backupAgent="chaîne de caractères"
```

À l'instar des autres composants, ce nom peut commencer par un point signifiant que le nom du paquetage indiqué par l'attribut `package` de la balise `manifest` sera repris pour composer le nom complet.

Exemple

```
<?xml version="1.0" encoding="utf-8"?>
<manifest ...>
    <application android:backupAgent=".MonAgentDeSauvegarde" >
        ...
    </application>
</manifest>
```

6.3.2 BackupAgentHelper

La classe `BackupAgentHelper` utilise des assistants de sauvegarde, chacun spécialisé dans la sauvegarde d'un type de donnée. Android fournit deux assistants représentés par les classes `SharedPreferencesBackupHelper` et `FileBackupHelper`.

La classe `SharedPreferencesBackupHelper` est spécialisée dans la sauvegarde et la restauration de fichiers de préférences. Il suffit d'instancier cette classe pour obtenir l'assistant correspondant. Le constructeur prend en paramètres le contexte applicatif ainsi qu'un nombre indéfini de noms de fichiers de préférences à sauvegarder.

Syntaxe

```
public SharedPreferencesBackupHelper (Context context,
  String... prefGroups)
```

Exemple

```
SharedPreferencesBackupHelper assistantFichiersPrefs =
  new SharedPreferencesBackupHelper(this, "nomFichierPrefs1",
    "nomFichierPrefs2");
```

La classe `FileBackupHelper` est spécialisée dans la sauvegarde et la restauration de fichiers binaires de petites tailles. Là encore, il suffit d'instancier cette classe pour obtenir l'assistant correspondant. Le constructeur prend en paramètres le contexte applicatif ainsi qu'un nombre indéfini de noms de fichiers binaires du stockage interne à sauvegarder.

Syntaxe

```
public FileBackupHelper (Context context, String... files)
```

Exemple

```
FileBackupHelper assistantFichiersBin =
  new FileBackupHelper(this, "nomFichierBin1", "nomFichierBin2");
```

Comme indiqué plus haut, la classe MonAgentDeSauvegarde est créée en héritant de la classe BackupAgentHelper. Celle-ci doit indiquer les assistants qu'elle utilise, c'est-à-dire les instances des objets SharedPreferencesBackupHelper et FileBackupHelper. Pour cela, elle doit utiliser sa méthode addHelper. Celle-ci prend en paramètres une clé sous forme de chaîne de caractères ainsi que l'objet assistant associé.

Syntaxe

```
public void addHelper (String keyPrefix, BackupHelper helper)
```

Exemple

```
addHelper("fichiersPrefs", assistantFichiersPrefs);
```

Cette déclaration d'assistants doit se réaliser dans la méthode onCreate de la classe MonAgentDeSauvegarde. Cette méthode est appelée avant de réaliser la sauvegarde ou la restauration. Elle permet donc d'initialiser le processus.

Syntaxe

```
public void onCreate ()
```

Exemple

```
public class MonAgentDeSauvegarde extends BackupAgentHelper {

  @Override
  public void onCreate() {
    SharedPreferencesBackupHelper assistantFichiersPrefs =
      new SharedPreferencesBackupHelper(this,
        "nomFichierPrefs1", "nomFichierPrefs2");
    addHelper("fichiersPrefs", assistantFichiersPrefs);
```

```
    FileBackupHelper assistantFichiersBin =
      new FileBackupHelper(this, "nomFichierBin1",
        "nomFichierBin2");
    addHelper("fichiersBin", assistantFichiersBin);
  }

}
```

Puisque la sauvegarde des données peut avoir lieu à tout instant, il faut s'assurer qu'elle n'ait pas lieu pendant une mise à jour de ces données en local par l'application elle-même. Sinon, les données sauvegardées en ligne pourraient être corrompues.

Une des solutions proposées pour répondre à cela est de rendre atomiques les phases d'écriture et de lecture des données dans les fichiers. Concrètement, cela consiste à synchroniser les accès à ces données via l'utilisation d'un verrou par exemple.

L'accès aux fichiers de préférences via une interface de type `SharedPreferences` est d'ores et déjà thread-safe. C'est-à-dire que cette interface assure l'atomicité des opérations d'écriture et de lecture. Il n'y a donc rien à faire pour ces fichiers.

Par contre, ce n'est pas le cas pour les fichiers binaires. Il faut donc instaurer un tel mécanisme lors de l'utilisation de ces fichiers par les composants de l'application et par l'agent de sauvegarde. La mise en place de ce mécanisme par l'agent de sauvegarde doit se faire dans les méthodes `onBackup` et `onRestore` qu'il faut donc implémenter.

Syntaxe

```
public abstract void onBackup (ParcelFileDescriptor oldState,
  BackupDataOutput data, ParcelFileDescriptor newState)
public abstract void onRestore (BackupDataInput data,
  int appVersionCode, ParcelFileDescriptor newState)
```

Exemple

```
public static final Object sVerrou = null;

@Override
public void onBackup(ParcelFileDescriptor oldState,
    BackupDataOutput data, ParcelFileDescriptor newState)
    throws IOException {
  synchronized (sVerrou) {
    super.onBackup(oldState, data, newState);
  }
}

@Override
public void onRestore(BackupDataInput data, int appVersionCode,
    ParcelFileDescriptor newState) throws IOException {
  synchronized (sVerrou) {
    super.onRestore(data, appVersionCode, newState);
  }
}
```

6.4 Gestionnaire de Sauvegarde

Il appartient à l'application d'avertir le Gestionnaire de Sauvegarde que ses données ont été modifiées et doivent donc être sauvegardées en ligne. Le Gestionnaire de Sauvegarde décide ensuite à quel moment sera réellement effectuée cette sauvegarde en ligne. Entre temps, même si l'application a renouvelé sa demande à de multiples reprises, le Gestionnaire mutualisera ces demandes pour n'effectuer la sauvegarde en ligne qu'une seule fois. Il utilisera alors l'Agent de Sauvegarde spécifié par l'application.

6.4.1 Demander une sauvegarde

Pour faire une demande de sauvegarde, l'application doit d'abord créer une instance du Gestionnaire de Sauvegarde. Pour cela, elle doit simplement utiliser le constructeur de la classe `BackupManager`.

Syntaxe

```
public BackupManager (Context context)
```

Exemple

```
BackupManager backupManager = new BackupManager(this);
```

L'application doit ensuite appeler la méthode `dataChanged` du Gestionnaire de Sauvegarde pour l'informer que ses données ont été modifiées et qu'il peut donc les sauvegarder en ligne.

Syntaxe

```
public void dataChanged ()
```

Exemple

```
backupManager.dataChanged();
```

Les données sauvegardées en ligne sont restaurées automatiquement sur l'appareil Android par le système après l'installation de l'application et donc avant la première exécution de celle-ci. Il faut pour cela que le système dispose de cette fonctionnalité, que l'utilisateur ne l'ait pas désactivé et que l'accès au service en ligne soit joignable.

■ Remarque

L'application peut cependant forcer une restauration des données à tout instant en invoquant la méthode `requestRestore` du Gestionnaire de Sauvegarde.

6.4.2 Tester le service

Afin de tester aisément la mise en place du système de Sauvegarde en ligne par l'application, il est possible de forcer manuellement les différentes étapes de sauvegarde et de restauration.

Cela se passe depuis une console. L'outil `adb` permet d'ouvrir un shell sur l'appareil Android ou l'émulateur. Depuis ce shell, il faut utiliser la commande `bmgr` et lui fournir les options souhaitées. Les options les plus utilisées sont `backup`, `run` et `restore` correspondant respectivement à la demande de sauvegarde, à la réalisation effective de la sauvegarde en ligne et à la restauration. Il suffit de ne spécifier aucune option pour obtenir la liste complète des options disponibles.

Syntaxe

adb shell bmgr*options*

Exemple

```
$ adb shell bmgr enable true
$ adb shell bmgr backup fr.mondomaine.android.monappli
$ adb shell bmgr run
$ adb uninstall fr.mondomaine.android.monappli
```

Dans cet exemple, on active le service de sauvegarde sur l'émulateur ou l'appareil. Puis on demande et on force le lancement de la sauvegarde. On supprime ensuite l'application.

Reste à réinstaller l'application pour vérifier que les données sont bien restaurées.

Chapitre 8
Concurrence, sécurité et réseau

1. Introduction

Android est basé sur le système Linux 2.6. Il en reprend donc les principales caractéristiques et notamment son fonctionnement.

Dans ce chapitre, nous allons découvrir la notion de processus appliquée aux applications Android. Puis nous détaillerons comment créer et exécuter des threads secondaires dédiés aux longs traitements. Nous verrons comment ils peuvent communiquer avec le thread principal pour mettre à jour l'interface utilisateur. Enfin, nous évoquerons la mise en place de la sécurité sur Android et notamment l'usage des droits des applications et composants.

2. Processus

Par défaut, toute application Android est lancée dans son propre processus Linux. Pour être plus précis, dès que le système doit exécuter pour la première fois un composant d'une application, il crée un nouveau processus Linux. Il lance, dans ce processus, une machine virtuelle Dalvik, y charge l'application et lance le composant souhaité dans un seul et unique thread, le thread principal.

Comme indiqué déjà à plusieurs reprises dans cet ouvrage, le système peut décider, à tout instant, de tuer un processus entier afin de libérer des ressources système pour les autres applications. La fin du processus engendre donc la fin de l'application, c'est-à-dire de tous ses composants sans distinction. Un nouveau processus sera lancé de nouveau dès que l'un des composants de l'application devra être utilisé.

Le nom de l'utilisateur Linux créé pour lancer ce processus est du style `app_id` où id est un numéro unique par application. Par défaut, le système crée un utilisateur par processus et donc par application.

2.1 android:process

Le processus prend le nom du paquetage de l'application. Son nom peut être modifié en spécifiant l'attribut `android:process` de la balise `application` du manifeste. Il est recommandé de respecter le format utilisé pour le nommage des paquetages.

Syntaxe

```
<application
  android:process="[:]chaîne de caractères"
  ... >
    ...
</application>
```

Exemple

```
<application
  android:icon="@drawable/icon"
  android:label="@string/app_name"
  android:process="fr.mondomaine.android.monappli.monprocessus">
</application>
```

Par défaut, tous les composants de la même application s'exécuteront dans ce même processus, sous ce même nom, et dans le même thread principal. Cependant, chaque composant peut facilement déroger à cette règle. Il lui suffit d'utiliser l'attribut `android:process` dans sa balise pour indiquer le nom du nouveau processus dans lequel exécuter le composant. Si ce nom est précédé d'un signe deux-points, le processus sera privé à l'application.

C'est-à-dire que son nom sera précédé du nom du paquetage de l'application suivi du nom spécifié.

Exemple

```
<activity android:name=".MonActiviteSecondaire"
          android:process=":autreProcessus" />
```

Dans cet exemple, l'activité secondaire s'exécuterait dans son propre processus nommé `fr.mondomaine.android.monappli:autreProcessus`.

Puisqu'Android est basé sur le système Linux, il est possible d'accéder à un shell en utilisant l'outil `adb`. Celui-ci permet d'exécuter diverses commandes.

Syntaxe

adb shell [*commande*]

Exemple

```
$ adb shell
$ ps
USER     PID   PPID  VSIZE  RSS     WCHAN    PC         NAME
root      1     0     224    208    ffffffff 00000000 S /init
root      2     0     0      0      ffffffff 00000000 S kthreadd
root      3     2     0      0      ffffffff 00000000 S ksoftirqd/0
...
app_76    2009  58    129020 20156 ffffffff 00000000 S
fr.mondomaine.android.monappli
app_76    2017  58    136976 20112 ffffffff 00000000 S
fr.mondomaine.android.monappli:autreProcessus
```

Dans cet exemple, une fois connectée sous le shell, la commande `ps` permet de lister les processus actuels, et notamment ceux correspondant à une application, ou plus spécifiquement un composant d'une application. C'est le cas ici avec le processus `2009` correspondant à l'application, et à l'activité principale, `fr.mondomaine.android.monappli` et avec le processus `2017` correspondant à l'activité secondaire seule.

2.2 Partage de processus

L'un des intérêts de spécifier le nom du processus à créer et à utiliser est de pouvoir le partager, non seulement entre différents composants d'une même application, mais aussi et surtout entre différentes applications. C'est-à-dire que plusieurs applications spécifiant le même nom de processus s'exécutent dans ce même processus, leur permettant facilement d'accéder et de partager les mêmes ressources : mémoire, fichiers, préférences...

Pour cela, ces applications doivent non seulement spécifier le même nom de processus via l'attribut `android:process` mais elles doivent également partager le même identifiant utilisateur Linux et être signées avec le même certificat numérique (cf. chapitre Publier une application - Signature de l'application).

L'identifiant utilisateur Linux est un identifiant unique attribué par le système à chaque application. Il est cependant possible d'en spécifier un de sorte que plusieurs applications utilisent le même. Pour cela, il faut utiliser l'attribut `android:sharedUserId`. Le nom spécifié en valeur doit contenir au moins un point.

Syntaxe

```
<manifest
    android:sharedUserId="chaîne de caractères"
    ... >
  ...
</manifest>
```

Exemples

Ci-dessous le fichier AndroidManifest.xml de l'application MonAppli.

```
<?xml version="1.0" encoding="utf-8"?>
<manifest
    xmlns:android="http://schemas.android.com/apk/res/android"
    package="fr.mondomaine.android.monappli"
    android:sharedUserId="fr.mondomaine.android.utilisateur1" >
  <application android:icon="@drawable/icon"
    android:label="@string/app_name"
    android:process="fr.mondomaine.android.processus.partage" >
  </application>
</manifest>
```

Et voici le fichier AndroidManifest.xml de l'application MonAppli2.

```
<?xml version="1.0" encoding="utf-8"?>
<manifest
    xmlns:android="http://schemas.android.com/apk/res/android"
    package="fr.mondomaine.android.monappli2"
    android:sharedUserId="fr.mondomaine.android.utilisateur1" >
  <application android:icon="@drawable/icon"
    android:label="@string/app_name"
    android:process="fr.mondomaine.android.processus.partage" >
  </application>
</manifest>
```

Dans cet exemple, les deux applications partagent le même identifiant utilisateur `fr.mondomaine.android.utilisateur1` et le même processus `fr.mondomaine.android.processus.partage`. Elles s'exécutent alors dans le même processus système et peuvent pleinement partager leurs ressources comme si elles ne formaient qu'une seule et même application.

Une vérification depuis le shell nous confirme que les deux applications tournent sous le même processus.

Exemple

```
$ ./adb shell ps
USER     PID   PPID  VSIZE  RSS    WCHAN    PC         NAME
root      1     0     224    208   ffffffff 00000000 S /init
root      2     0     0      0     ffffffff 00000000 S kthreadd
...
app_85    2470  58    142400 20608 ffffffff 00000000 S
fr.mondomaine.android.processus.partage
```

3. Programmation concurrente

Par défaut, un processus ne comprend qu'un seul thread, le thread principal. Tous les composants applicatifs s'exécutent dans ce thread. Afin de préserver l'expérience utilisateur, Android considère qu'une application est bloquée dès qu'elle ne répond plus pendant plus de dix secondes. L'utilisateur peut alors la détruire.

Pour éviter un tel blocage de l'application, tout traitement long, comme par exemple un téléchargement web ou un calcul intensif, doit s'effectuer dans un thread secondaire dédié, libérant le thread principal. Ce dernier peut donc se consacrer au fonctionnement global de l'application et à l'affichage de celle-ci, cette tâche s'effectuant obligatoirement dans le thread principal.

Il est possible de créer autant de threads secondaires que souhaité. Il est fortement conseillé de créer des threads plutôt que des processus, ces derniers étant de plus gros consommateurs de ressources.

■ Remarque

Bien que non obligatoire, dans de nombreux cas, il peut être judicieux de créer des services pour y lancer des threads secondaires. En effet, le cas échéant, le système tuera prioritairement les processus comprenant des activités qui ne sont pas affichées à l'utilisateur ou des récepteurs d'évènements sans activité plutôt que des services. La classe IntentService peut être d'une grande aide dans cette démarche. En effet, elle permet de créer rapidement des services intégrant un thread secondaire, et de les gérer facilement. C'est donc une solution supplémentaire à envisager en plus de celles détaillées dans ce chapitre.

Il est courant de vouloir exécuter des traitements longs et d'afficher leurs résultats une fois finis. Or, le traitement long doit s'effectuer dans un thread secondaire et l'affichage via l'interface utilisateur dans le thread principal. Il faut donc que ces threads puissent communiquer ensemble.

Pour cela, il existe différentes techniques à notre disposition.

3.1 AsyncTask

Comme le suggère son nom, la classe `AsyncTask` permet de réaliser une tâche de façon asynchrone. C'est sans doute la façon la plus simple de créer et d'exécuter un thread secondaire, puis d'afficher le résultat depuis le thread principal.

Cette classe permet de faire abstraction de la manipulation des threads, et de n'avoir à s'occuper que du traitement à réaliser en arrière-plan et de la gestion des résultats. La création du thread secondaire est réalisée en interne et l'affichage des résultats est réalisé dans le thread principal.

Le développeur n'a pas à se soucier de la création du thread secondaire, de la gestion de ces threads et de la communication entre ces threads.

La classe `AsyncTask` fournit des méthodes qui seront appelées automatiquement à chaque étape clé de la tâche : l'initialisation, l'exécution du traitement, la progression et la finalisation. Le développeur n'a pas à appeler ces méthodes directement.

Il faut donc créer une classe qui hérite de la classe `AsyncTask` et implémenter les méthodes souhaitées. La classe `AsyncTask` prend trois types génériques :
- `Params` : type des paramètres fournis en entrée à la tâche.
- `Progress` : type de l'unité de progression du traitement.
- `Result` : type du résultat du traitement.

Syntaxe

```
class MaTache extends AsyncTask<Params, Progress, Result> {
   ...
}
```

Exemple

```
public class MonActivitePrincipale extends Activity {
  private class NombresPremiers extends
      AsyncTask<Integer, Integer, Integer> {
    ...
  }
}
```

La déclaration de la classe héritant de la classe `AsyncTask` se fait généralement comme classe privée interne au composant l'utilisant comme c'est le cas dans cet exemple.

Première étape de la réalisation de la tâche, son initialisation en implémentant la méthode `onPreExecute`. Cette méthode est appelée depuis le thread principal et peut donc modifier l'interface utilisateur.

Syntaxe

```
protected void onPreExecute ()
```

Exemple

```
@Override
protected void onPreExecute() {
  super.onPreExecute();
  Toast.makeText(MonActivitePrincipale.this,
    "Calcul des nombres premiers lancé !",
    Toast.LENGTH_SHORT)
  .show();
}
```

Est ensuite appelée la méthode `doInBackground` qui a en charge de réaliser le traitement de la tâche. Cette méthode est appelée depuis le thread secondaire. Cela permet d'exécuter le traitement long et de ne pas bloquer le thread principal. Cette méthode retourne le résultat du traitement.

Syntaxe

```
protected abstract Result doInBackground (Params... params)
```

Exemple

```
@Override
protected Integer doInBackground(Integer... arg0) {
  int n = 0;
  int niveau=0;
  int step = (arg0[1] - arg0[0]) / 10;
  for (int i = arg0[0]; i <= arg0[1]; i++) {
    if (isPrime(i)) {
      n++;
    }
    if ((i > arg0[0]) && (i % step == 0))
      publishProgress(++niveau);
  }
  return n;
}
```

Le traitement contenu dans la méthode `doInBackground` peut appeler à tout instant la méthode `publishProgress` pour mettre à jour l'interface utilisateur selon l'avancement actuel du traitement. Cet appel provoquera l'invocation de la méthode `onProgressUpdate` depuis le thread principal.

Syntaxe

```
protected void onProgressUpdate (Progress... values)
```

Exemple

```
@Override
protected void onProgressUpdate(Integer... values) {
  super.onProgressUpdate(values);
  Toast.makeText(MonActivitePrincipale.this,
    values[0]+"0% accompli", Toast.LENGTH_SHORT).show();
}
```

Une fois le traitement effectué, la méthode `onPostExecute` est invoquée pour traiter le résultat. Cette méthode est appelée depuis le thread principal et peut donc modifier l'interface utilisateur.

Syntaxe

```
protected void onPostExecute (Result result)
```

Exemple

```
@Override
protected void onPostExecute(Integer result) {
  super.onPostExecute(result);
  Toast.makeText(MonActivitePrincipale.this,
    result + " nombres premiers trouvés au total !",
    Toast.LENGTH_SHORT).show();
}
```

■ Remarque

Il est possible d'arrêter la tâche en invoquant sa méthode `cancel`. Pour prendre en compte cette annulation au plus vite, le traitement contenu dans la méthode `doInBackground` devra vérifier régulièrement la valeur de retour de la méthode `isCancelled`. Dans un tel cas, la méthode `onCancelled` sera appelée en lieu et place de la méthode `onPostExecute`.

Reste à utiliser cette classe afin d'exécuter le traitement. Pour cela, il faut instancier la classe et appeler la méthode `execute` pour lancer la tâche. Celle-ci prend en entrée autant de paramètres du type `Params` que nécessaire utilisés pour le traitement.

■ Remarque

Une tâche ne peut être traitée qu'une seule et unique fois. Il faut créer une nouvelle instance pour lancer un nouveau traitement.

Syntaxe

```
public final AsyncTask<Params, Progress, Result>
  execute (Params... params)
public final boolean cancel (boolean mayInterruptIfRunning)
```

Exemple

```
public class MonActivitePrincipale extends Activity {

  @Override
  public void onCreate(Bundle savedInstanceState) {
    super.onCreate(savedInstanceState);
    setContentView(R.layout.main);

    NombresPremiers tache = new NombresPremiers();
    tache.execute(0, 10000000);
  }
}
```

Dans cet exemple, la tâche est créée et exécutée dès la création de l'activité.

3.2 Thread

Bien que pratique, la classe `AsyncTask` peut ne pas convenir dans certains cas. Une autre solution consiste à utiliser la classe `Thread`. Celle-ci permet de définir et exécuter un traitement. Il est possible de lancer plusieurs threads concurrents et de les synchroniser entre eux.

La communication entre ce thread et le thread principal peut être réalisée via l'utilisation d'objets de classe `Handler`.

3.2.1 Création

Il existe deux façons de créer un thread.

La première façon de créer un thread est d'instancier la classe `Thread` et de passer en paramètre un objet de type `Runnable`, ce dernier permettant de spécifier le traitement dans sa méthode `run`.

Syntaxe

```
public Thread (Runnable runnable)
```

Syntaxe de la méthode run de la classe `Runnable`

```
public abstract void run ()
```

Exemple

```
Thread thread = new Thread(new Runnable() {
  @Override
  public void run() {
    Log.d(TAG, "Exécution du thread");
  }
});
```

L'autre façon de créer un thread est d'instancier une classe héritant de la classe `Thread` et implémentant la méthode `run`.

Syntaxe

```
public void run ()
```

Exemple

```
public class MonThread extends Thread {
  private static final String TAG = "MonThread";

  @Override
  public void run() {
    super.run();
    Log.d(TAG, "Exécution du traitement");
  }
}
```

Dans ces deux cas de création de thread, le lancement du traitement se fait en invoquant la méthode `start` de l'objet de type `Thread`.

Syntaxe

```
public synchronized void start ()
```

Exemple

```
MonThread thread = new MonThread();
thread.start();
```

3.2.2 runOnUIThread

Si un thread secondaire souhaite exécuter du code sur le thread principal, comme par exemple pour mettre à jour directement l'interface utilisateur, il peut le faire en utilisant la méthode `runOnUIThread`.

Celle-ci prend en paramètre un objet de type `Runnable` contenant le code à exécuter dans le thread principal. Cela évite d'avoir à mettre en place un système de communication entre ces threads lorsqu'il s'agit juste de modifier l'interface utilisateur par exemple.

Syntaxe

```
public final void runOnUiThread (Runnable action)
```

Exemple

```
runOnUiThread(new Runnable() {
  public void run() {
    Toast.makeText(MonActivitePrincipale.this, "blabla",
      Toast.LENGTH_SHORT)
    .show();
  }
});
```

3.2.3 Communication inter-threads

La classe `Handler` permet à différents threads de communiquer entre eux. Concrètement, un objet de type `Handler` peut envoyer des messages au thread depuis lequel il a été créé.

■ Remarque

La classe `Handler` est également un moyen simple pour envoyer des messages depuis et vers un même thread. Cela permet de planifier le traitement de certains messages ou traitements dans le temps sans avoir besoin de recourir à un système d'alarme ou équivalent plus conséquent.

Ces messages sont soit des objets de type `Message`, soit des objets de type `Runnable`. Un objet de type `Message` peut, entre autres, convoyer les données suivantes : le sujet ou type du message via un entier, deux entiers et un objet de type `Object`.

La création d'un objet de type `Handler` se fait en instanciant directement la classe `Handler` en utilisant le constructeur par défaut. Cet handler est associé au thread qui le crée. De ce fait, si l'instanciation a lieu directement dans la classe d'un composant applicatif, le thread du handler est le thread principal. Dans ce cas, cela permet à un thread secondaire de communiquer avec le thread principal qui peut modifier l'interface utilisateur.

La réception des messages envoyés à l'objet de type `Handler` se fait en implémentant la méthode `handleMessage`. Celle-ci fournit en paramètre l'objet de type `Message` reçu.

Syntaxe

```
public Handler () public void handleMessage (Message msg)
```

Exemple

```
public class MonActivitePrincipale extends Activity {
  private Handler handler = new Handler() {
    @Override
    public void handleMessage(Message msg) {
      switch (msg.what) {
      case MSG_TRAITEMENT_A:
        traitementA();
        break;
      case MSG_TRAITEMENT_B:
        traitementB();
        break;
      }
    }
  };
}
```

La création d'un objet de type `Message` se fait indirectement via l'objet de type `Handler` en utilisant l'une de ses méthodes `obtainMessage`. Celles-ci permettent de spécifier en paramètres une partie ou toutes les données.

Syntaxe

```
public final Message obtainMessage ()
public final Message obtainMessage (int what)
public final Message obtainMessage (int what, Object obj)
public final Message obtainMessage (int what, int arg1, int arg2)
public final Message obtainMessage (int what, int arg1, int arg2,
  Object obj)
```

Exemple

```
Message msg = handler.obtainMessage(what, obj);
```

Une fois le message créé, il suffit de l'envoyer au handler.

Là encore, plusieurs méthodes sont fournies. La première, `sendMessage`, envoie le message et le traite immédiatement. La seconde, `sendMessageAtTime`, envoie le message et le traitera à l'instant indiqué en millisecondes depuis le démarrage du système. Et enfin, la troisième méthode, `sendMessageDelayed`, envoie le message et le traitera dans un délai indiqué en millisecondes à partir de la réception du message.

Syntaxe

```
public final boolean sendMessage (Message msg)
public boolean sendMessageAtTime (Message msg, long uptimeMillis)
public final boolean sendMessageDelayed (Message msg,
  long delayMillis)
```

Exemple

```
Message msg = handler.obtainMessage(what, obj);
handler.sendMessage(msg);
```

Dans cet exemple, le message est envoyé et reçu immédiatement par la méthode `handleMessage` du handler.

Si les messages à envoyer sont simples et ne contiennent que le sujet, alors la classe `Handler` propose des méthodes prenant à leur charge les créations de ces messages. La variante des méthodes proposées est du même type que celle des méthodes `sendMessage`.

Syntaxe

```
public final boolean sendEmptyMessage (int what)
public final boolean sendEmptyMessageAtTime (int what,
  long uptimeMillis)
public final boolean sendEmptyMessageDelayed (int what,
  long delayMillis)
```

Exemple

```
Message msg = handler.obtainMessage(what, obj);
handler.sendEmptyMessageDelayed(msg, 5000);
```

Dans cet exemple, le message sera reçu par la méthode `handleMessage` du handler dans cinq secondes.

Enfin, comme indiqué plus tôt, la classe `Handler` permet également d'envoyer des objets de type `Runnable` comme message. La variante des méthodes proposées est du même type que celle des méthodes `sendMessage`.

Syntaxe

```
public final boolean post (Runnable r)
public final boolean postDelayed (Runnable r, long delayMillis)
public final boolean postAtTime (Runnable r, long uptimeMillis)
```

Exemple

```
handler.post(new Runnable() {
  public void run() {
    Log.d(TAG, "Code envoyé au handler");
    Toast.makeText(MonActivitePrincipale.this,  "Ce code a été
envoyé au handler pour exécution dans son thread.",
    Toast.LENGTH_SHORT).show();
  }
});
```

Dans cet exemple, on suppose que le handler a été créé dans le thread principal. Il peut donc afficher directement un message de type `Toast`.

4. Sécurité et droits

Par défaut, Android assigne un identifiant utilisateur Linux unique à chaque application lors de son installation sur le système.

C'est donc le système de droit standard à Linux qui est utilisé pour contrôler l'accès à l'espace de stockage, et donc aux applications et leurs données. Chacune des applications dispose de son propre espace privé : processus et espace de stockage. Elle peut cependant partager certaines données et fichiers en le spécifiant explicitement (cf. chapitre La persistance des données - Fournisseur de contenus).

Par défaut, une application ne possède aucun droit qui pourrait, entre autres, altérer les autres applications, le système Android ou qui permettrait d'accéder aux données privées de l'utilisateur.

■ Remarque

Si une application tente de réaliser une action qui lui est interdite, un message d'erreur sera écrit dans les logs. Souvent même une exception de sécurité Java pourra être levée selon les cas.

L'accès à certaines données sensibles, l'utilisation des composants matériels de l'appareil Android, l'accès au réseau, la position gps de l'utilisateur et bien d'autres fonctionnalités nécessitent obligatoirement que l'application déclare explicitement chacun des droits qu'elle convoite.

Cette liste de droits sera fournie à l'utilisateur préalablement au téléchargement de l'application, depuis l'Android Market par exemple. L'utilisateur pourra alors la consulter et décider, en toute connaissance de cause, d'installer l'application ou non selon les droits demandés.

■ Remarque

L'utilisateur doit accepter tous les droits demandés par l'application pour l'installer. Il faut donc éviter de demander plus de droits que nécessaires au bon fonctionnement de l'application. Sans quoi les utilisateurs pourraient ne pas installer l'application, ne comprenant pas et pour cause, les demandes injustifiées de certains droits au regard des fonctionnalités de l'application.

Une fois installée, l'application dispose des droits demandés une fois pour toutes jusqu'à la prochaine mise à jour de l'application comportant la liste des droits éventuellement mise à jour.

4.1 Déclaration de droits

La déclaration des droits se fait dans le manifeste. La balise `uses-permission` permet de spécifier un droit requis. Elle s'utilise depuis la balise `manifest`. Il faut donc insérer autant de balises `uses-permission` que de droits demandés.

Syntaxe

```
<uses-permission android:name="chaîne de caractères">
```

Exemple

```
<?xml version="1.0" encoding="utf-8"?>
<manifest ...>
  <uses-permission android:name="android.permission.VIBRATE" />
  <uses-permission android:name="android.permission.SEND_SMS" />
</manifest>
```

Dans cet exemple, l'application demande deux droits : celui de pouvoir faire vibrer l'appareil et celui de pouvoir envoyer des SMS (messages textuels courts envoyés via réseau cellulaire).

Remarque

La liste complète des permissions fournies par le système peut être consultée directement sous la vue Eclipse Permissions du manifeste. Ou elle peut être consultée à l'adresse : http://developer.android.com/reference/android/Manifest.permission.html.

Remarque

À noter qu'une application peut également créer ses propres permissions en utilisant la balise `permission` dans le manifeste.

4.2 Restriction d'utilisation

Chaque composant d'une application peut demander à ce qu'il ne soit utilisé que par les composants possédant certains droits.

■ Remarque

À partir d'Android 3.0 (API 11), il existe une exception. Même si un composant requiert une permission spécifique pour être exécuté, un autre composant de la même application et donc plus généralement l'application peut l'utiliser sans posséder elle-même le droit que ce composant requiert.

Pour cela, l'attribut `android:permission` doit être spécifié dans la balise du composant qui souhaite contrôler son accès.

À noter que le composant de type `ContentProvider` permet de spécifier plus finement l'accès en proposant deux autres attributs `android:readPermission` et `android:writePermission`. Ils permettent respectivement d'indiquer qui peut lire et qui peut écrire les informations dans le fournisseur de contenu.

Une exception Java de sécurité est levée si un composant client utilise un composant pour lequel il ne possède pas les droits sauf dans le cas du récepteur d'évènements.

■ Remarque

Dans le cas d'un envoi non autorisé d'un événement à un récepteur d'évènements, aucune exception ne sera générée mais ce récepteur d'évènements ne recevra pas cet évènement. Il est également possible de spécifier un droit requis que le récepteur d'évènements devra obligatoirement posséder pour recevoir l'intent lors de l'envoi de l'intent (cf. chapitre Composants applicatifs principaux - Récepteur d'évènements).

Syntaxe

```
<activity android:permission="chaîne de caractères" ...>
<service android:permission="chaîne de caractères" ...>
<receiver android:permission="chaîne de caractères" ...>
<provider android:permission="chaîne de caractères" ...>
<provider android:readPermission="chaîne de caractères" ...>
<provider android:writePermission="chaîne de caractères" ...>
```

Exemple

```
<?xml version="1.0" encoding="utf-8"?>
<manifest ...>
  <application ...>
    <activity android:name=".MonActivitePrincipale"
              android:permission="android.permission.VIBRATE" >
      <intent-filter>
        <action android:name="android.intent.action.MAIN" />
        <category
           android:name="android.intent.category.LAUNCHER" />
      </intent-filter>
    </activity>
  </application>
</manifest>
```

5. Réseau

Une des fonctionnalités courantes dont souhaite disposer une application est la capacité d'échanger des informations avec un serveur distant, qu'il soit sur un réseau privé ou sur Internet.

Remarque

Selon qu'il agisse en tant que particulier, professionnel, ..., il appartient au responsable de vérifier et, le cas échéant, déclarer l'utilisation des données personnelles des utilisateurs collectées sur les serveurs, comme par exemple leurs coordonnées géographiques, à la CNIL.
Plus d'infos sur : http://www.cnil.fr/

La durée d'un échange avec un serveur, c'est-à-dire le temps entre la construction et l'envoi du message, et le retour et l'analyse de la réponse dépend de nombreux facteurs :

- La construction et l'envoi de la requête qui peut prendre plus ou moins de temps selon la puissance de l'appareil Android et la complexité de la requête.
- La qualité du réseau et sa vitesse, notamment lorsque la connexion s'établit via le réseau cellulaire.
- Le temps de réponse du serveur lui-même qui peut mettre plusieurs secondes, voire dizaines de secondes avant de fournir la réponse.

Le développeur est totalement dépendant de facteurs qu'il ne peut contrôler en terme de durée. Il doit donc en tenir compte lors du développement de la communication avec le serveur. Concrètement, la tâche de communication pouvant être longue, celle-ci devra être réalisée dans un thread secondaire afin de ne pas bloquer l'application.

Afin de pouvoir communiquer avec un serveur distant, la première étape est que l'application se dote du droit d'ouvrir des sockets réseau. Pour cela, il faut rajouter la permission `android.permission.Internet` dans le manifeste.

Exemple

```
<?xml version="1.0" encoding="utf-8"?>
<manifest ...>
  <uses-permission android:name="android.permission.INTERNET" />
</manifest>
```

Android inclut la bibliothèque HTTP Apache permettant d'utiliser le protocole HTTP aisément. Cette bibliothèque contient de nombreuses classes et méthodes. N'étant pas spécifique à Android, nous ne détaillerons que quelques-unes de ses classes et méthodes.

Depuis la version 2.2 (API 8), Android fournit également la classe `AndroidHttpClient` implémentant l'interface `HttpClient` et configurée spécialement pour Android. Celle-ci interdit notamment l'envoi de requêtes HTTP depuis le thread principal en levant une exception.

Exemple

```
java.lang.RuntimeException: This thread forbids HTTP requests
```

Remarque

Pour les versions inférieures à Android 2.2 (API 8), il est possible de remplacer la classe `AndroidHttpClient` par la classe `DefaultHttpClient`. Le garde fou empêchant son utilisation sur le thread principal n'existant pas pour cette classe, il faudra bien veiller à l'exécuter sur un thread secondaire.

Voyons de suite comment utiliser certaines des classes et méthodes de ces bibliothèques pour envoyer une requête à un serveur distant et récupérer la réponse.

5.1 Agent utilisateur

Le user-agent (l'agent utilisateur) est une chaîne de caractères incluse dans l'entête d'une requête HTTP envoyée par un client à un serveur. Elle permet d'identifier le système du client en indiquant par exemple le nom de l'application cliente, sa version...

Le serveur peut alors utiliser ces informations pour adapter au mieux sa réponse. Par exemple, un serveur web pourra détecter que le client est un navigateur d'un appareil mobile. Il pourra alors le rediriger automatiquement vers la version mobile du site web.

Dans le cas où le développeur Android gère également la partie serveur, il peut être intéressant pour lui de construire un agent utilisateur fournissant un maximum d'informations sur l'appareil, le système et l'application Android. Cela lui permettra de voir dans le détail quels appareils, quels systèmes et versions du système, et quelles versions des applications possèdent les utilisateurs.

Pour obtenir les informations concernant le système, nous pouvons utiliser quelques-unes des constantes fournies par la classe `android.os.Build`. Les valeurs de ces constantes sont des chaînes de caractères.

La constante `Build.MODEL` fournit le modèle de l'appareil Android sous forme de chaîne de caractères. Les valeurs retournées par cette constante peuvent être par exemple : `DROID2`, `Nexus One`, `GT-I9000`, `T-Mobile G2`, `X10i`, `ZTE-RACER`, `MB525`, `GT-I5700`...

Syntaxe

```
Build.MODEL
```

Exemple

```
String modele = Build.MODEL;
```

La constante `Build.VERSION.RELEASE` fournit le numéro de version du système sous forme de chaîne de caractères. Les valeurs retournées par cette constante peuvent être par exemple : `3.0`, `2.3.3`, `2.2.2`, `2.1-update1`, `1.5`...

Syntaxe

```
Build.VERSION.RELEASE
```

Exemple

```
String versionSysteme = Build.VERSION.RELEASE;
```

La constante `Build.DISPLAY` fournit le nom de code du système sous forme de chaîne de caractères. Les valeurs retournées par cette constante peuvent être par exemple : `VZW`, `FRG83G`, `ECLAIR`, `FRF91`...

Syntaxe

```
Build.DISPLAY
```

Exemple

```
String codeSysteme = Build.DISPLAY;
```

Le code de la langue ainsi que le code régional configuré par l'utilisateur sur le système Android peuvent également être récupérés. Pour cela, il faut utiliser la classe `Locale` et sa méthode `getDefault`. Cette méthode retourne une instance de type `Locale`. L'utilisation de la méthode `toString` permet de récupérer le code de la langue ainsi que le code régional concaténés sous forme d'une chaîne de caractères. Les valeurs retournées peuvent être par exemple : `en_US`, `fr_FR`, `fr_CH`, `bg_BG`, `zh_TW`...

Syntaxe

```
public static Locale getDefault ()
```

Exemple

```
String paramsReg = Locale.getDefault().toString();
```

Android permet d'obtenir des informations sur les applications. Dans notre cas, cela permet de récupérer ces informations de façon dynamique plutôt que de les inclure en dur dans le code. Le code n'aura pas à être modifié lors de la mise à jour de l'application et il pourra également être réutilisé tel quel pour d'autres applications.

L'identification d'une application se fait via le nom de son paquetage. Ce nom sera utilisé dans les méthodes détaillées un peu plus loin. Pour récupérer dynamiquement le nom du paquetage courant, il faut utiliser la méthode `Context.getPackageName`.

Syntaxe

```
public abstract String getPackageName ()
```

Exemple

```
String nomPaquetage = context.getPackageName()
```

La classe `PackageManager` permet de récupérer des informations concernant les applications installées sur le système. On récupère une instance de cette classe en invoquant la méthode statique `getPackageManager`.

Syntaxe

```
public abstract PackageManager getPackageManager ()
```

Exemple

```
PackageManager manager = context.getPackageManager();
```

La méthode `getPackageInfo` permet d'obtenir toutes les informations contenues dans le manifeste. Cette méthode prend en paramètres le nom de l'application identifiée par son paquetage et un drapeau optionnel non utilisé ici. Elle retourne un objet de type `PackageInfo`. Elle peut lever une exception `NameNotFoundException` si le nom de paquetage fourni n'est pas trouvé parmi les applications installées.

Syntaxe

```
public abstract PackageInfo getPackageInfo (String packageName,
  int flags)
```

Exemple

```
PackageInfo info = null;
try {
  info = manager.getPackageInfo(context.getPackageName(), 0);
} catch (NameNotFoundException e1) {
}
```

Reste à récupérer les informations de l'objet de type `PackageInfo` en accédant directement à ses variables membres `packageName` et `versionName` fournissant respectivement le nom du paquetage et le numéro de version de l'application.

Exemple

```
String nomPaquetage = info.packageName;
String nomVersion = info.versionName;
```

La chaîne de caractères agent utilisateur peut ainsi être constituée de toutes ces informations.

Exemple

```
final String AGENT_UTILISATEUR = "%s/%s (Android/%s/%s/%s/%s)";
String agentUtilisateur = String.format(AGENT_UTILISATEUR,
  info.nomPaquetage, nomVersion, modele, versionSysteme,
  codeSysteme, paramsReg);
```

5.2 AndroidHttpClient

Pour décrire l'envoi d'une requête et la réception de la réponse du serveur, on supposera que le serveur distant accepte une requête HTTP `GET` et renvoie une réponse sous forme de chaîne de caractères comme par exemple une réponse au format Json.

Remarque

Android inclut la bibliothèque `org.json` contenant le nécessaire pour lire les réponses au format Json. Plus d'infos sur le format json : http://www.json.org/.

Remarque

Depuis Android 3.0 (API 11), la bibliothèque `org.json` propose les nouvelles classes `JsonReader` et `JsonWriter` permettant respectivement de lire et écrire aisément un flux Json.

La requête `GET` est facilement créée avec la classe `HttpGet` et l'un de ses constructeurs qui prend en paramètre l'adresse complète du site.

Syntaxe

```
public HttpGet (String uri)
```

Exemple

```
HttpGet httpGet = new HttpGet("http://...");
```

La classe `AndroidHttpClient` permet d'utiliser un client HTTP spécifiquement adapté à Android. Pour cela, il ne faut pas l'instancier directement mais utiliser sa méthode statique `newInstance` qui retourne une instance. Cette méthode prend en paramètre une chaîne de caractères décrivant l'agent utilisateur.

Syntaxe

```
public static AndroidHttpClient newInstance (String userAgent)
```

Exemple

```
AndroidHttpClient httpClient =
  AndroidHttpClient.newInstance(agentUtilisateur);
```

L'envoi de la requête et la réception de la réponse sont réalisés en appelant la méthode `execute` du client HTTP. Cette méthode est déclinée sous différentes formes. L'une d'elles, notamment, prend en paramètres la requête et un objet implémentant l'interface `ResponseHandler`.

Elle peut lever des exceptions de type `IOException` s'il y a eu un problème ou que la connexion a été annulée et des exceptions de type `ClientProtocolException` s'il y a eu une erreur dans le protocole HTTP.

Remarque

Il faut évidemment que l'appareil Android soit connecté au réseau via Wi-Fi ou réseau cellulaire par exemple sans quoi une exception de type `java.net.UnknownHostException`, descendant du type `IOException`, sera levée.

La classe `BasicResponseHandler` implémente l'interface `ResponseHandler` et notamment sa méthode `handleResponse`. Cette méthode reçoit en entrée la réponse du serveur sous la forme d'un objet de type `HttpResponse`, en extrait le contenu de la réponse et le retourne sous forme de chaînes de caractères.

Une exception de type `HttpResponseException` est levée si le code de retour du serveur est supérieur ou égal à 300.

Syntaxe

```
public String handleResponse (HttpResponse response)
```

Ainsi, la méthode `execute` retournera la réponse du serveur sous forme de chaîne de caractères si elle reçoit en paramètre un objet de type `BasicResponseHandler` et remontera les exceptions le cas échéant.

Syntaxe

```
public abstract T execute (HttpUriRequest request,
  ResponseHandler<? extends T> responseHandler)
```

Exemple

```
String reponse = null;
try {
  reponse = httpClient.execute(httpGet,
                               new BasicResponseHandler());
} catch (HttpResponseException e1) {
  int errno = e1.getStatusCode();
  traitementException(e1);
```

```
} catch (ClientProtocolException e2) {
  traitementException(e2);
} catch (IOException e3) {
  traitementException(e3);
}
```

Une fois la communication terminée, le client doit fermer les connexions et libérer les ressources allouées en appelant sa méthode `close`.

Syntaxe

```
public void close ()
```

Exemple

```
try {
   ...
} finally {
  httpClient.close();
}
```

Remarque

L'appel à cette méthode pourra notamment être réalisé dans le bloc `finally` de la gestion des exceptions. De cette façon, elle sera toujours appelée et les ressources libérées qu'une exception soit levée ou non.

Chapitre 9
Tracer, déboguer et tester

1. Introduction

Même dans le cas de logiciels les plus simples, il est rare de pouvoir écrire du code ne comportant pas l'once d'une erreur technique ou fonctionnelle. Le traitement d'un cas fonctionnel particulier peut également avoir été omis.

En outre, plus l'application est complexe, plus il devient difficile de la modifier sans risquer d'ajouter des bogues ou des régressions fonctionnelles.

Pour éviter cela, chacun a sa technique. Certains suivent des cycles de développements en V ou Y, d'autres adoptent des méthodologies de développement plus ou moins agiles comme l'XP (*Extreme Programming*) ou le TDD (*Test Driven Development*), le plus souvent un mix de tout cela...

Cependant chacun définit une stratégie particulière quant à la réalisation des tests unitaires et/ou d'intégration et/ou de validation et/ou de recette fonctionnelle. Et pour certains, la stratégie est simple : aucun test, si ce n'est un essai de temps à autre de l'application.

Quels que soient les besoins des développeurs, Android propose différentes solutions pour les aider à améliorer la qualité de leurs codes et éliminer le maximum d'erreurs.

Nous commencerons donc par étudier le système de journalisation des évènements. Puis nous reviendrons légèrement sur le débogage pas-à-pas d'une application pour nous concentrer sur la perspective Android de débogage et de traçage nommée DDMS (*Dalvik Debug Monitor Server*). Et enfin, nous terminerons par les tests unitaires et les tests du singe.

2. Journal d'évènements

Un journal d'évènements contient des logs (traces d'exécution d'un logiciel). Sous Android, il existe plusieurs journaux d'évènements : un principal et plusieurs autres secondaires spécifiques à un domaine, par exemple les messages concernant la téléphonie. Ces journaux sont stockés sous la forme de tampons circulaires.

Chacun de ces événements est constitué des éléments suivants :
- Date et heure de l'apparition de l'évènement.
- Catégorie de l'évènement.
- Identifiant unique du processus, nommé pid (*Process IDentifier*), qui a généré l'évènement.
- Une étiquette, nommée tag, qui permet de nommer la source de l'évènement : nom du processus, du composant, de l'activité, de la classe...
- Un message détaillant l'évènement.

Il existe plusieurs catégories permettant de classer les évènements. En voici les cinq principales classées dans l'ordre de la plus détaillée à la moins détaillée :

Catégorie	Niveau	Description
Verbeux	V	Catégorie la plus détaillée. Du fait de la quantité d'informations à afficher, cette catégorie peut ralentir sensiblement l'application. C'est pourquoi il est demandé de ne pas l'utiliser en dehors de la phase de développement.

Catégorie	Niveau	Description
Débogage	D	Normalement, les éléments de cette catégorie s'affichent si l'application est compilée en mode debug. En mode release, ces éléments sont ignorés et donc non affichés. Cependant, cette dernière fonctionnalité n'est toujours pas activée au moment d'écrire cet ouvrage. De ce fait, en l'état, les éléments sont toujours affichés, quel que soit le mode de compilation utilisé.
Information	I	Catégorie à caractère informatif. À utiliser avec parcimonie étant donné qu'elle est toujours affichée.
Avertissement	W	Catégorie regroupant des alertes, évènements auxquels le lecteur doit porter attention et essayer de les résoudre avant qu'ils n'engendrent une erreur.
Erreur	E	Niveau le plus élevé des cinq présentés. Caractérise généralement un événement qui a engendré une erreur grave et mis en péril le fonctionnement de l'application.

2.1 Consultation des évènements

Sous Eclipse, l'historique des évènements du journal par défaut ainsi constitué peut être consulté par le développeur affichant la vue **LogCat**. Celle-ci est déjà active dans la perspective **DDMS** décrite plus loin. Pour l'activer dans la vue **Java**, voici la procédure à suivre :

- Dans le menu général d'Eclipse, sélectionnez **Window - Show View - Other**.

La fenêtre **Show View** s'affiche.

- Ouvrez le dossier **Android**.

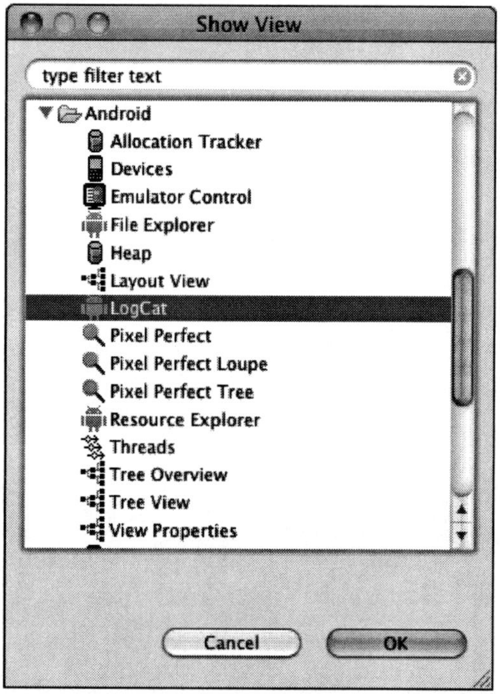

Vue LogCat

▶ Sélectionnez **LogCat** et cliquez sur le bouton **OK**.

La vue **LogCat** s'ajoute aux vues Eclipse.

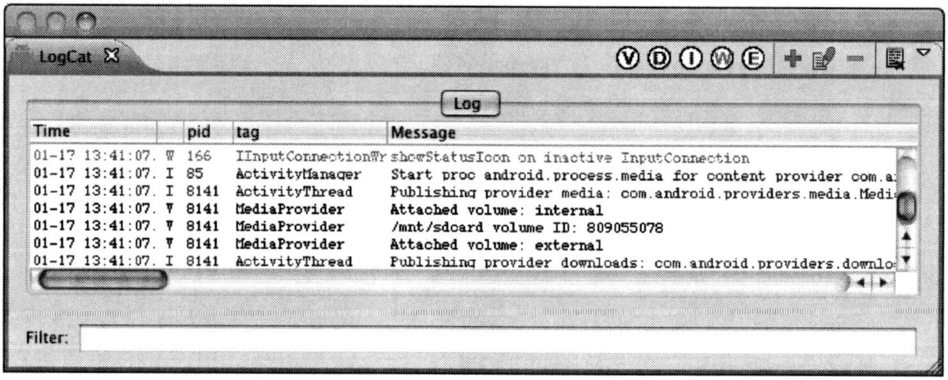

Vue LogCat

En haut à droite de la fenêtre figurent des filtres pré-configurés permettant d'afficher uniquement les messages de niveaux égaux ou supérieurs au filtre. L'utilisation du bouton **+** permet d'en créer de nouveaux.

Il est également possible d'obtenir les logs directement sous la console en utilisant l'outil `adb` suivi de la commande `logcat`. De nombreuses options sont alors possibles, par exemple indiquer un autre format d'affichage des évènements ou encore filtrer les évènements à afficher selon leur étiquette et leur catégorie.

Syntaxe

```
adb logcat [option] ... [filtre] ...
```

Remarque

Pour découvrir toutes les options et formats de filtres disponibles, spécifiez l'option `-help`.

Exemple

```
$ adb logcat
```

Cette commande produit l'affichage suivant :

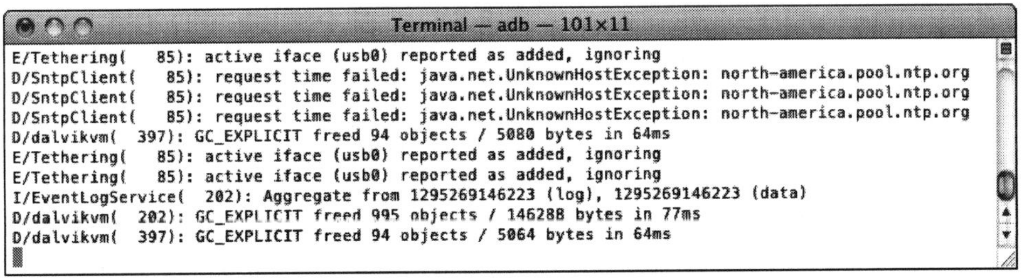

Vue LogCat

Par défaut, l'affichage contient les mêmes informations que la vue **LogCat** sous Eclipse mais dans un format légèrement différent.

Remarque

*Sous Eclipse, il arrive parfois que la vue **LogCat** n'affiche plus les logs. Un redémarrage d'Eclipse est alors nécessaire. Pour éviter cela, on peut utiliser directement l'outil `adb` comme indiqué précédemment afin d'obtenir l'affichage des logs dans une console.*

2.2 Écriture des événements

Les évènements enregistrés dans le journal sont ceux du système mais aussi des applications. En effet, toute application peut générer de tels évènements.

Pour cela, le SDK Android fournit la classe `Log` du paquetage `android.util`. Celle-ci contient au minimum deux méthodes pour chacune des catégories d'évènements. Ces méthodes prennent en paramètres une étiquette et le message. L'une de ces méthodes prend en plus un troisième paramètre en entrée qui est un objet de type `Throwable` contenant un complément d'information, principalement un message et la pile d'appels des méthodes lors du déclenchement de l'évènement.

La catégorie Avertissement propose une troisième méthode qui prend en paramètres une étiquette et un objet de type `Throwable`.

Syntaxe

```
public static int v (String tag, String msg)
public static int v (String tag, String msg, Throwable tr)
public static int d (String tag, String msg)
public static int d (String tag, String msg, Throwable tr)
public static int i (String tag, String msg)
public static int i (String tag, String msg, Throwable tr)
public static int w (String tag, String msg)
public static int w (String tag, Throwable tr)
public static int w (String tag, String msg, Throwable tr)
public static int e (String tag, String msg)
public static int e (String tag, String msg, Throwable tr)
```

Il est d'usage de définir une chaîne de caractères constante propre à chaque classe de type activité, service... afin de l'utiliser comme étiquette dans le reste de la classe. Cela permet de cibler plus rapidement les messages dans l'historique. Et réciproquement, cela permet également de retrouver la provenance des messages.

Exemple

```
public class MonActivitePrincipale extends Activity {
  private static final String TAG = "MonActivitePrincipale";

  @Override
  public void onCreate(Bundle savedInstanceState) {
    super.onCreate(savedInstanceState);
    Log.d(TAG, "Depuis la méthode onCreate");
  }
}
```

3. Débogage

Le débogage est la phase consistant à rechercher et corriger des bogues. Pour l'aider dans cette tâche, Eclipse, le plug-in ADT et le SDK Android mettent à disposition du développeur un ensemble d'outils.

3.1 Débogage pas-à-pas

Le débogage pas à pas n'est pas spécifique à Android. Ce mode est disponible pour tout programme Java sous Eclipse. Il utilise un outil nommé débogueur qui exécute le programme dans un mode spécifique. Le développeur a alors accès à de nombreuses fonctionnalités comme par exemple : positionner des points d'arrêt dans le code source, analyser pas à pas le déroulement du programme et connaître, entre autres, la pile d'appels des méthodes et les valeurs des variables.

Nous supposerons acquise la connaissance de l'utilisation de ce mode de débogage sous Eclipse puisque cela n'est pas spécifique à la plate-forme Android mais au développement en Java.

Jusqu'à la version 9 des Android SDK tools (outils du SDK Android), pour permettre ce type de débogage, une application Android devait obligatoirement mettre à `true` l'attribut `android:debuggable` de la balise `application` du manifeste qui par défaut est à `false`. Sans quoi, l'exécution en mode débogage n'avait aucun effet.

Exemple

```
<?xml version="1.0" encoding="utf-8"?>
<manifest
    xmlns:android="http://schemas.android.com/apk/res/android"
    package="fr.mondomaine.android.monappli"
    android:versionCode="1"
    android:versionName="1.0">
  <application android:debuggable="true"
               android:icon="@drawable/icon"
               android:label="@string/app_name">
  </application>
  <uses-sdk android:minSdkVersion="8" />
</manifest>
```

Depuis la version 9 des outils du SDK, le développeur n'a plus besoin d'ajouter cet attribut pour le positionner à `true`. Sous Eclipse et le plug-in ADT, cela est fait automatiquement lors des compilations incrémentales qui sont considérées par défaut comme des compilations de débogage. Ce n'est qu'à l'exportation d'une compilation signée en mode release que celle-ci ne comportera pas cet attribut.

■ Remarque

Cette fonctionnalité est en fait incluse dans la version 8, mais un bogue l'empêche de fonctionner correctement. Celui-ci a été corrigé dans la version 9.

■ Remarque

Il est rappelé que le développeur doit toujours utiliser la version la plus récente des outils du SDK.

3.2 DDMS

Le plug-in ADT fournit une perspective Eclipse dédiée spécialement au débogage d'applications Android : la perspective DDMS (*Dalvik Debug Monitor Server*). Celle-ci utilise en interne l'outil du même nom : `ddms`. Cet outil offre beaucoup de fonctionnalités. Nous allons découvrir les principales reprises sous la perspective Eclipse.

■ Remarque

À noter que lancé depuis une ligne de commande, cet outil offre encore plus de fonctionnalités avancées.

- Si le choix pour la perspective **DDMS** n'est pas visible en haut à droite de la fenêtre générale d'Eclipse, cliquez sur le signe » pour l'afficher.

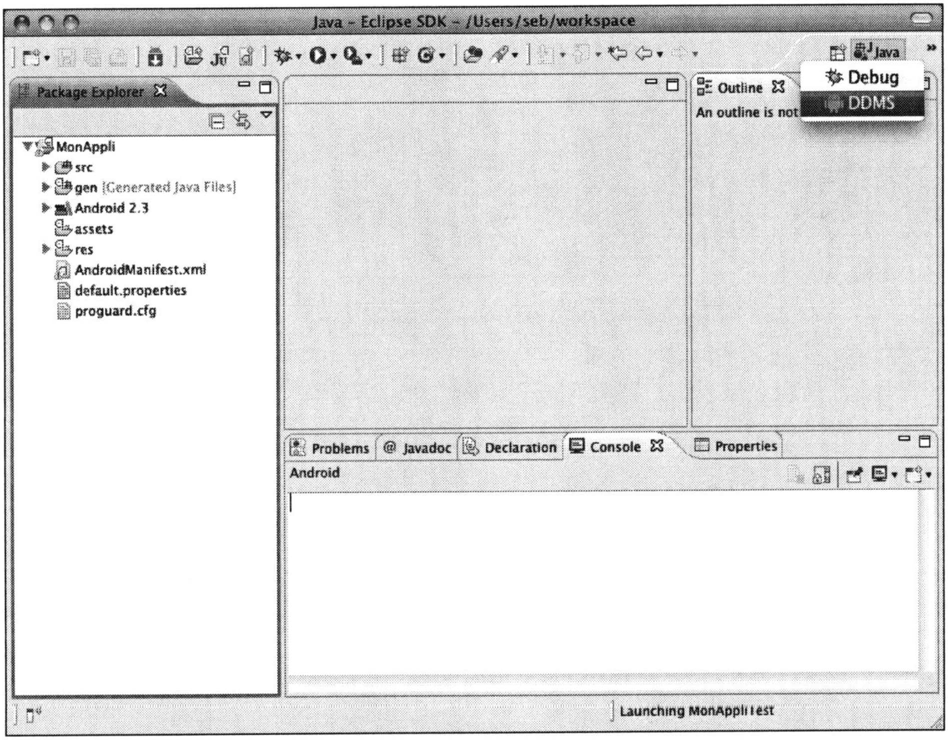

Perspective DDMS

- Cliquez sur le bouton **DDMS** pour afficher la perspective.

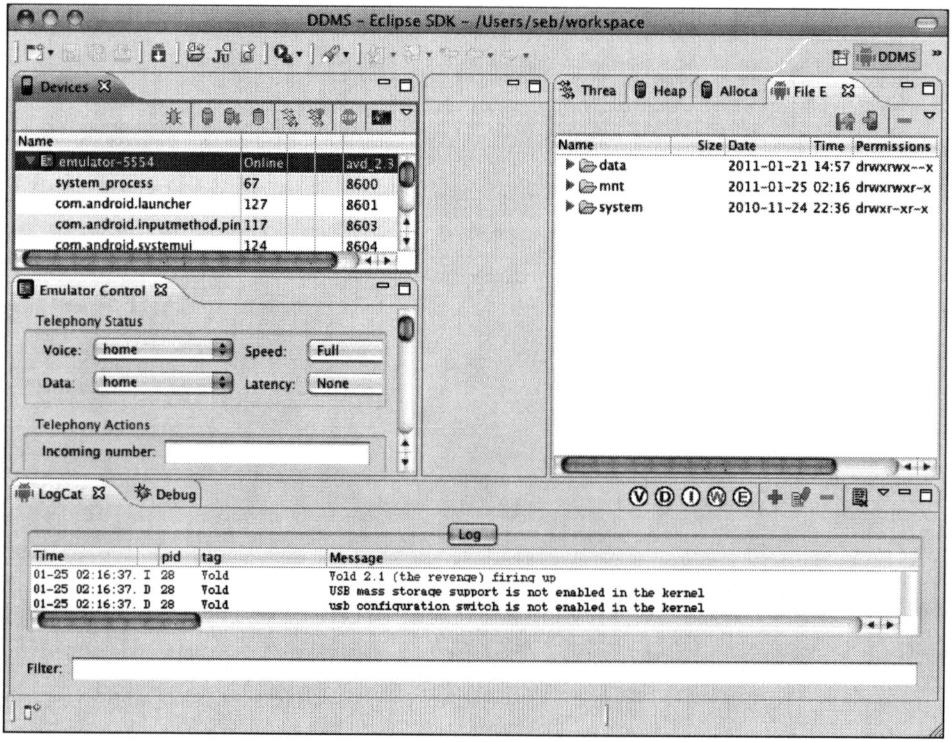

Perspective DDMS

La perspective **DDMS** contient plusieurs nouvelles vues : **Devices**, **EmulatorControl**, **Threads**, **Heap**, **Allocation Tracker**, **File Explorer** que nous allons découvrir plus en détail.

3.2.1 Vue Devices

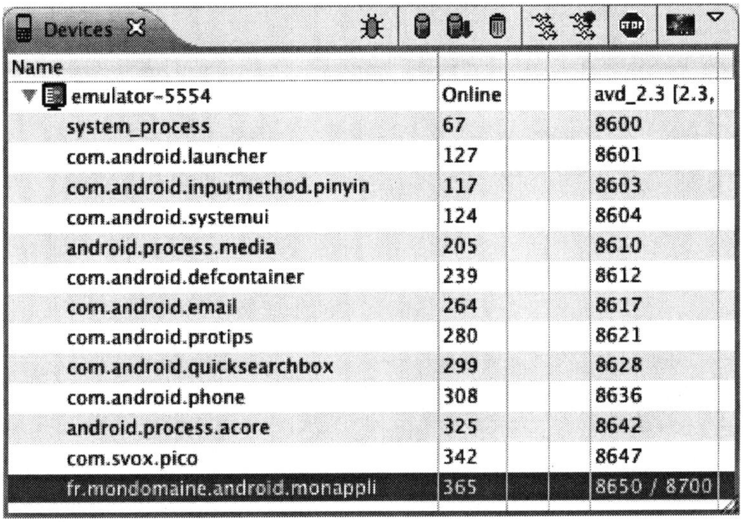

DDMS - Vue Devices

La vue **Devices**, placée par défaut en haut à gauche, fournit la liste des émulateurs et appareils connectés et, pour chacun, liste certains processus existants identifiées par le nom du paquetage de l'application qu'ils hébergent. Sont ensuite indiqués dans les colonnes de droite, l'identifiant du processus et le port de connexion pour le débogueur.

La sélection d'un processus de la liste active les boutons situés en haut à droite correspondants aux fonctionnalités suivantes décrites de gauche à droite :

- **Debug the selected process** : met l'application en mode débogage. Nécessite que le projet correspondant soit ouvert dans l'espace de travail d'Eclipse.
- **Update Heap** : active les mises à jour des informations du tas de l'application. Ces informations sont indiquées dans la vue **Heap** décrite plus loin.
- **Dump HPROF file** : récupère un fichier au format HPROF. Ce fichier est une image de la mémoire de la machine virtuelle. Il permet notamment de rechercher les fuites de mémoire en l'étudiant avec certains outils spécialisés tels que Mat, jmap, jhat.
- **Cause GC** : force le lancement du garbage collector (ramasse-miettes).

- **Update Threads** : active les mises à jour des informations des threads de l'application. Ces informations sont indiquées dans la vue **Thread** décrite plus loin.
- **Start Method Profiling** : le premier appui démarre l'enregistrement d'informations concernant l'exécution des méthodes. Le second appui arrête l'enregistrement et affiche les résultats dans une fenêtre dédiée.
- **Stop Process** : détruit le processus, et donc la machine virtuelle, sélectionné.
- **Screen Capture** : ouvre une nouvelle fenêtre **Device Screen Capture** permettant de prendre des copies d'écran de l'application sélectionnée et de les sauvegarder. Un appui sur le bouton **Refresh** permet d'actualiser la copie d'écran.

DDMS – Capture d'écran

■ Remarque

*Toujours dans la vue **Devices**, à l'extrémité droite des fonctionnalités décrites précédemment figure une flèche orientée vers le bas. Un clic dessus permet de découvrir une autre fonctionnalité indiquée tout en bas de la liste : **Reset adb**. Cela permet de redémarrer l'outil `adb` utilisé par l'outil `ddms` pour se connecter à l'émulateur ou à l'appareil Android si la situation l'exige sans avoir à redémarrer l'émulateur/l'appareil et/ou Eclipse.*

3.2.2 Vue Emulator Control

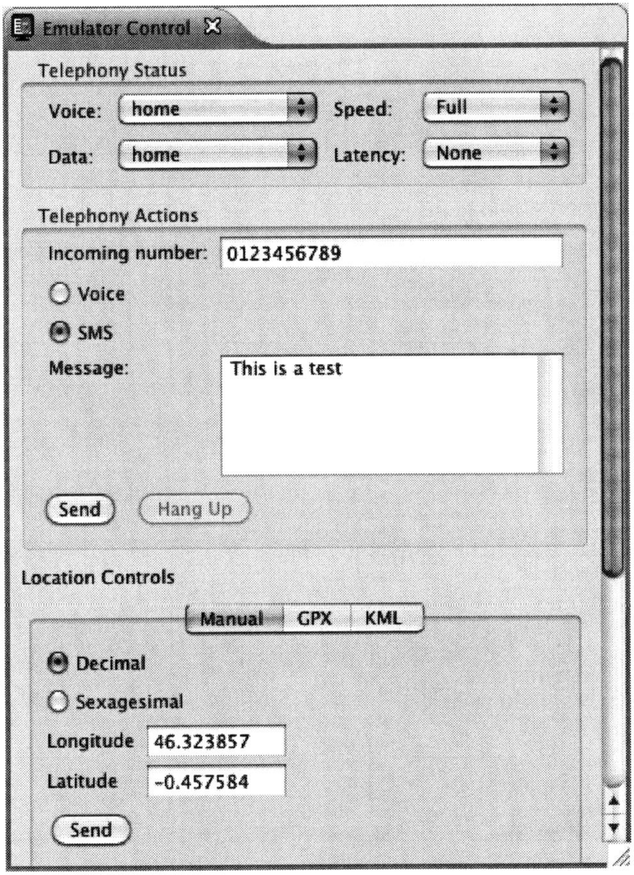

DDMS - Vue Emulator Control

La vue **Emulator Control**, placée à gauche sous la vue **Devices**, permet de simuler l'état du réseau téléphonique, des appels téléphoniques, l'envoi de SMS et des coordonnées géographiques sous divers formats : manuels, GPX et KML.

Les coordonnées géographiques émulées sont reçues comme provenant exclusivement du système GPS de l'appareil émulé. Il n'est pas possible d'émuler des positions provenant de réseaux cellulaires ou des réseaux Wi-Fi. La permission concernant le système GPS doit donc figurer dans l'application (cf. chapitre Cartes et localisation géographique - Localisation géographique).

Remarque

À noter la présence d'un bogue dans les versions 2.3.x de l'émulateur qui entraîne un crash de l'émulateur lorsqu'une position GPS lui est fournie. Pour plus d'informations, consultez la page :
http://code.google.com/p/android/issues/detail?id=13015

3.2.3 Vue Threads

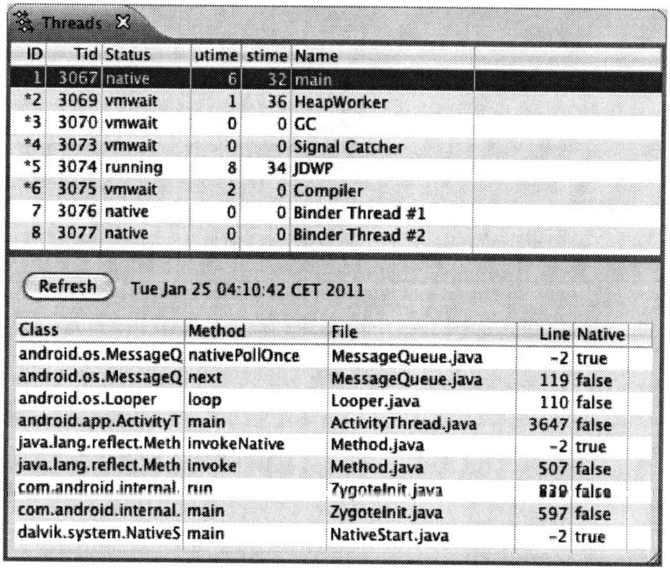

DDMS - Vue Threads

La vue **Threads**, comme les vues suivantes, est placée à droite.

▶ Pour activer cette vue, sélectionnez une application dans la vue **Devices** et cliquez sur le bouton **Update threads**.

Dans la partie haute figure de gauche à droite : un identifiant unique ID du thread attribué par la machine virtuelle, l'identifiant Linux du thread, le statut du thread, le temps cumulé à exécuter du code utilisateur par unité de 10 ms, le temps cumulé à exécuter du code système par unité de 10 ms, et le nom du thread.

Dans la partie basse figure la pile d'appels des méthodes du thread sélectionné dans la partie haute.

3.2.4 Vue Heap

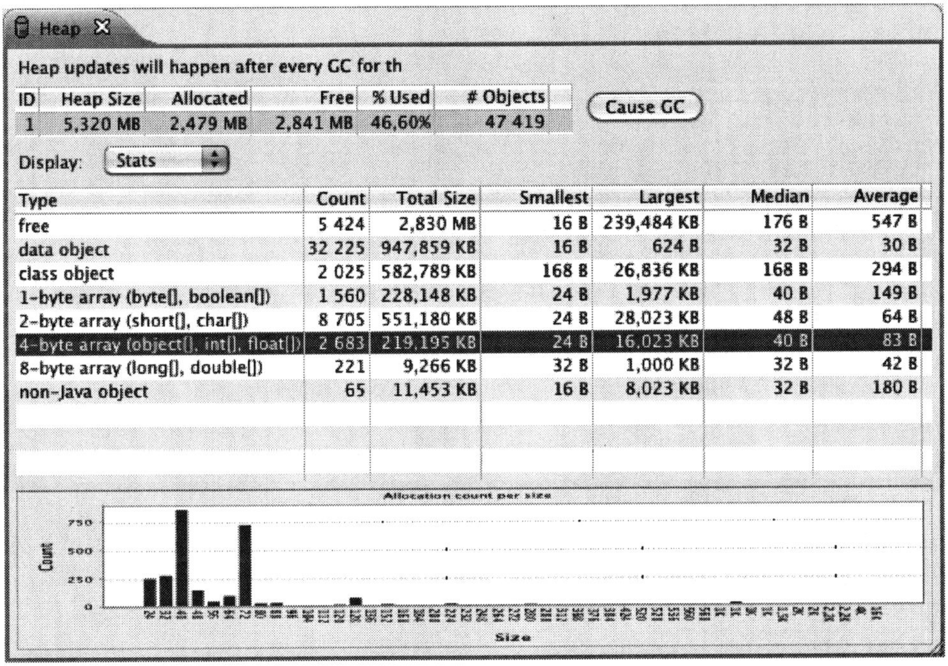

DDMS - Vue Heap

Placée à droite de la vue **Threads**, la vue **Heap** doit être activée pour être renseignée.

- Pour cela, sélectionnez une application dans la vue **Devices** et cliquez sur le bouton **Update Heap**.

Une indication apparaît alors dans la vue nous informant que le rafraîchissement des informations aura lieu après chaque exécution du ramasse-miettes. Un clic sur le bouton **Cause GC** permet de forcer manuellement l'exécution du ramasse-miettes et donc le rafraîchissement des informations.

Dans la partie haute figurent les informations générales concernant le tas : sa taille totale, la taille allouée, la taille libre, la proportion de mémoire utilisée et le nombre d'objets alloués.

Dans la partie centrale sont fournies des informations et des statistiques réparties dans diverses catégories.

Dans la partie basse est dessiné un graphique représentant le nombre d'allocations par taille. Un clic droit sur celui-ci permet de modifier ses propriétés, de le sauvegarder et de l'imprimer.

3.2.5 Vue Allocation Tracker

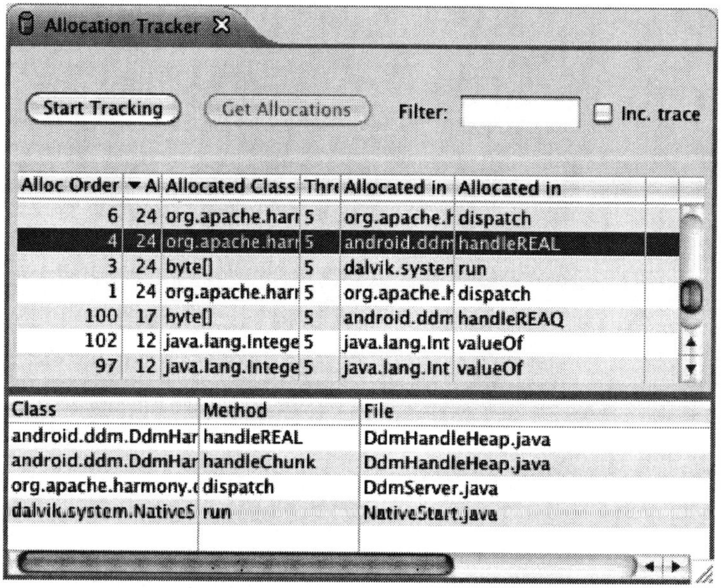

DDMS - Vue Allocation Tracker

Placée à droite de la vue **Heap**, la vue **Allocation Tracker** fournit des informations sur les allocations mémoire.

- Pour cela, sélectionnez une application dans la vue **Devices**, puis cliquez sur le bouton **Start Tracking** de la vue **Allocation Tracker**.

La collecte des données sur l'allocation de la mémoire débute alors. Chaque appui sur le bouton **Get Allocations** rafraîchit les données de la fenêtre.

Les données fournissent des informations sur les allocations réalisées depuis le démarrage de la collecte. Un appui sur le bouton **Stop Tracking** met fin à la collecte de données.

Remarque

Les lignes du tableau peuvent être triées en cliquant sur le titre de la colonne souhaitée.

3.2.6 Vue File Explorer

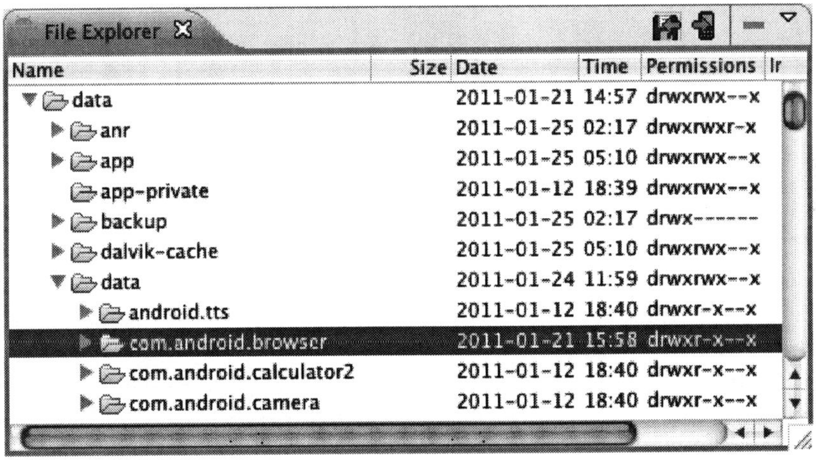

DDMS - Vue File Explorer

Placée à droite de la vue **Allocation Tracker**, la vue **File Explorer** est un explorateur du système de fichiers de l'émulateur ou de l'appareil Android.

Il est possible de transférer des fichiers depuis ou vers le système Android et de supprimer les fichiers sur le système Android en cliquant respectivement sur les icônes en haut à droite.

4. Tests unitaires et fonctionnels

Les tests unitaires sous Android sont basés sur la bibliothèque JUnit 3. Ils en reprennent donc la même philosophie en l'adaptant à la plate-forme Android.

■ Remarque

Les API de tests sous Android ne sont pas compatibles avec JUnit 4.

Les tests peuvent aussi bien être créés et lancés sous Eclipse avec le plug-in ADT qu'en ligne de commande dans une console en utilisant les outils du SDK Android. Pour rappel, nous nous concentrons, dans cet ouvrage, que sur l'utilisation d'Eclipse et du plug-in ADT.

Une application Android est testée par une autre application Android : une application de tests. Nous allons donc créer un projet de tests, lui ajouter des classes de tests contenant les tests eux-mêmes et terminer par exécuter ces tests.

4.1 Création d'un projet de tests

Il existe deux possibilités pour créer un projet de tests Android sous Eclipse. La première consiste à le créer en même temps que lors de la création du projet de l'application Android. La seconde consiste à le créer ultérieurement, comme cela peut être le cas pour un projet déjà existant que l'on souhaite tester.

Dans les deux cas, la fenêtre Eclipse proposée pour créer le projet de tests est sensiblement la même.

Découvrons ici comment créer un projet de tests pour un projet déjà existant.

- Dans la vue **Package Explorer** (Explorateur de paquetages) d'Eclipse, faites un clic droit sur le projet à tester puis cliquez sur **Android Tools**.

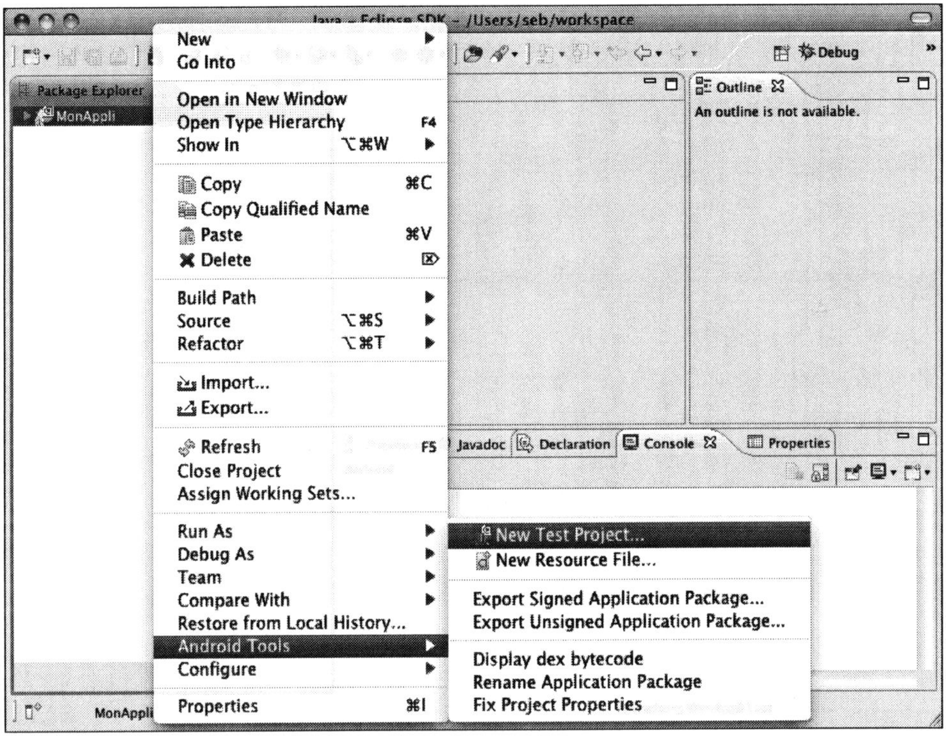

Projet de tests

- Sélectionnez **New Test Project**.

La fenêtre **New Android Test Project** apparaît.

Remarque

Plutôt que de remplir un à un les champs, la sélection du projet à tester décrite ci-dessous permet de remplir automatiquement tous les champs.

- Dans la zone **Test Target**, cliquez sur le bouton **Browse...** situé à droite du champ **An existing Android project**.

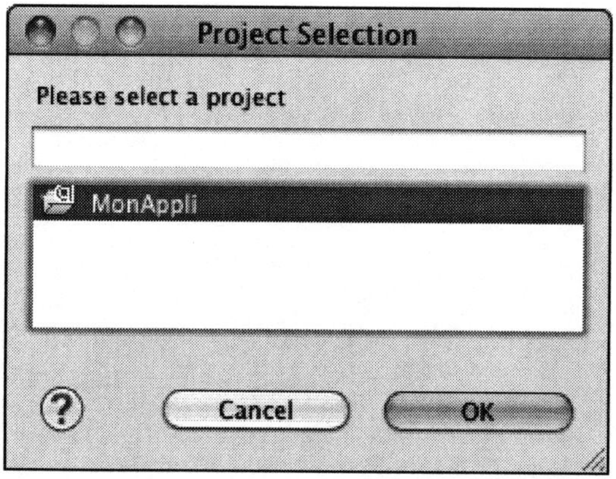

Projet de tests

- Sélectionnez le projet à tester puis cliquez sur le bouton **OK**.

Les champs sont alors remplis automatiquement.

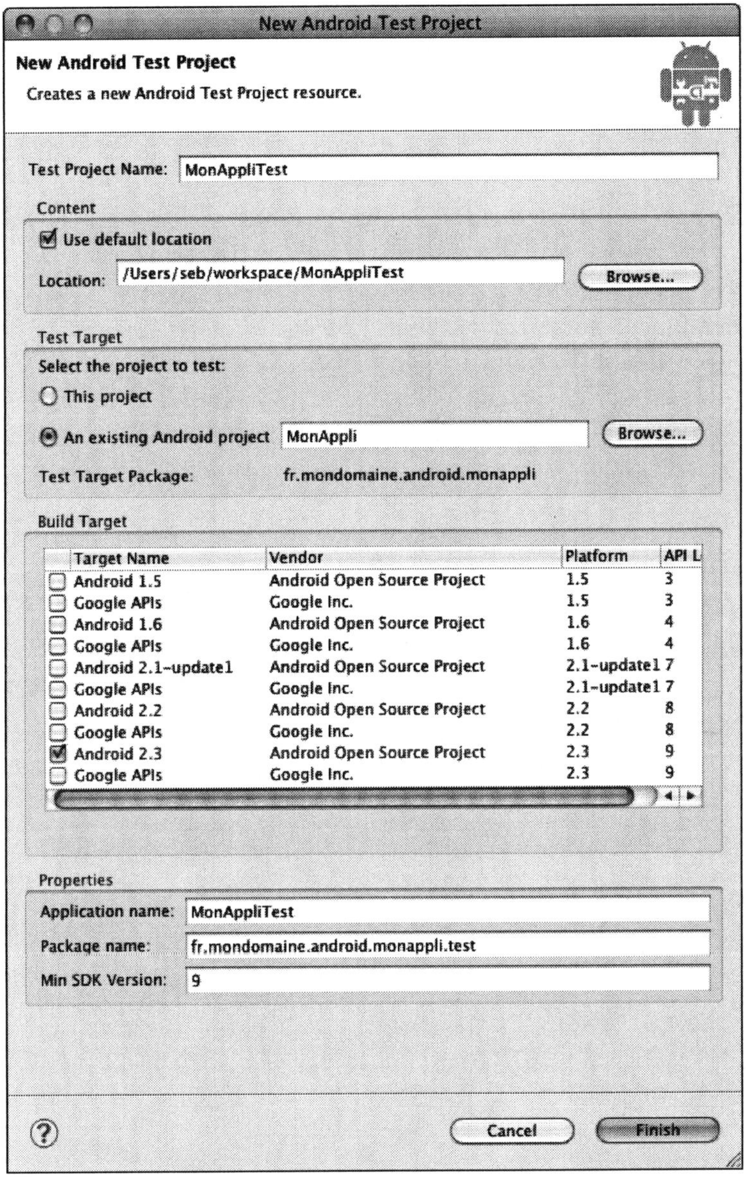

Projet de tests

Il est également possible de remplir les champs manuellement ou modifier ceux remplis automatiquement. Voici ce à quoi ils correspondent :

Test Project Name : nom du projet de tests. Bien que le développeur ait une totale liberté quant au choix de ce nom, il est conseillé de relier ce nom au nom du projet à tester. Pour cela, il est d'usage de prendre le nom du projet à tester et de lui ajouter le mot `Test`. Par exemple, si le nom du projet à tester est `MonAppli`, on utilisera `MonAppliTest`.

Content : permet d'indiquer l'emplacement du projet de `tests`. Un emplacement par défaut est automatiquement proposé dans le champ **Location** si l'option **Use default location** est cochée. Un autre emplacement peut être explicitement spécifié en décochant cette option. Nous utiliserons ici l'emplacement par défaut, ce qui aura pour conséquence de dissocier physiquement l'emplacement du projet de tests et du projet à tester.

Remarque

Pour les développeurs qui préfèrent avoir le code source des tests physiquement dans le projet à tester, il est d'usage d'utiliser comme répertoire racine du projet de tests, un répertoire nommé `tests` *situé à la racine du projet à tester. C'est-à-dire au même niveau que les répertoires* `src` *et* `res`.

Test Target : permet d'indiquer le projet à tester, celui actuellement sélectionné ou un autre projet Android existant sous l'espace de travail Eclipse.

Build Target : comme pour la création d'un projet Android, il faut sélectionner la version du SDK Android à utiliser.

Application name : nom de l'application. Ce nom peut comporter des espaces.

Package name : nom du paquetage Java. Là encore, le choix est libre. Mais il est d'usage d'utiliser le même nom de paquetage que celui du projet à tester et de lui ajouter `.test`. Par exemple, si le projet à tester a le nom de paquetage `fr.mondomaine.android.monappli`, on utilisera `fr.mondomaine.android.monappli.test`.

Min SDK Version : version minimum du SDK cible. Correspond à la version utilisée dans le champ **Build Target**. De ce fait, le numéro de version est automatiquement spécifié dans ce champ. Une modification de sa valeur modifiera la valeur du champ **Build Target**.

▶ Cliquez sur le bouton **Finish**.

Remarque

*Si le bouton **Finish** reste grisé, c'est qu'un ou plusieurs champs sont mal renseignés. Pour vous aider à résoudre cela, des indications sont fournies en haut de la fenêtre. Des messages d'avertissements peuvent également être indiqués sans bloquer le bouton **Finish**.*

Le projet est créé et ajouté dans l'espace de travail. La structure du projet est la même que pour celle d'une application Android et pour cause, puisqu'il s'agit aussi d'une application Android.

Cependant, le manifeste automatiquement créé comporte des balises supplémentaires : `instrumentation` et `uses-library`.

Fichier AndroidManifest.xml du projet de tests

```
<?xml version="1.0" encoding="utf-8"?>
<manifest
    xmlns:android="http://schemas.android.com/apk/res/android"
    package="fr.mondomaine.android.monappli.test"
    android:versionCode="1"
    android:versionName="1.0">
  <application android:icon="@drawable/icon"
               android:label="@string/app_name">
    <uses-library android:name="android.test.runner" />
  </application>
  <uses-sdk android:minSdkVersion="9" />
  <instrumentation
    android:targetPackage="fr.mondomaine.android.monappli"
    android:name="android.test.InstrumentationTestRunner" />
</manifest>
```

La balise `instrumentation` comporte deux attributs renseignés :

- `android:targetPackage` : identifie le paquetage de l'application à tester.
- `android:name` : indique l'outil, la classe, qui lance les tests.

Remarque

*Attention, vérifiez bien que la valeur du champ `android:targetPackage` correspond au paquetage de l'application à tester et pas celui de l'application de test, c'est-à-dire qu'il ne contient donc pas l'ajout `.test`. Cela peut arriver si l'option `This project` a été sélectionnée dans la zone **Test Target** lors de la sélection du projet à tester.*

Par défaut, le champ `android:name` contient la classe de base de lanceur de tests Android `android.test.InstrumentationTestRunner`. Celle-ci n'est pas incluse dans le code Android ; elle fait partie de la bibliothèque partagée `android.test.runner`. De ce fait, il faut explicitement indiquer que le projet en a besoin via l'utilisation de la balise `uses-library` et de son attribut `android:name`.

4.2 Création d'une classe de cas de tests

Maintenant que le projet est créé, il faut lui ajouter les cas de tests via la création de classes de cas de tests. Cette classe étend une des nombreuses classes de cas de tests Android. Le paquetage dans lequel est créée cette classe de cas de tests représente une suite de tests.

Il est possible d'utiliser la classe `TestCase` de JUnit pour réaliser des tests non spécifiques à Android.

Sinon, la classe de cas de tests spécifique Android la plus simple est la classe `AndroidTestCase`. Elle étend les classes `TestCase` et `Assert` de JUnit. De ce fait, elle hérite des méthodes standard d'assertion de JUnit telles que `assertEquals`, `assertNull`, `fail`... Android fournit d'autres méthodes d'assertions contenues dans les classes `MoreAsserts` et `ViewAsserts`.

La classe `AndroidTestCase` fournit les méthodes de base à utiliser et/ou étendre pour réaliser des tests. Il est de coutume de définir en supplément une méthode `testPreconditions`. Voici leur description :

- `testPreconditions` : cette méthode est appelée une seule et unique fois avant de lancer le moindre test. Elle permet de vérifier que l'application à tester est correctement initialisée et est prête à être testée. Si cette méthode échoue alors on ne peut pas tenir compte des résultats des tests suivants, qu'ils soient réussis ou non.
- `setUp` : cette méthode est appelée avant chacun des tests de la classe. Elle permet d'initialiser les variables et l'environnement des tests et notamment de démarrer l'activité ou le service à tester par exemple. Cette méthode doit obligatoirement appeler sa méthode parente en utilisant `super.setUp()`.
- `tearDown` : cette méthode est le pendant de la méthode `setUp`. Elle est appelée après chacun des tests. Elle permet de restaurer les paramètres de l'environnement.

Android fournit d'autres classes de cas de tests ciblant ses principaux composants. Cela permet de réaliser des tests spécifiques à la plate-forme Android. Ces classes de tests permettent de tester spécifiquement les activités, les services et les fournisseurs de contenu.

Voyons comment créer une classe de cas de tests pour une activité.

- Dans la vue **Package Explorer** d'Eclipse, faites un clic droit sur le paquetage Java. Dans notre cas : `fr.mondomaine.android.monappli.test`. Puis cliquez sur **New**.

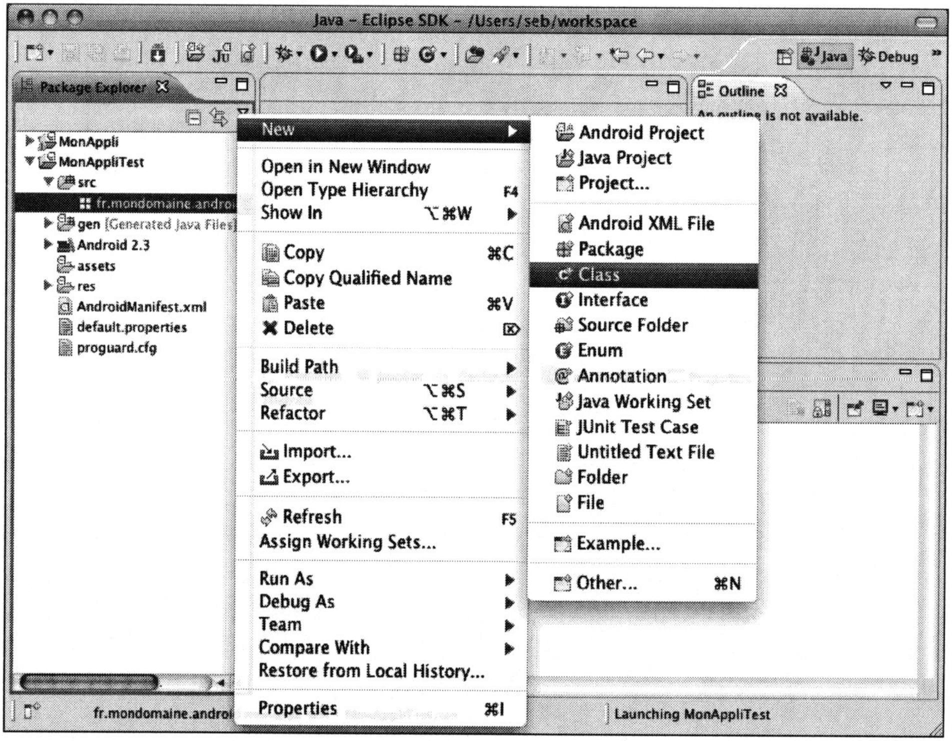

Projet de tests

▶ Sélectionnez **Class**.

La fenêtre **New Java Class** apparaît.

Remplissez les champs suivants :

Name : nom de la classe de test. Par convention, on utilisera le nom de la classe à tester et on lui ajoutera le mot `Test`. Par exemple, on utilisera `MonActivitePrincipaleTest` pour tester la classe `MonactiviteP-rincipale` du projet principal.

Superclass : classe mère de cas de tests. Correspond à une classe de cas de tests Android à choisir parmi celles fournies pour tester les activités, les services et les fournisseurs de contenu. Elles appartiennent toutes au paquetage `android.test`.

Pour les lister, il suffit de cliquer sur le bouton **Browse...** et d'entrer android.test. dans le champ **Choose a type** de la fenêtre **Superclass Selection**.

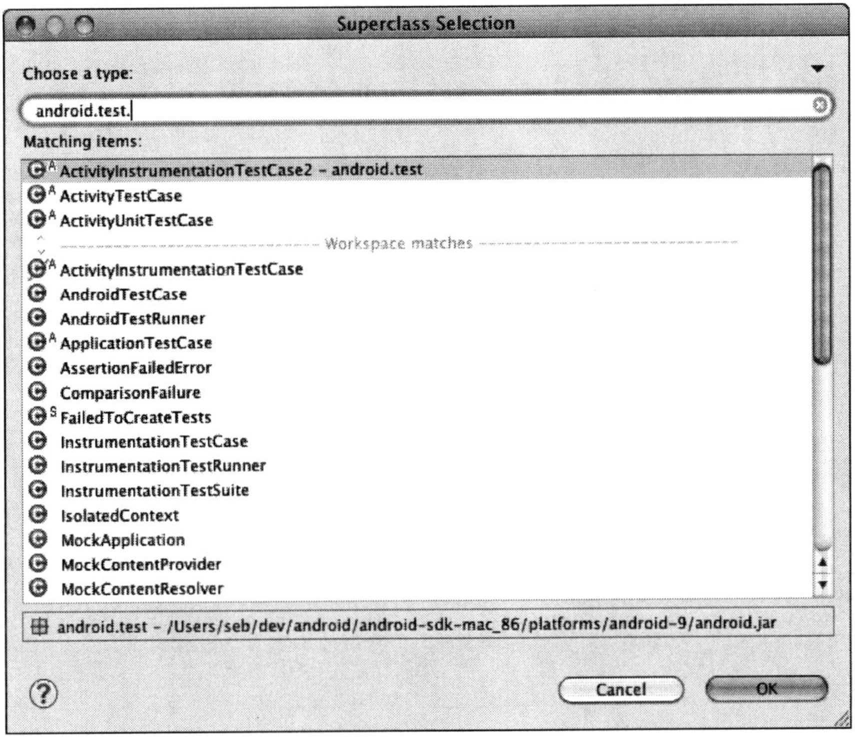

Projet de tests

▶ Puis il faut double cliquer sur la classe mère souhaitée.

Par exemple, on utilisera la classe android.test.ActivityUnitTestCase pour tester de manière isolée une seule activité. Et on remplacera le paramètre générique T par le nom de la classe à tester. Dans notre cas, on indiquera donc : android.test.ActivityUnitTestCase<MonActivitePrincipale>.

Tous les autres champs peuvent être laissés tels quels.

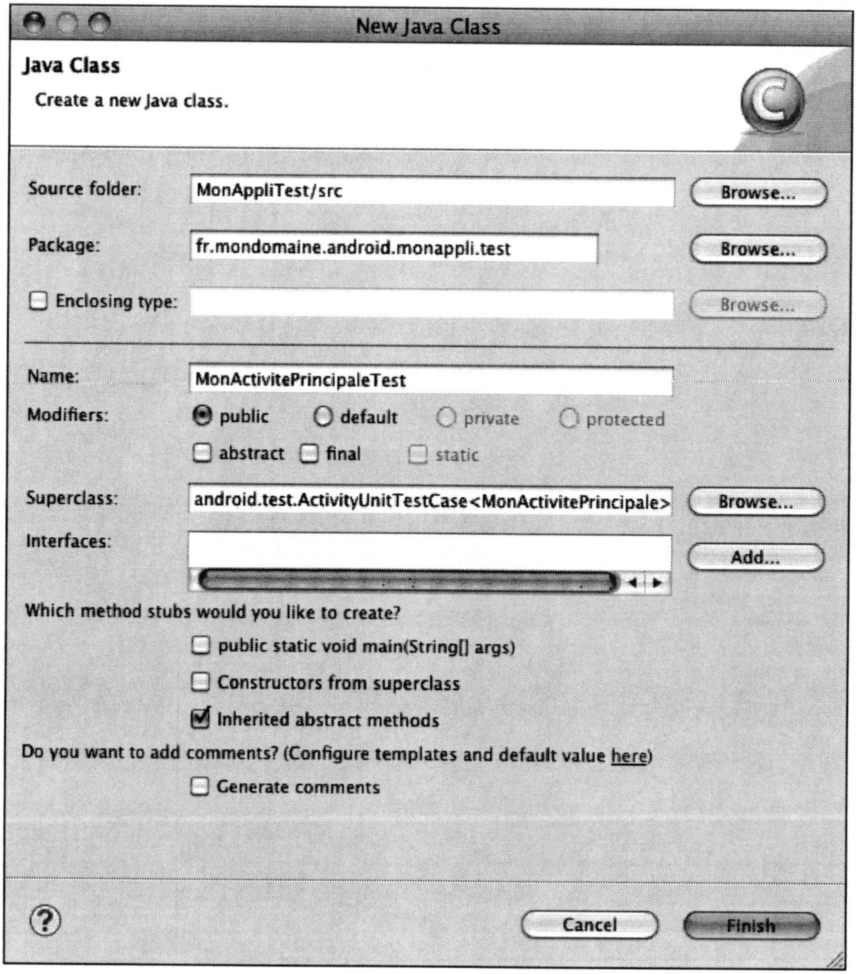

Projet de tests

▶ Cliquez sur **Finish**.

La classe correspondante est alors créée et hérite de la classe mère spécifiée.

Des erreurs de compilations s'affichent. Première étape, il faut importer la classe à tester. Dans notre cas, ce sera :

```
import fr.mondomaine.android.monappli.MonActivitePrincipale;
```

Si l'import ne peut être résolu par Eclipse, c'est sans doute parce que le projet à tester n'a pas été explicitement sélectionné lors de la création du projet de tests. Ce qui a eu pour conséquence de ne pas inclure le chemin de ce projet dans le chemin de compilation du projet à tester. Voyons comment explicitement inclure le projet à tester dans le chemin de compilation du projet de tests :

- Faites un clic droit sur le projet de tests dans l'Explorateur de Paquetages puis choisissez **Build Path - Configure Build Path**.
- Si le projet à tester ne figure pas dans la liste, sélectionnez l'onglet **Projects**, cliquez sur **Add...**, choisissez le projet à tester et cliquez sur le bouton **OK**.

L'import devrait maintenant être résolu.

Seconde étape, un constructeur sans paramètre est requis par JUnit. Celui-ci doit appeler en premier lieu le constructeur parent en lui passant en paramètre la classe à tester seule.

Syntaxe du constructeur parent

```
public ActivityUnitTestCase (Class<T> activityClass)
```

Exemple

```
package fr.mondomaine.android.monappli.test;

import android.test.ActivityUnitTestCase;
import fr.mondomaine.android.monappli.MonActivitePrincipale;

public class MonActivitePrincipaleTest extends
    ActivityUnitTestCase<MonActivitePrincipale> {

  public MonActivitePrincipaleTest() {
    super(MonActivitePrincipale.class);
  }

}
```

À ce stade, le projet ne doit plus contenir d'erreur de compilation.

Nous allons maintenant découvrir plus en détail les spécificités liées aux classes de cas de tests ciblant les activités, les services et les récepteurs d'évènements.

4.2.1 Tester une activité

De par sa nature et son fonctionnement particulier, une activité ne peut convenablement être testée uniquement avec la classe `AndroidTestCase`. C'est pourquoi Android fournit la classe de cas de tests `InstrumentationTestCase`. Celle-ci est la classe de base des cas de tests d'une activité. Elle permet notamment de contrôler le cycle de vie de l'activité en test tel que le démarrage, la pause, la destruction... Elle permet également de contrôler l'environnement des tests en créant des mocks (objets simulés) ou encore de simuler une interaction avec l'interface utilisateur. Cette classe étend les classes `TestCase` et `Assert` de JUnit.

Plusieurs classes étendent cette classe afin de spécialiser encore plus le cas de tests. Les voici :

- `ActivityUnitTestCase` : cette classe de cas de tests permet de tester une seule activité dans un environnement isolé. C'est-à-dire que les tests sont réalisés avec des objets de type `Context` et `Application` simulés. Il n'est pas possible d'envoyer des objets de type `Intent` simulés à l'activité en test excepté via l'appel de la méthode `startActivity(Intent intent)`.
- `ActivityInstrumentationTestCase2` : cette classe de cas de tests permet de réaliser des tests fonctionnels d'une ou plusieurs activités en environnement normal. C'est-à-dire que les tests sont réalisés avec des objets de type `Context` et `Application` réels. Des objets de type `Intent` simulés permettent de tester ces activités.
- `SingleLaunchActivityTestCase` : cette classe permet de tester les activités qui s'exécutent dans un mode autre que standard. Pour simuler le fonctionnement de ces autres modes, cette classe n'appelle les méthodes `setUp` et `tearDown` qu'une seule et unique fois pour l'ensemble des tests. De ce fait, l'environnement des tests ne change pas entre chaque test. Enfin, aucun objet simulé, `Context`, `Application`, `Intent`... ne peut lui être fourni.

Les objets simulés sont définis dans le paquetage `android.test.mock`.

4.2.2 Tester un service

De par sa nature indépendante, un service peut facilement être testé de façon isolée via l'utilisation de la classe `ServiceTestCase`. Celle-ci permet notamment d'injecter des objets simulés de type `Context` et `Application` avant même le démarrage du service.

4.2.3 Tester un récepteur d'évènements

Il n'est pas prévu de classes de cas de tests à dériver pour tester un récepteur d'évènements. La raison est simple : pour le tester, il suffit de tester l'objet qui communique avec ce récepteur d'évènements via l'envoi d'objets de type `Intent`.

4.3 Exécution des tests

Comme nous l'avons vu lors de la création du projet de tests, c'est l'outil indiqué dans la balise `instrumentation` du manifeste qui va lancer les cas de tests. Et ce sont ces cas de tests qui vont exécuter l'application à tester en lui fournissant des objets simulés ou non.

Comme pour toute application Android, celle-ci ne peut s'exécuter que sous l'émulateur ou un appareil physique. Dans un cas comme dans l'autre, la version du système Android doit être au minimum égale à la version cible du SDK spécifié par l'application de test.

- Dans la vue **Package Explorer** d'Eclipse, faites un clic droit sur le projet de tests puis cliquez sur **Run As**.

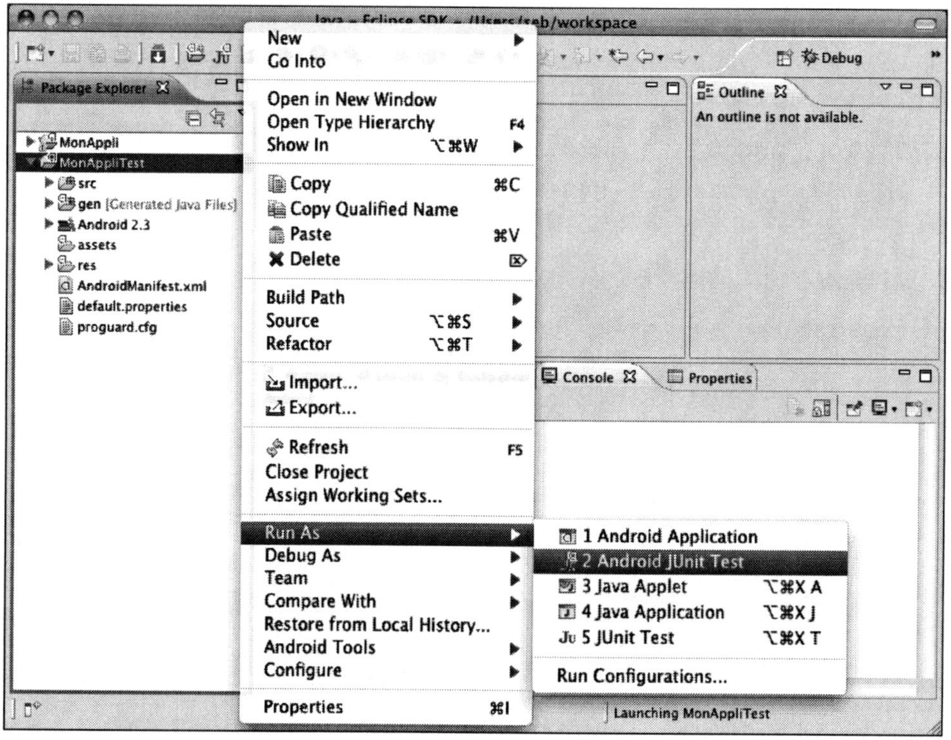

Exécution du projet de tests

■ Sélectionnez **Android JUnit Test**.

Le plug-in ADT lance alors en interne l'outil adb. Celui-ci exécute le lanceur de test indiqué dans le manifeste. Les chargements de l'application de tests et de l'application à tester s'effectuent ensuite. Une fois chargées, le lanceur exécute alors les tests.

Les résultats apparaissent dans la vue **JUnit** qui se trouve dans un onglet situé à côté de la vue **Package Explorer**.

5. Test du singe

Comme nous l'avons vu précédemment, les tests unitaires permettent de réaliser des cas de tests précis renseignés par le développeur. Mais, quand bien même le développeur aura pris soin de décrire un maximum de cas de tests, en environnement réel, l'utilisateur pourra toujours interagir avec l'application d'une façon non prévue par le développeur. C'est là qu'intervient le test du singe pour aider le développeur à réduire le champ des interactions utilisateur non testées.

Le test du singe est un test aléatoire de l'application via l'interface graphique. Ce test simule une utilisation de l'interface utilisateur via la saisie de touches, de gestes tactiles, de clics et d'autres évènements que tout utilisateur peut normalement réaliser mais de façon complètement aléatoire. Cela permet de tester de nombreuses utilisations auxquelles le développeur n'aurait pas pensé comme par exemple la validation d'un formulaire alors que des champs sont restés vides.

Android met à disposition l'outil Monkey (Singe) pour réaliser ce type de tests. Cet outil se lance depuis le shell de la plate-forme Android, émulateur ou périphérique.

Syntaxe

```
adb shell monkey [options] [nombre d'évènements]
```

Remarque

Pour afficher la liste complète des options disponibles, spécifiez l'option `-help`.

Exemple

```
$ adb shell monkey -p fr.mondomaine.android.monappli -v 100
:Monkey: seed=0 count=100
:AllowPackage: fr.mondomaine.android.monappli
:IncludeCategory: android.intent.category.LAUNCHER
:IncludeCategory: android.intent.category.MONKEY
// Event percentages:
//   0: 15.0%
//   1: 10.0%
//   2: 15.0%
//   3: 25.0%
//   4: 15.0%
```

```
//    5: 2.0%
//    6: 2.0%
//    7: 1.0%
//    8: 15.0%
:Switch:
#Intent;action=android.intent.action.MAIN;category=android.intent.
category.LAUNCHER;launchFlags=0x10000000;component=fr.mondomaine.a
ndroid.monappli/.MonActivite;end
    // Allowing start of Intent { act=android.intent.action.MAIN
cat=[android.intent.category.LAUNCHER]
cmp=fr.mondomaine.android.monappli/.MonActivite } in package
fr.mondomaine.android.monappli
:Sending Pointer ACTION_MOVE x=-4.0 y=2.0
:Sending Pointer ACTION_UP x=0.0 y=0.0
:Sending Pointer ACTION_DOWN x=47.0 y=122.0
:Sending Pointer ACTION_UP x=29.0 y=129.0
:Sending Pointer ACTION_DOWN x=255.0 y=259.0
:Sending Pointer ACTION_UP x=255.0 y=259.0
:Sending Pointer ACTION_DOWN x=295.0 y=223.0
:Sending Pointer ACTION_UP x=290.0 y=213.0
:Sending Pointer ACTION_MOVE x=-5.0 y=3.0
:Sending Pointer ACTION_MOVE x=0.0 y=-5.0
    // Rejecting start of Intent { act=android.intent.action.MAIN
cat=[android.intent.category.HOME]
cmp=com.android.launcher/com.android.launcher2.Launcher } in
package com.android.launcher
:Sending Pointer ACTION_DOWN x=74.0 y=41.0
:Sending Pointer ACTION_UP x=74.0 y=41.0
:Sending Pointer ACTION_MOVE x=3.0 y=-2.0
:Sending Pointer ACTION_UP x=0.0 y=0.0
:Sending Pointer ACTION_MOVE x=-4.0 y=2.0
Events injected: 100
:Dropped: keys=0 pointers=0 trackballs=0 flips=0
## Network stats: elapsed time=1061ms (0ms mobile, 0ms wifi,
1061ms not connected)
// Monkey finished
```

Dans cet exemple, l'outil a exécuté l'application identifiée par le paquetage `fr.mondomaine.android.monappli`, lui a soumis 100 évènements en affichant la progression et les résultats.

Sans indication contraire via l'utilisation d'options correspondantes, l'outil Monkey s'arrêtera dès l'apparition d'un problème tel qu'une exception non traitée, le blocage de l'application ou un crash.

Remarque

L'outil Monkey permet de reproduire à l'identique plusieurs fois le même test, la même séquence d'évènements, en lui fournissant le même nombre (seed) en entrée via l'option `-s`*. Ce qui permet de vérifier la correction d'une erreur découverte plus tôt par le même test.*

Chapitre 10
Publier une application

1. Introduction

La publication d'une application est sa mise à disposition à destination de tiers. Elle peut être à caractère privé, comme par exemple la publication d'une application interne à une entreprise à destination uniquement des smartphones et tablettes de ses employés. Ou elle peut être à caractère public.

Cette application peut être proposée gratuitement et dans ce cas, tous les moyens pour la distribuer sont bons : les places de marché d'applications comme l'Android Market de Google et les places de marché alternatives mises en place par certains opérateurs ou autres mais aussi les sites web en proposant directement le téléchargement du fichier apk.

L'application peut également être proposée à la vente à un tarif fixe. Là encore, il existe bon nombre de places de marché permettant de vendre des applications. Afin de se prémunir contre la copie illégale, l'application devra utiliser un système de protection (cf. chapitre Fonctionnalités avancées - Protéger les applications payantes).

Nous ne détaillerons dans ce chapitre que la publication sur l'Android Market, la place de marché des applications Android. L'Android Market, côté client, est une application installée par défaut sur la majorité des systèmes Android et qui permet à l'utilisateur de télécharger et installer des applications gratuites et payantes.

La publication d'une application nécessite une préparation de celle-ci en amont. Il est nécessaire au préalable de :

- Spécifier un numéro de version.
- Ajouter, le cas échéant, un Contrat de Licence Utilisateur Final ou CLUF spécifique à l'application. Ce contrat définit précisément les responsabilités de chacun, éditeur et utilisateur. Il permet donc de protéger l'éditeur et ses droits d'auteur. Ce contrat est généralement affiché à l'utilisateur lors du premier lancement de l'application. Il doit lire et accepter les termes de ce contrat avant de pouvoir continuer à utiliser l'application.
- Utiliser, le cas échéant, le système de licence d'application fournie par l'Android Market. Celui-ci permet, pour les applications payantes, de vérifier si l'application est une copie légale ou non, c'est-à-dire si elle a bien été achetée par l'utilisateur sur l'Android Market. Si ce n'est pas le cas, le développeur peut modifier le comportement de l'application et notamment en interdire l'usage à l'utilisateur.
- Supprimer les logs de l'application lors de la compilation de la version finale et le cas échéant, supprimer, ou mettre à `false` s'il est explicitement mis à `true`, l'attribut `android:debuggable` de la balise `application` spécifié dans le manifeste.

Remarque

La documentation officielle d'Android indique que les messages utilisant la classe `Log` sont compilés mais non utilisés à l'exécution de l'application finale. Malheureusement, ce n'est pas le cas au jour d'écriture de cet ouvrage, mais le sera peut-être bientôt.
Plus d'infos http://code.google.com/p/android/issues/detail?id=14015.

- Tester l'application finale le plus exhaustivement possible (cf. chapitre Tracer, déboguer et tester - Tests unitaires et Test du singe). Il est très important de tester l'application prioritairement sur des appareils Android physiques dans des conditions d'utilisations réelles. À défaut ou pour les configurations matérielles spéciales, l'émulateur sera d'une grande aide complémentaire.

Reprenant quelques-unes de ces étapes, nous allons découvrir dans un premier temps comment spécifier un numéro de version applicatif. Puis nous détaillerons la marche à suivre pour protéger, le cas échéant, les applications payantes en utilisant le système de licence d'application fourni par l'Android Market. Nous compilerons ensuite l'application en version finale et la signerons numériquement. Pour terminer, nous publierons l'application sur l'Android Market.

2. Préliminaires

Avant de réaliser le paquetage final de l'application, il faut vérifier plusieurs points que sont la version de l'application et les filtres configurés dans l'application permettant de ne la proposer que sur les appareils compatibles.

2.1 Version de l'application

Il est de coutume, en informatique, d'adosser un numéro de version à tout logiciel. Ce numéro de version doit être un identifiant unique, sans quoi il n'aurait pas beaucoup d'intérêt.

Sous Android, deux champs du manifeste ont pour but de préciser ce numéro de version : `android:versionCode` et `android:versionName`.

2.1.1 android:versionCode

`android:versionCode`est un nombre entier. Ce nombre n'est pas affiché à l'utilisateur. Il permet aux autres applications et à l'Android Market de pouvoir comparer deux versions de l'application et de savoir laquelle des deux est une mise à jour, à savoir celle dont le nombre a la valeur la plus grande.

Il est d'usage de commencer à 1 et d'incrémenter la valeur à chaque mise à jour officielle de l'application qu'elle soit majeure ou mineure.

Remarque

Le système Android ne vérifie pas cette valeur et laisse libre cours au développeur pour spécifier cette valeur. De ce fait, il est demandé au développeur de bien veiller à ce que la dernière version possède toujours la valeur la plus grande.

Syntaxe

```
<manifest xmlns:android="http://schemas.android.com/apk/res/android"
    android:versionCode="entier" >
  ...
</manifest>
```

Exemple

```
<manifest
    xmlns:android="http://schemas.android.com/apk/res/android"
    package="fr.mondomaine.android.monappli"
    android:versionCode="42" >
</manifest>
```

2.1.2 android:versionName

`android:versionName` est le numéro de version affiché à l'utilisateur dans l'Android Market par exemple. C'est un élément clé à caractère informatif qui sert aussi bien au développeur qu'à l'utilisateur.

Pour le développeur, ce numéro de version permet de spécifier les versions majeures, les versions mineures, les versions correctrices... Il permet également, lorsque l'application a été publiée sous différentes versions, d'associer les bogues à telle ou telle version. Enfin, cela permet de discuter avec les utilisateurs et de connaître la version qu'ils utilisent le cas échéant.

Pour l'utilisateur, le numéro de version permet de vérifier qu'il utilise bien la dernière mise à jour de l'application. Il permet de juger de l'utilité d'une mise à jour selon l'importance du changement de version, majeure ou mineure. Enfin, cela lui permet aussi de distinguer la version dans des échanges avec d'autres utilisateurs ou avec le développeur.

Le développeur est libre quant à la syntaxe adoptée pour la numérotation des versions. La valeur doit être une chaîne de caractères.

Remarque

Ce numéro de version doit être unique, a minima, à chaque publication de l'application sans quoi personne ne saura de quelle variante de l'application il s'agit.

Syntaxe

```
<manifest xmlns:android="http://schemas.android.com/apk/res/android"
    android:versionName="chaîne de caractères" >
    ...
</manifest>
```

Exemple

```
<manifest
  xmlns:android="http://schemas.android.com/apk/res/android"
  package="fr.mondomaine.android.monappli"
  android:versionName="13.3.7" >
</manifest>
```

Dans cet exemple, la syntaxe utilisée respecte la convention suivante : *numéro_majeur.numéro_mineur.numéro_build*.

2.2 Filtres pour le marché

Supposons par exemple une application de photographie qui, par définition, nécessite la présence d'un appareil photo sur l'appareil Android. Si cette application était proposée à un utilisateur dont l'appareil Android ne possède pas d'appareil photo, cette application pourrait ne pas fonctionner.

■ Remarque

Dans ce cas, l'utilisateur pourrait publier son mécontentement sous forme de commentaire et de note médiocre rendus publics dans l'Android Market et qui peuvent être consultés par les autres utilisateurs avant de choisir d'installer l'application. Il est donc très important de ne pas permettre l'installation de l'application sur un appareil incompatible.

Pour éviter ce type de désagrément, l'Android Market filtre les applications pour ne proposer que celles compatibles avec l'appareil de l'utilisateur. Pour ce faire, il se base sur les informations fournies par l'application indiquant les caractéristiques matérielles et logicielles dont l'application dépend.

Ces informations sont à fournir dans le manifeste dans les balises `uses-feature` et `uses-configuration`.

■ Remarque

Ces informations n'ont qu'un caractère informatif. Le système Android ne les utilise pas, notamment pour filtrer l'installation d'une application ou pour autoriser leur utilisation par l'application. Elles sont principalement utilisées par des programmes tiers tel l'Android Market pour lister les appareils compatibles. Elles ne remplacent en aucun cas les demandes de permissions nécessaires pour utiliser tel matériel ou composant logiciel.

■ Remarque

L'Android Market utilise également la balise `uses-sdk` et son attribut `android:minSdkVersion`, les balises `uses-library` et la balise `supports-screen` pour filtrer les applications compatibles avec l'appareil de l'utilisateur.

2.2.1 uses-feature

La balise uses-feature permet d'indiquer les caractéristiques matérielles et logicielles dont dépend l'application. Il est recommandé de les renseigner toutes. Les valeurs sont du type android.hardware.* et android.software.*.

L'attribut android:required permet d'indiquer si la caractéristique correspondante est obligatoirement requise ou non. Par défaut, elle l'est. Cependant, il peut être intéressant que l'application gère le cas où cette caractéristique n'est pas présente. Cela permet de proposer l'application à plus d'utilisateurs, notamment ceux utilisant des tablettes tactiles et qui ne disposent pas forcément des mêmes capacités matérielles, telles que la téléphonie par exemple.

Remarque

L'Android Market utilise les déclarations des permissions requises par l'application pour vérifier la liste des caractéristiques obligatoirement requises et la compléter automatiquement. Par exemple, si une application demande la permission ACCESS_FINE_LOCATION, l'Android Market en déduira les caractéristiques android.hardware.location et android.hardware.location.gps, et donc la présence d'un composant matériel de localisation GPS, avec un caractère obligatoire.

Syntaxe

```
<uses-feature android:name="chaîne de caractères"
  android:required="booléen"
  ... />
```

Exemple

```
<uses-feature android:name="android.hardware.location" />
<uses-feature android:name="android.hardware.wifi"
  android:required="false" />
```

Dans le cas où la caractéristique n'est pas obligatoirement requise, l'application doit alors tester dynamiquement si l'appareil la possède ou non de sorte à adapter son fonctionnement. Il faut pour cela utiliser la méthode hasSystemFeature de la classe PackageManager dont l'instance est retournée par la méthode getPackageManager.

Cette méthode reçoit en paramètre la caractéristique à tester sous forme de chaîne de caractères et retourne un booléen.

Syntaxe

```
public abstract boolean hasSystemFeature (String name)
```

Exemple

```
boolean gpsPresent = getPackageManager()
.hasSystemFeature(PackageManager.FEATURE_LOCATION_GPS);
```

2.2.2 uses-configuration

La balise `uses-configuration` permet également d'indiquer des combinaisons matérielles requises par l'application. À chaque utilisation de cette balise correspond une combinaison matérielle et logicielle compatible.

Cette balise propose plusieurs attributs dont deux sont décrits ici. Par exemple, l'attribut `android:reqHardKeyboard` permet de spécifier si l'application nécessite un clavier physique ou non. L'attribut `android:reqTouchScreen` permet d'indiquer si l'application nécessite un écran tactile.

Par défaut, en l'absence de cette balise, il est considéré que l'application ne nécessite ni clavier physique, ni écran tactile.

Syntaxe

```
<uses-configuration android:reqHardKeyboard="booléen"
  android:reqTouchScreen="[finger|notouch|stylus|undefined]"
/>
```

Exemple

```
<uses-configuration android:reqHardKeyboard="true" />
```

3. Signature de l'application

Toute application Android doit être signée numériquement pour être installée et exécutée sur un système Android, que ce soit sur l'émulateur ou sur un appareil Android. Cela permet notamment d'identifier l'éditeur de l'application.

L'application est distribuée sous la forme d'un fichier au format apk (*Android Package*).

Remarque

Le fichier `.apk` est un fichier au format zip contenant toute l'application : les fichiers Java compilés en `.class`, les fichiers ressources et les fichiers xml compilés au format wbxml (wap binary xml).

Pendant la phase de développement d'une application, le développeur est amené à compiler, installer et exécuter celle-ci de nombreuses fois. Ce qui suppose de signer chacune de ces compilations sans quoi il n'est pas possible de les installer sur le système Android. Pourtant, jusqu'ici, aucune demande de signature n'a été requise et toutes les compilations des applications ont pu être installées sans souci sur l'émulateur ou sur un appareil Android. Ce qui contredit les premiers propos.

La raison est simple. Afin de ne pas alourdir le travail du développeur en lui demandant de signer chacune des compilations, le processus de signature diffère selon le mode de compilation utilisé.

3.1 Compilation en mode débogage

C'est le mode de compilation utilisé par défaut sous Eclipse avec le plug-in ADT pendant la phase de développement de l'application. Lors de la compilation d'une application dans ce mode, le plug-in ADT crée automatiquement un magasin de clés et y crée une clé privée spécifiquement dédiée au mode débogage.

Cette clé est ensuite utilisée pour signer automatiquement le fichier apk, l'optimiser et l'installer sur le système Android. Toutes ces phases sont réalisées de manière totalement transparente pour le développeur.

Cela lui permet donc de ne pas avoir à s'occuper de cet aspect et de se focaliser sur le développement de l'application.

L'application signée de cette façon ne peut pas être distribuée sur l'Android Market.

3.2 Compilation en mode final

Une fois l'application finalisée, celle-ci doit être compilée en mode release (final). Ce mode, contrairement au mode debug (débogage), ne signe pas automatiquement l'application. Cela permet de signer l'application avec la clé privée du compte éditeur. L'application signée avec cette clé pourra ensuite être publiée et distribuée à des tiers.

La signature d'une application finale est effectuée au moyen d'un certificat numérique auto-signé dont la clé privée appartient uniquement à l'éditeur de l'application. Les étapes de création de cette clé privée et du magasin de clés qui la contient ne sont à réaliser que la première fois. Les compilations suivantes pourront ensuite utiliser la clé précédemment créée.

Il est tout à fait possible de n'utiliser qu'une seule clé par application et par version. Cependant, il est recommandé de n'en utiliser qu'une seule pour signer toutes les applications afin de :
- Permettre une mise à jour aisée de l'application pour les utilisateurs existants. Une mise à jour d'une même application requiert obligatoirement l'usage d'une même clé sans quoi la mise à jour sera considérée comme une nouvelle application à part entière sans lien avec la version précédente. Et puisque cette nouvelle application utilise le même nom de paquetage, elle ne sera pas autorisée à être installée.
- Pouvoir les exécuter dans le même processus système si elles le souhaitent et de partager les mêmes données propres à l'application comme les fichiers de préférences. Cette fonctionnalité permet par exemple d'installer séparément l'application principale, gratuite, et des modules supplémentaires indépendants, payants.

La clé utilisée devra donc avoir une date de validité suffisamment lointaine permettant de couvrir toutes les applications et toutes les durées de vie de leurs mises à jour. La validité de cette date sera uniquement vérifiée lors de la phase d'installation de l'application sur le système Android.

Remarque

L'éditeur doit absolument protéger et garder le magasin et la clé secrète, ainsi que les mots de passe associés, au risque de se faire voler son identité par un tiers. Sans quoi, la sécurité des applications et des données utilisateurs associées ne sont plus assurées.

3.2.1 Protection du code

Proguard est un outil qui permet, entre autres, de réduire, d'optimiser et d'obscurcir le code Java compilé sans en modifier son fonctionnement. Cela permet à la fois d'optimiser la taille du binaire et de le rendre plus difficile à étudier.

Pour cela, Proguard prend uniquement en compte le code Java utilisé et laisse de côté le code non utilisé. Il renomme les classes, méthodes et champs en utilisant des noms courts sans signification. Enfin, il optimise le binaire généré.

Il est ainsi très dur de comprendre le code Java d'un programme binaire produit par l'outil Proguard puis décompilé.

L'utilisation de l'outil Proguard est optionnelle. Elle est toute désignée si le développeur souhaite protéger le code de ses applications et vivement recommandée lorsque l'application utilise la bibliothèque de vérification de licences afin de renforcer la sécurité de ce dispositif.

Le système de compilation Android gère l'usage de l'outil de façon automatique et transparente pour le développeur. L'outil n'est utilisé que pour les compilations en mode release.

Par défaut, un projet Android n'utilise pas l'outil Proguard. Pour activer l'utilisation de cet outil, il faut ajouter la propriété `proguard.config` dans le fichier `default.properties` qui se trouve à la racine du projet. Cette propriété doit spécifier le chemin et le nom du fichier de configuration destiné à l'outil Proguard.

Il existe un fichier de configuration par défaut, `proguard.cfg`, fournit à la racine du projet qui conviendra pour la grande majorité des projets.

Syntaxe

```
proguard.config=/dossiers/proguard.cfg
```

Exemple

```
proguard.config=proguard.cfg
```

L'exemple utilise le fichier `proguard.cfg` fourni par défaut.

Une fois exécuté, l'outil crée plusieurs fichiers dans le répertoire `proguard` du projet. Ces fichiers sont `dump.txt`, `mapping.txt`, `seeds.txt` et `usage.txt`. Ils permettent notamment de convertir les traces d'exception obscurcies avec les noms des classes, des méthodes et des membres originaux.

Remarque

Les compilations suivantes écraseront ces fichiers. Il est donc fortement recommandé de les sauvegarder, tout comme le projet complet, pour chaque application publiée.

Remarque

Il se peut qu'il soit nécessaire de paramétrer Proguard pour qu'il ne modifie pas les noms des méthodes spécifiées dans les attributs `android:onClick` des widgets afin de garder fonctionnelles ces relations.

3.2.2 Signer l'application

Voici comment compiler et signer une application en mode release sous Eclipse :

- Dans la vue **Package Explorer** d'Eclipse, faites un clic droit sur le projet puis cliquez sur **Android Tools - Export Signed Application Package...**

La fenêtre **Export Android Application** apparaît.

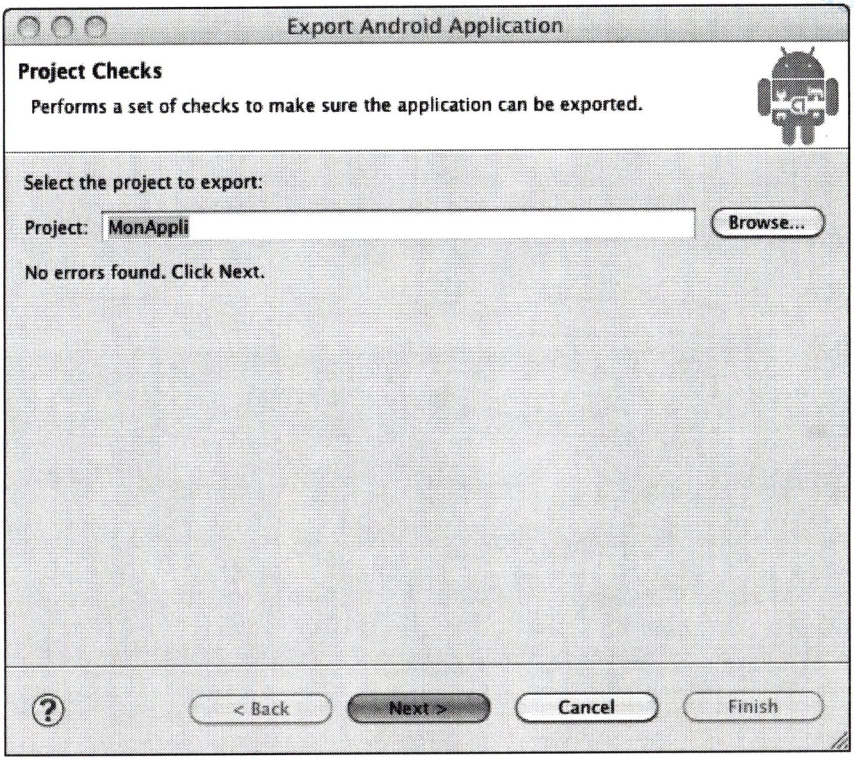

Signature de l'application

- Vérifiez que le projet est présent dans le champ **Project**. Si ce n'est pas le cas, cliquez sur le bouton **Browse...** pour sélectionner le projet.
- Cliquez sur le bouton **Next >** et sélectionnez **Create new keystore** pour demander à créer un nouveau magasin de clés. Cliquez sur le bouton **Browse...** pour spécifier l'emplacement et le nom du fichier du magasin qui sera créé. Indiquez un mot de passe de six caractères minimum dans le champ **Password** et confirmez-le en saisissant le même mot de passe dans le champ **Confirm**.

Remarque

Ce mot de passe doit être mémorisé précieusement car il sera demandé lors de chaque compilation en mode release. Il est fortement recommandé de choisir un mot de passe très fort pour protéger le magasin.

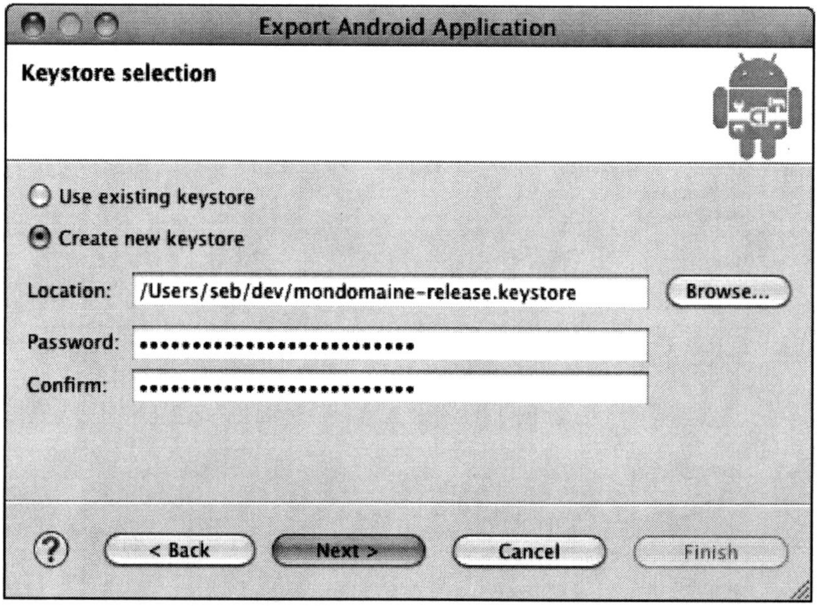

Signature de l'application

- Cliquez sur le bouton **Next**.

L'étape suivante consiste à créer la clé privée.

- Nommez la clé privée dans le champ **Alias**. Indiquez un mot de passe de six caractères minimum dans le champ **Password** et confirmez-le en saisissant le même mot de passe dans le champ **Confirm**.

Remarque

Ce mot de passe doit être mémorisé précieusement car il sera demandé lors de chaque compilation en mode release. Pour des raisons de sécurité évidentes, il est recommandé qu'il soit différent du mot de passe du magasin de clés et qu'il soit lui aussi très fort.

- Indiquez ensuite le nombre d'années pendant lesquelles sera valide cette clé, entre une et mille années.

■ Remarque

La publication sur l'Android Market requiert obligatoirement une date de fin de validité supérieure au 22 octobre 2033. Puisque cela ne coûte rien, n'hésitez pas à spécifier une date de fin allant bien au-delà.

▶ Terminez l'étape en spécifiant l'identité du créateur de la clé.

■ Remarque

Ces informations n'ont qu'un caractère informatif limité à la clé. Elles ne sont pas utilisées ultérieurement, comme par exemple sur l'Android Market.

Signature de l'application

▶ Cliquez sur le bouton **Next**.

- Saisissez l'emplacement et le nom du fichier `.apk` à créer et à signer avec cette clé privée.

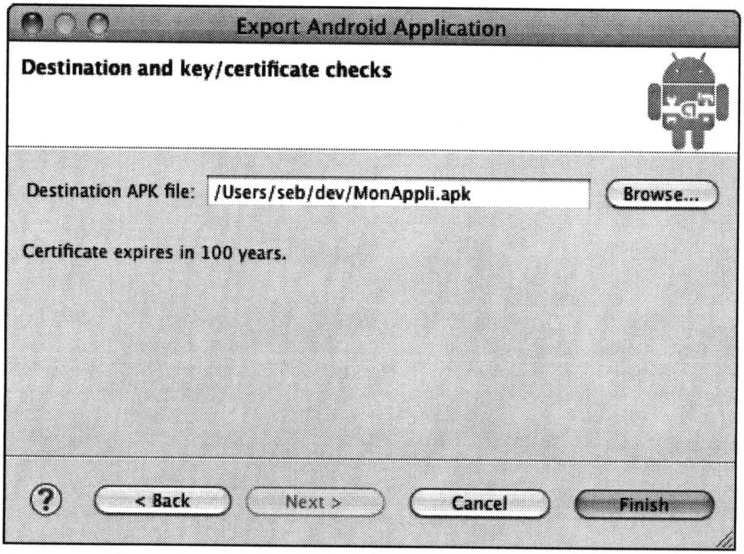

Signature de l'application

- Cliquez sur le bouton **Finish**.

La clé est générée et enregistrée dans le nouveau magasin. Le projet est compilé en mode release. Le fichier `.apk` est ensuite créé à l'emplacement précédemment indiqué, optimisé et signé avec la clé privée.

3.2.3 Installer l'application

Avant de distribuer le fichier `.apk` du mode release, il est fortement recommandé de l'installer et l'exécuter sur l'émulateur ou sur un appareil Android pour vérifier que le fichier n'est pas corrompu et que l'application fonctionne correctement.

Pour cela, il faut au préalable supprimer l'application compilée en mode debug du système Android car les clés utilisées par les deux fichiers `.apk`, debug et release, ne sont pas identiques. Le système Android le détectera et refusera l'installation du nouveau fichier apk.

- Désinstallez l'application compilée en mode debug du système Android. Soit en utilisant le menu du système Android, soit en utilisant l'outil `adb` en ligne de commande en lui spécifiant le paquetage à supprimer.

Syntaxe

adb uninstall [*options*] *paquetage*

L'option `-k` indique de ne pas supprimer les données de l'application et le cache de l'application.

Exemple

```
$ adb uninstall fr.mondomaine.android.monappli
Success
```

Le système Android ne contenant plus de traces de l'application, nous pouvons installer l'application finale.

Pour cela, nous utiliserons de nouveau l'outil `adb` en ligne de commande en lui spécifiant le fichier `apk` à installer.

Syntaxe

adb install [*options*] *fichier*.apk

L'option `-r` est utile pour effectuer une mise à jour. Cela permet de conserver les données applicatives déjà installées par la version précédente.

L'option `-s` permet d'installer l'application sur le stockage externe plutôt que dans l'espace de stockage interne de l'appareil.

Exemple

```
$ adb install /Users/seb/dev/MonAppli.apk
475 KB/s (13404 bytes in 0.027s)
    pkg: /data/local/tmp/MonAppli.apk
Success
```

4. Publication de l'application sur l'Android Market

Une fois l'application finale compilée, signée avec la clé privée du compte éditeur, et testée en environnement réel, elle peut être publiée.

Il existe de nombreuses places de marché où peut être publiée l'application. Celle qui contient le plus d'application est l'Android Market géré par la société Google. Nous décrirons donc ici les différentes étapes pour publier une application sur l'Android Market.

4.1 Inscription

L'Android Market est la place de marché d'applications Android, proposée par la société Google. Cette place de marché permet d'un côté aux éditeurs de soumettre leurs applications et de l'autre de proposer le téléchargement et l'installation de ces applications aux utilisateurs directement sur leurs appareils Android. L'utilisateur peut installer ces applications soit en utilisant l'application dédiée **Android Market** disponible sur son appareil, soit en surfant sur le site web de l'Android Market disponible à l'adresse https://market.android.com/.

L'ouverture d'un compte éditeur sur l'Android Market est payante. Que l'éditeur souhaite y publier des applications gratuites ou payantes, il doit s'acquitter du paiement de $25 US de frais une seule et unique fois lors de l'inscription.

L'éditeur qui souhaite proposer une application sur l'Android Market doit avant tout posséder un compte Google.

■ Remarque

Le compte Google peut être un compte Gmail ou un compte Google Apps.

Ce compte permet de créer un compte éditeur utilisé pour gérer la publication des applications. L'adresse de messagerie ainsi que les autres informations du compte Google ne sont pas divulguées aux utilisateurs des applications. Lors de chaque publication d'application, il est possible de spécifier une adresse de messagerie spécifique qui sera communiquée aux utilisateurs afin qu'ils puissent contacter l'éditeur.

- Ouvrez un navigateur internet et entrez l'adresse : http://market.android.com/publish

Une redirection aboutira sur la page d'authentification de Google.

- Saisissez l'adresse de messagerie et le mot de passe du compte Google qui sera utilisé pour créer et gérer l'accès à l'Android Market. Si besoin, la création d'un compte Google peut être réalisée en cliquant sur **Create an account now**.

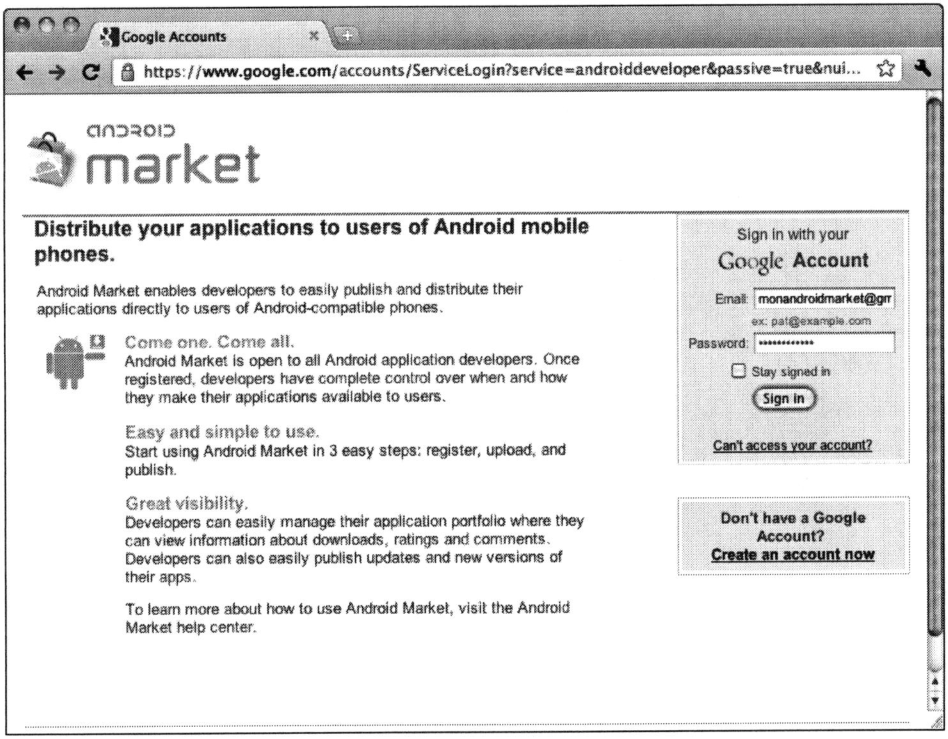

Inscription sur l'Android Market

- Cliquez sur le bouton **Sign in**.

Première étape de création du compte éditeur sur l'Android Market : la création du profil éditeur. Indiquez ici les données du compte éditeur dont certaines seront divulguées aux utilisateurs. Il est possible de modifier ultérieurement ces informations.

- Saisissez le nom de l'éditeur ou celui de la société éditrice. Ce nom est affiché à l'utilisateur en complément du nom de chacune des applications.
- Saisissez l'adresse de messagerie de contact et de support indiquée par défaut aux utilisateurs.
- Saisissez, le cas échéant, l'adresse du site internet en rapport avec l'activité ou les applications de ce compte. Cette adresse est l'adresse fournie par défaut aux utilisateurs.
- Saisissez un numéro de téléphone que Google pourra utiliser pour joindre l'éditeur concernant la publication des applications si cela s'avère nécessaire. Ce numéro de téléphone reste privé et n'est pas fourni à des tiers.
- Enfin, cochez, si besoin, l'option permettant de recevoir des courriels concernant l'Android Market.

Inscription sur l'Android Market

■ Cliquez sur le bouton **Continuer**.

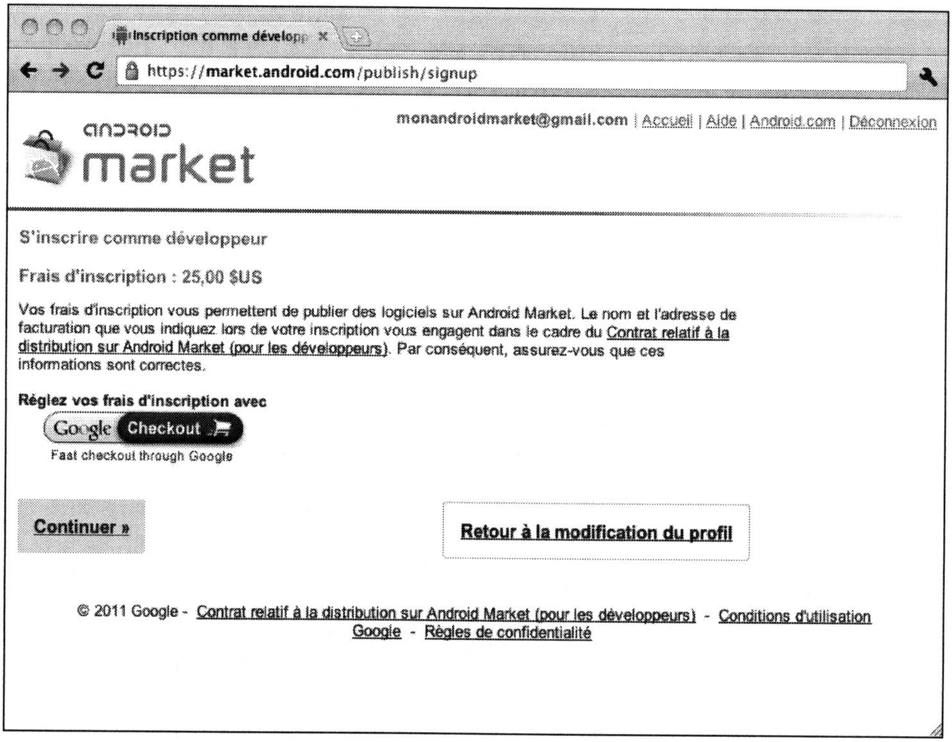

Inscription sur l'Android Market

Deuxième étape : le paiement des frais d'inscription de compte Android Market qui s'élèvent à $25 US. Le compte Android Market doit obligatoirement être associé à un compte Google Checkout, le système de paiement en ligne de Google. C'est sur ce compte que l'éditeur encaissera les éventuels gains issus des ventes de ses applications. Puis ces gains lui seront transférés mensuellement sur son compte bancaire.

Il est conseillé de prendre connaissance des clauses du Contrat relatif à la distribution sur Android Market soit immédiatement en suivant le lien hypertexte indiqué ou plus loin dans la procédure d'inscription.

Ce contrat pourra également être consulté à tout moment en cliquant sur le lien hypertexte fourni en pied de page sur chacune des pages du site.

■ Remarque

Ce contrat est traduit en français à l'adresse suivante :
http://www.android.com/fr/developer-distribution-agreement.html

▶ Cliquez sur le bouton **Continuer**.

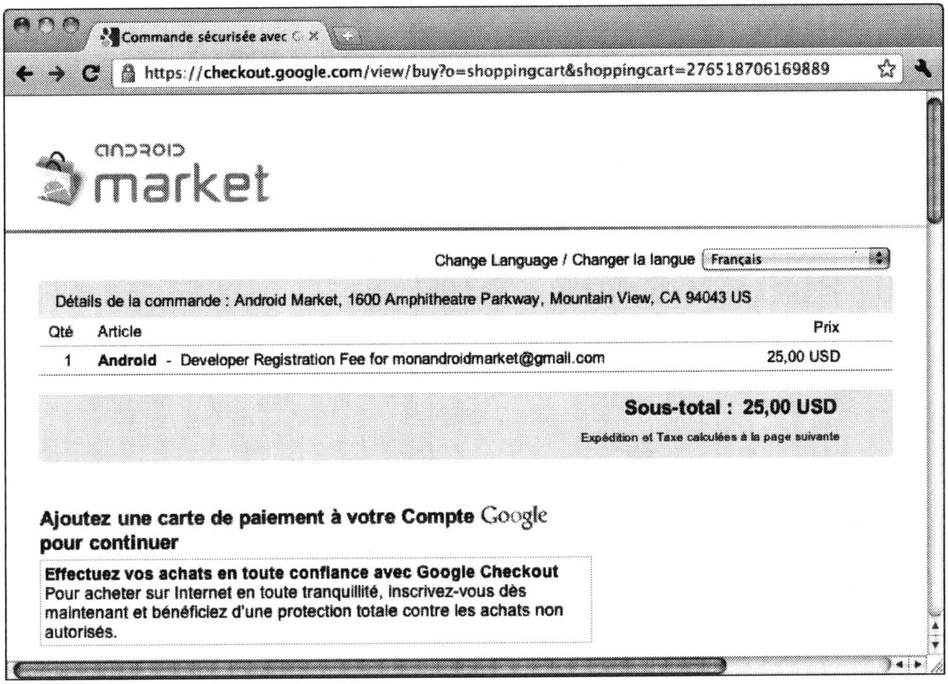

Inscription sur l'Android Market

▶ Remplissez tous les champs pour créer le compte Google Checkout et procéder au paiement des frais d'inscription. À noter que l'ajout d'une carte de paiement au compte Google Checkout est obligatoire.

▶ Suivez les différentes étapes de paiement pour le finaliser.

Une fois le paiement validé, il est proposé de continuer l'inscription sur l'Android Market. L'écran d'acceptation du contrat relatif à la distribution sur Android Market s'affiche alors.

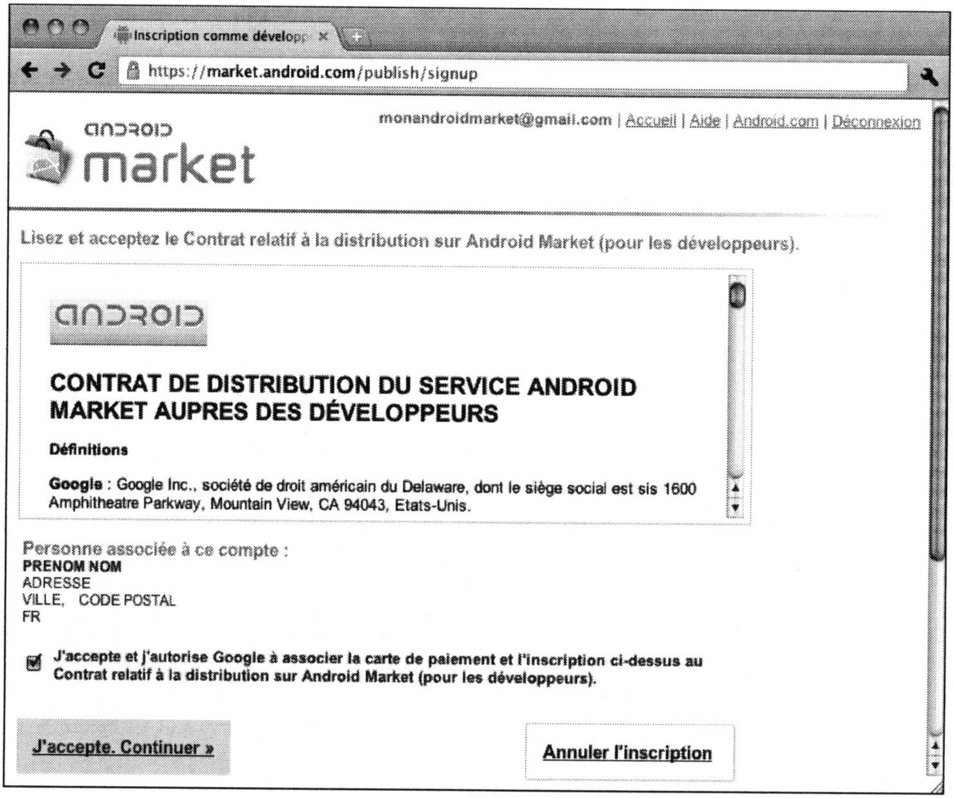

Inscription sur l'Android Market

- Lisez et acceptez les clauses du contrat en cochant la case à cocher puis cliquez sur le bouton **J'accepte**. **Continuer** ».

L'écran principal du compte Android Market s'affiche alors confirmant la réussite de l'inscription.

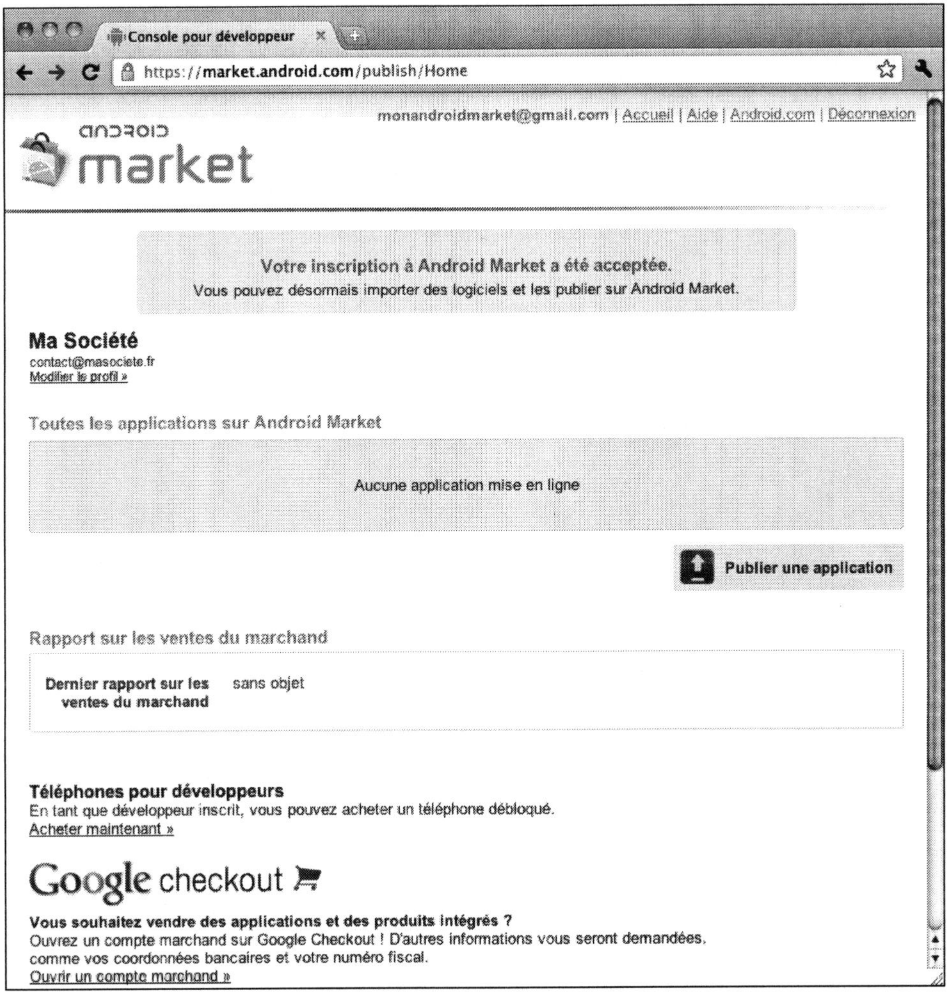

Inscription sur l'Android Market

Il est dès lors possible de publier des applications gratuites.

Pour proposer des applications payantes ou des applications gratuites avec achats intégrés ou In-app Billing, il est nécessaire de convertir le compte Google Checkout en compte marchand.

- Pour cela, descendez tout en bas de la page et cliquez sur le lien **Ouvrir un compte marchand** puis suivez les différentes étapes...

4.2 Publication

- Si ce n'est déjà fait, connectez-vous sur le compte éditeur d'Android Market.

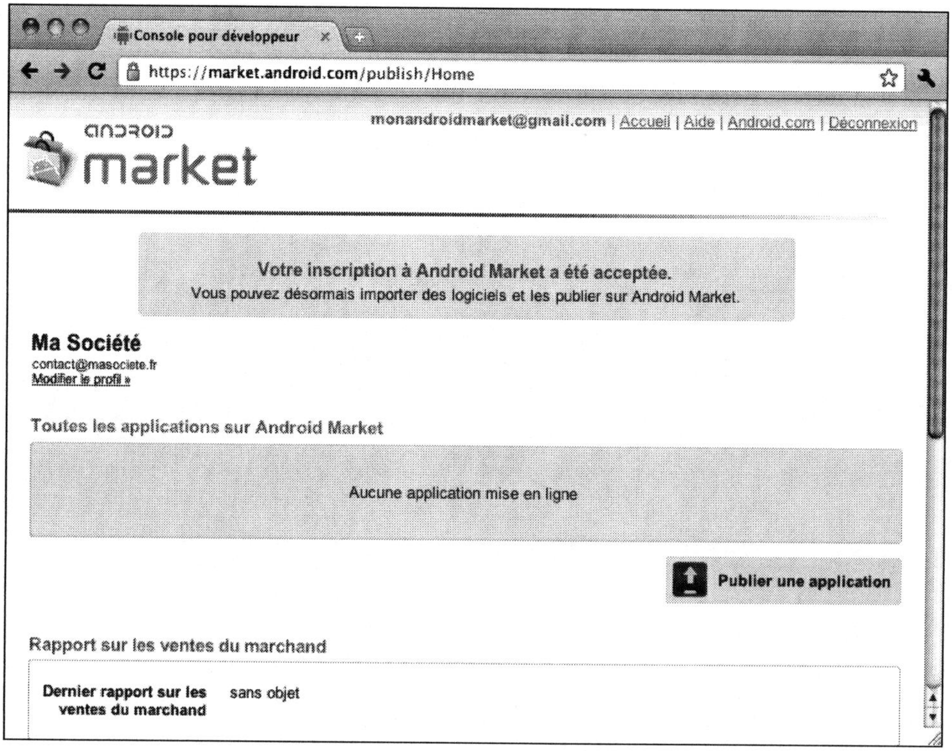

Publication sur l'Android Market

- Cliquez sur le bouton **Publier une application**.

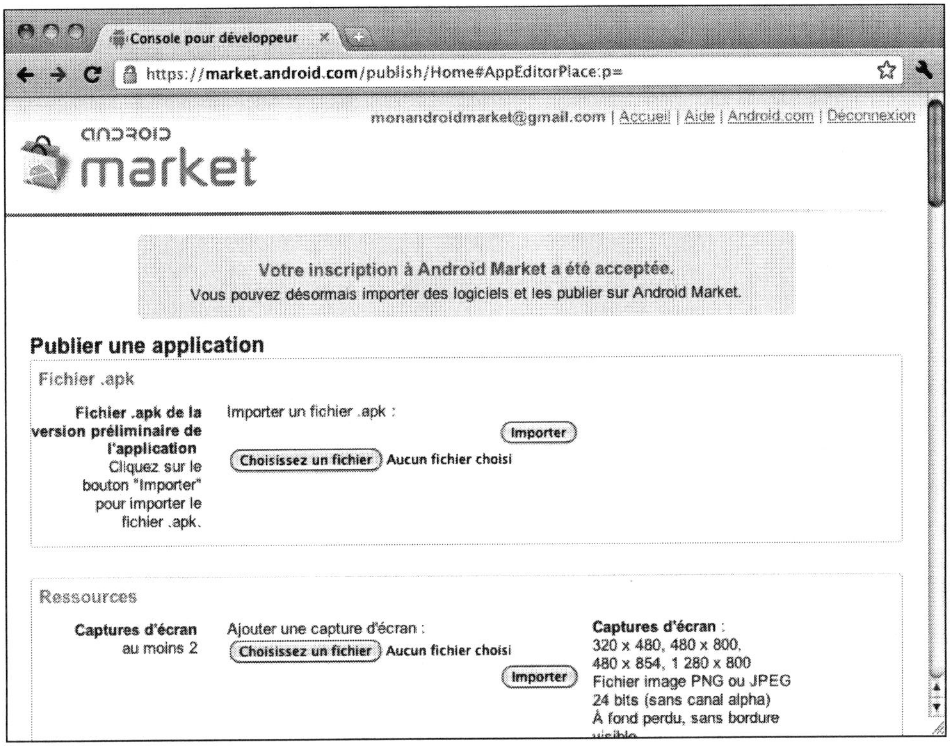

Publication sur l'Android Market

De nombreux renseignements concernant l'application doivent être fournis pour qu'elle puisse être publiée. Tant que le formulaire n'a pas été validé en cliquant sur le bouton **Publier**, celui-ci est sauvegardé en mode brouillon afin d'être complété plus tard.

■ Remarque

Une fois le formulaire validé et l'application publiée, la plupart des éléments du formulaire peuvent être modifiés à volonté. Un délai de mise à jour peut ensuite s'appliquer pour propager les modifications sur l'Android Market.

Découvrons de suite les renseignements demandés.

■ Remarque

*Pour chacun des fichiers à fournir dans le formulaire, il faut, une fois le fichier sélectionné, cliquer sur le bouton **Importer** correspondant pour le charger sur le serveur.*

4.2.1 Fichier .apk

Fichier .apk de la version préliminaire de l'application : fichier binaire au format apk de l'application compilée en mode release.

■ Remarque

Pour rappel, le nom de paquetage utilisé par l'application est l'identifiant unique de l'application sur l'Android Market. Une fois chargé, ce nom ne peut être modifié ou réutilisé par une autre application.

4.2.2 Ressources

Cette partie permet de fournir les éléments graphiques à utiliser pour faire la promotion de l'application sur l'Android Market et éventuellement d'autres supports.

Captures d'écran : copies d'écran de l'application respectant les formats et résolutions demandées. Ces copies d'écran seront affichées à l'utilisateur lorsqu'il consultera la fiche de l'application sur l'Android Market. Un minimum de deux copies d'écran est requis. Six autres peuvent être fournis si besoin.

■ Remarque

Plus que les mots de la description de l'application détaillée plus loin, les copies d'écran sont sans doute le meilleur moyen de donner envie à l'utilisateur de télécharger l'application. Il faut donc les choisir consciencieusement.

Icône haute résolution de l'application : icône de l'application en haute résolution de 512 x 512 pixels. Cette icône est utilisée pour promouvoir l'application sur l'Android Market. Elle doit être semblable à celle de l'application.

Image promotionnelle, **Image** et **Vidéo promotionnelle** : images et vidéos optionnelles utilisées sur l'Android Market afin d'y promouvoir l'application. Cela concerne généralement les applications les plus populaires.

Remarque

Vous trouverez plus d'informations à l'adresse https://market.android.com/support/bin/answer.py?answer=1078870. Si la page ne s'affiche pas en français, il est possible de le forcer en choisissant la langue tout en bas de la page.

Marketing désactivé : si la case est cochée, l'application sera promue uniquement sur l'Android Market et d'autres sites gérés par Google. Si elle est décochée, l'application pourra être promue en complément sur d'autres supports tels que spots publicitaires TV, affiches... Les modifications ultérieures de cette option seront prises en compte dans un délai maximum de soixante jours.

4.2.3 Informations sur l'application

Cette partie permet de décrire l'application dans différentes langues, de la classer et d'indiquer éventuellement un prix. Tous ces éléments peuvent être modifiés ultérieurement.

Langue : par défaut, les renseignements doivent être fournis au minimum en anglais. Un clic sur le lien **ajouter une langue** permet d'ajouter d'autres langues en complément.

Remarque

À l'instar de la traduction de l'application, il est vivement conseillé de traduire la description de l'application dans un maximum de langues ; à défaut dans les mêmes langues que celles supportées par l'application.

Title : nom de l'application utilisé sur l'Android Market. Un même nom ne peut être utilisé par deux applications différentes. C'est la loi du premier arrivé premier servi. Par contre, il est possible de spécifier un nom différent pour chaque langue.

Description : texte décrivant l'application. L'utilisateur pourra le lire avant de télécharger l'application. Il faut donc le lui en donner envie ici.

Recent Changes : texte décrivant les changements apportés par la dernière version tels que les nouvelles fonctionnalités, les corrections de bogues...

Promo Text : texte figurant aux côtés des éléments graphiques promotionnels **Promotional Graphic** vus précédemment.

Remarque

Lorsque l'utilisateur fait une recherche textuelle sur l'Android Market, celui-ci utilise les données des champs titre et description pour fournir une liste d'applications correspondantes. Là encore, il faut donc veiller à bien choisir les termes employés.

Type d'application et **Catégorie** : toute application doit être classée dans une catégorie. Cela permet à l'utilisateur de pouvoir consulter les applications disponibles dans chacune de ces catégories.

Remarque

Les descriptions détaillées de chacune des catégories sont disponibles à l'adresse http://market.android.com/support/bin/answer.py?answer=113475.

4.2.4 Options de publication

Protection contre la copie : fait référence à une ancienne méthode de protection des applications contre la copie illégale. Celle-ci est remplacée par la nouvelle méthode LVL étudiée précédemment. Il faut donc utiliser la méthode LVL et laisser cette case à cocher sur `Désactivé`.

Catégorie de contenu : l'application doit être classée selon son contenu et son usage. Quatre niveaux sont proposés. Les voici dans l'ordre du plus restrictif au plus permissif :
- `Niveau 1 - Strict` (Maturité élevée)
- `Niveau 2 - Modéré` (Maturité moyenne)
- `Niveau 3 - Large` (Maturité faible)
- `Tous` (Tout public).

Le niveau est à choisir en prenant en compte les références à l'alcool, au tabac, aux drogues, aux jeux d'argent et de hasard, à l'incitation à la haine...

■ Remarque

Il est de la responsabilité de l'éditeur de choisir la bonne catégorie. Par exemple, une application qui utilise les données de localisation de l'utilisateur devra requérir un niveau supérieur ou égal au niveau 3. Pour plus d'informations sur les critères et les classements correspondants, rendez-vous à l'adresse http://www.google.com/support/androidmarket/bin/answer.py?answer=188189

Pays/Tarifs : l'application peut être proposée aux utilisateurs en téléchargement gratuit ou payant. L'éditeur peut sélectionner les pays où sera distribuée l'application. Dans le cas d'une application payante et dans la mesure du possible, le prix de l'application est indiqué dans la devise locale de l'utilisateur. L'éditeur peut soit fixer librement les tarifs locaux de l'application, soit utiliser le bouton **Saisie automatique** pour laisser l'Android Market effectuer les conversions automatiquement selon les cours de devise actuels. Cette conversion automatique ne se produit qu'au clic de ce bouton. Une fois défini, chaque tarif est fixe jusqu'à la prochaine modification par l'éditeur.

■ Remarque

Si l'application est proposée gratuitement, elle ne pourra jamais devenir payante par la suite. Dans ce cas, il faudra republier l'application comme pour une nouvelle application. Ce qui entraîne que l'application doit changer de nom de paquetage, que sa publication utilise un nom d'application différent... Il faut donc bien définir en amont la stratégie commerciale à utiliser.

■ Remarque

Au moment de fixer le tarif, l'éditeur doit bien garder à l'esprit que l'Android Market déduit 30% de frais sur chacune des transactions. Ainsi, pour une application au tarif de 10 euros, l'éditeur recevra 7 euros bruts desquels il devra ensuite déduire les éventuelles charges, impôts et taxes pour obtenir le gain net.

Appareils compatibles : affiche les fonctionnalités requises par l'application et spécifiées dans son manifeste, comme vu au début de ce chapitre. Le nombre d'appareils disposant de ces fonctionnalités est affiché. Un clic sur le lien **Afficher les appareils** permet d'afficher la liste de ces appareils compatibles. Si besoin, il est possible d'en exclure manuellement. L'application sera alors proposée uniquement sur les appareils faisant partie de la liste finale.

4.2.5 Coordonnées

Cette partie concerne les informations de contact que pourront utiliser les utilisateurs de l'Android Market pour joindre l'éditeur. Ce sont donc des informations publiques. Au moins un type de contact doit être fourni parmi les suivants :

Site Web : l'adresse du site internet de l'éditeur ou, mieux, celui de l'application, s'il existe.

Adresse e-mail : l'adresse de messagerie électronique sur laquelle les utilisateurs pourront contacter l'éditeur.

Téléphone : un numéro de téléphone sur lequel les utilisateurs pourront joindre l'éditeur.

4.2.6 Accepter

D'une part les termes du *Règlement du programme Android Market* doivent être acceptés. Ce règlement définit, entre autres, la politique de contenu que l'application doit respecter. Ce règlement est disponible en français à l'adresse http://www.android.com/fr/developer-content-policy.html.

D'autre part, il faut confirmer que l'application respecte les lois d'exportation américaines, notamment si l'application fait usage directement ou non de cryptage.

- Une fois le formulaire rempli, cliquez sur le bouton **Publier** pour publier immédiatement l'application sur l'Android Market ou sur le bouton **Enregistrer** pour sauvegarder ce formulaire à l'état brouillon et le reprendre ultérieurement.

■ Remarque

La publication de l'application sur l'Android Market est automatique et immédiate. Il n'y a pas de contrôle a priori de l'application. Cependant, il peut y avoir un contrôle a posteriori à tout instant pouvant mener la société Google à retirer l'application de l'Android Market, ce qui est rare et ne concerne que des applications litigieuses...

4.3 Et après ?

Après la publication, l'application est ajoutée à la liste des applications du compte éditeur. De là, il peut gérer chacune des applications. Pour cela, il lui suffit de cliquer sur le nom de l'application pour afficher sa page de publication. Tous les champs sont modifiables, à l'exception du fichier apk.

Pour mettre à jour le binaire de l'application, soit le fichier `.apk`, il faut cliquer sur le lien **Importer la mise à niveau** figurant sur la page de publication de l'application et charger le nouveau fichier binaire.

■ Remarque

Pour rappel, l'attribut `android:versionCode` *du manifeste doit avoir une valeur supérieure à celle du binaire publié. Et bien évidemment, le nom de paquetage de l'application ne doit pas avoir changé d'un iota.*

Le bouton **Annuler la publication** permet de retirer l'application de la publication et donc de l'Android Market. L'application et sa fiche de publication ne sont pas effacées du compte de l'éditeur de façon à pouvoir être publiées de nouveau.

Pour chaque application de la liste figurent son nom, sa version, sa catégorie, sa note moyenne renseignée par les utilisateurs, le nombre total de téléchargements et le nombre d'installations toujours effectives, le prix et l'état de publication.

D'autres informations peuvent également être consultées via un clic sur le lien correspondant :

- **Commentaires** : lien permettant de consulter les détails des notations des utilisateurs et leurs commentaires.

- **Statistiques** : lien permettant de consulter diverses statistiques concernant les installations de l'application. Le premier graphique représente l'historique du nombre d'installations cumulées depuis la date de publication de l'application ou au maximum depuis mi-décembre 2010. Les graphiques suivants indiquent les répartitions des installations selon :
  - La version des systèmes Android.
  - Le modèle de l'appareil.
  - Le pays de l'utilisateur.
  - La langue du système Android, et donc de l'utilisateur.

En complément, figurent également les données concernant l'ensemble des applications de l'Android Market réparties selon les mêmes critères, excepté pour le modèle de l'appareil puisque cela est une donnée sensible.

- **Produits intégrées à l'application** : lien permettant de gérer les achats intégrés à l'application.
- **Erreurs** : lien permettant de consulter les rapports de blocages ou de crash de l'application renvoyés par les utilisateurs. Ce lien n'est affiché que s'il existe au moins un rapport. Chacun de ces rapports fournit le nom de l'exception levée, la méthode où l'exception s'est produite, le modèle de l'appareil et la pile d'appels des méthodes provoquant les exceptions. L'utilisateur peut également inclure un message dans le rapport. Les rapports identiques sont regroupés en un seul.

Chapitre 11
Cartes et localisation géographique

1. Introduction

Depuis leur apparition, les smartphones ont permis la démocratisation de l'usage de la localisation géographique grâce à l'intégration des récepteurs GPS ou systèmes équivalents dans la plupart d'entre eux.

Un autre usage courant des applications est d'afficher des cartes géographiques permettant à l'utilisateur de situer rapidement des lieux, des évènements, des commerces... Exploitant le procédé de localisation géographique, il est également possible de se géolocaliser, c'est-à-dire se localiser sur une carte géographique.

Ce sont ces deux fonctionnalités que nous allons détailler dans ce chapitre.

2. Localisation géographique

La localisation géographique, ou géolocalisation, permet de localiser l'appareil Android à un instant t de façon plus ou moins précise en fournissant de multiples informations et notamment ses coordonnées géographiques : la latitude et la longitude.

Toute application peut dès lors utiliser la géolocalisation pour localiser l'appareil et par là même l'utilisateur.

Remarque

Afin de respecter la vie privée de l'utilisateur, il est de bon ton de le prévenir au minimum que l'application utilise ses coordonnées géographiques. Lui laisser la possibilité d'activer et de désactiver le système de géolocalisation à tout instant, par exemple via une case à cocher, est encore mieux. Par défaut, cette case devra être décochée afin que l'utilisateur et lui seul donne son accord explicite pour qu'il soit localisé.

Selon les matériels équipant l'appareil Android, le système peut s'appuyer sur un ou plusieurs dispositifs permettant de fournir les coordonnées de localisation. Ce peut être une puce GPS, ou le réseau cellulaire accouplé aux réseaux Wi-Fi environnants.

Chacun de ces dispositifs possède ses avantages et ses faiblesses. D'un côté, le système GPS permet d'obtenir des coordonnées précises en contrepartie d'une consommation des batteries importantes, du besoin d'un environnement extérieur dégagé et d'un délai de localisation pouvant être plus long qu'avec les autres dispositifs.

De l'autre, le système Android utilisera moins de batterie pour capter le réseau cellulaire et les réseaux Wi-Fi. Il le fera plus rapidement et même en intérieur.

Le système de géolocalisation Android permet de s'adapter automatiquement au matériel fourni par l'appareil et activé par l'utilisateur. De ce fait, le développeur ne doit pas préjuger du matériel dont l'application a accès sauf cas particuliers. L'application doit s'adapter automatiquement à tous les environnements matériels.

C'est pourquoi elle doit préciser non pas quel système elle souhaite utiliser mais de quel niveau de précision elle désire disposer. Le système déterminera ensuite de façon autonome sur quels composants matériels s'appuyer pour répondre à cette demande.

2.1 Permissions

Afin de pouvoir utiliser le système de géolocalisation, la première étape consiste à doter l'application du droit de localiser l'appareil. Pour cela, il faut rajouter la ou les permissions correspondantes dans le manifeste.

Car il existe deux permissions permettant cela selon le niveau de précision souhaité.

La permission android.permission.ACCESS_COARSE_LOCATION demande le droit d'utiliser les composants de localisation ayant une précision plus ou moins grossière, comme la combinaison des réseaux cellulaires et Wi-Fi.

La permission android.permission.ACCESS_FINE_LOCATION demande le droit d'utiliser les composants de localisation les plus précis, comme le GPS, en plus de ceux à précision plus ou moins grossière. Cette permission inclut donc implicitement la permission android.permission.ACCESS_COARSE_LOCATION.

Exemple

```
<?xml version="1.0" encoding="utf-8"?>
<manifest>
  <uses-permission
    android:name="android.permission.ACCESS_FINE_LOCATION" />
</manifest>
```

2.2 Gestionnaire de localisation

Android fournit la classe LocationManager permettant de gérer le service système de géolocalisation. L'instance de ce service, le gestionnaire, se récupère en utilisant la méthode getSystemService et en lui spécifiant en paramètre le nom du service désiré. Le nom du service de géolocalisation est contenu dans une constante : Context.LOCATION_SERVICE.

Syntaxe

```
public abstract Object getSystemService (String name)
```

Exemple

```
LocationManager locManager =
  (LocationManager) getSystemService(Context.LOCATION_SERVICE);
```

En fonction des droits de localisation demandés dans le manifeste, ce gestionnaire a accès à plus ou moins de dispositifs de localisation.

Certaines de ses méthodes demandent de fournir un ensemble de critères qui leur sert à déterminer quel dispositif de localisation parmi ceux disponibles répond le mieux à ces critères. Ces critères sont à fournir dans un objet de type `Criteria` créé en utilisant son constructeur par défaut.

Syntaxe

```
public Criteria ()
```

Exemple

```
Criteria criteres = new Criteria();
criteres.setAccuracy(Criteria.ACCURACY_HIGH);
```

D'autres méthodes proposent d'indiquer explicitement le nom du dispositif à utiliser sous forme de chaîne de caractères. Il existe plusieurs constantes désignant ces dispositifs :

- `GPS_PROVIDER` : constante qui contient le nom du système GPS. Ce dispositif nécessite la permission `android.permission.ACCESS_FINE_LOCATION`.
- `NETWORK_PROVIDER` : constante qui contient le nom du système des réseaux cellulaires et Wi-Fi. Ce dispositif nécessite la permission `android.permission.ACCESS_COARSE_LOCATION`.
- `PASSIVE_PROVIDER` : constante qui désigne le système permettant de récupérer les mises à jour des localisations demandées par les autres applications. Cela permet d'éviter des demandes de localisations superflues et de mutualiser celles reçues entre les applications. Ce dispositif, bien que nécessitant la permission `android.permission.ACCESS_FINE_LOCATION`, ne certifie pas que les localisations retournées aient une précision fine.

Remarque

À noter qu'une application peut utiliser un ou plusieurs dispositifs de localisation, simultanément ou non.

2.3 Récupérer les données de localisation

Nombreuses sont les stratégies pouvant être adoptées pour récupérer la localisation de l'utilisateur. Certaines applications peuvent n'avoir besoin de localiser l'utilisateur qu'une et une seule fois; d'autres à intervalles réguliers. Certaines applications n'ont pas besoin d'une grande précision, d'autres, au contraire, ont besoin d'une précision très fine.

Le développeur devra essayer de réfléchir à la meilleure stratégie à mettre en place en prenant en compte non seulement les besoins de l'application mais également les contraintes matérielles en essayant notamment de minimiser la consommation énergétique.

Un objet de type `Location` représente une localisation à un instant t. Cet objet peut contenir de nombreuses informations comme la latitude, la longitude, l'altitude, la précision de la position, l'instant exact du relevé, la vitesse instantanée, le dispositif qui l'a renvoyé...

Remarque

La classe `Location` fournit également des méthodes utilitaires, notamment la méthode `distanceBetween` permettant de calculer aisément la distance entre deux points GPS ou encore la méthode `distanceTo` pour calculer la distance entre l'objet de type `Location` et un autre objet du même type.

Remarque

Attention ! Ce n'est pas parce qu'une localisation est plus récente qu'une autre qu'elle est plus précise. Il faut donc comparer les différents objets de type `Location` reçus pour ne garder que la localisation la plus précise mais pas trop ancienne...

Il est possible de récupérer la localisation de l'utilisateur depuis le cache ou en la recherchant une seule fois ou de façon régulière.

Pour ces deux dernières techniques, il faut leur indiquer l'action à réaliser lorsque la localisation aura été trouvée, ce qui peut prendre un certain temps, ou lors d'évènements affectant le dispositif, comme son activation et désactivation. Cela peut se faire de deux façons.

La première façon est d'utiliser un objet de type `PendingIntent`.

Les données de localisation sous forme d'un objet de type `Location` seront ajoutées dans les données `Extra` de l'intent lorsqu'elles seront connues. La clé de la valeur extra correspondante est `KEY_LOCATION_CHANGED`. Les clés `KEY_PROVIDER_ENABLED` et `KEY_STATUS_CHANGED` sont envoyées lorsque surviennent respectivement les évènements d'activation ou de désactivation et de statut modifié du dispositif concerné.

Exemple

```
Location loc = (Location) intent.getParcelableExtra(
  android.location.LocationManager.KEY_LOCATION_CHANGED);
```

La seconde façon est d'implémenter l'interface `LocationListener` et de fournir ou non un objet de type `Looper` permettant d'invoquer les méthodes de l'interface sur un thread différent de celui par défaut, soit le thread principal. L'interface `LocationListener` comprend quatre méthodes appelées lorsqu'une nouvelle localisation est trouvée, que l'utilisateur a activé le dispositif, qu'il l'a désactivé ou que le statut du dispositif a changé. Ces méthodes sont respectivement : `onLocationChanged`, `onProviderDisabled`, `onProviderEnabled` et `onStatusChanged`.

Syntaxe

```
public abstract void onLocationChanged (Location location)
public abstract void onProviderDisabled (String provider)
public abstract void onProviderEnabled (String provider)
public abstract void onStatusChanged (String provider, int status,
  Bundle extras)
```

Exemple

```
LocationListener locListener = new LocationListener() {
  public void onLocationChanged(Location location) {
    Log.d(TAG, "Localisation reçue : lat="+
      location.getLatitude()+" / lon="+location.getLongitude());
  }

  public void onProviderDisabled(String provider) {
    Log.d(TAG, "Dispositif désactivé : "+provider);
  }
  public void onProviderEnabled(String provider) {
    Log.d(TAG, "Dispositif activé : "+provider);
  }
```

```
  public void onStatusChanged(String provider, int status,
    Bundle extras) {
    StringBuffer buf = new StringBuffer(
      "Statut modifié : dispositif="+provider+" / statut=");
    switch (status) {
    case LocationProvider.AVAILABLE:
      buf.append("En service");
      Integer t = (Integer)extras.get("satellites");
      if (t != null)
        buf.append("(satellites="+t+")");
        break;
      case LocationProvider.OUT_OF_SERVICE:
        buf.append("Hors service");
        break;
      case LocationProvider.TEMPORARILY_UNAVAILABLE:
        buf.append("Temporairement indisponible");
        break;
      default:
        break;
    }
    Log.d(TAG, buf.toString());
  }
};
```

2.3.1 En cache

Le gestionnaire de localisation fournit la méthode `getLastKnownLocation` permettant de récupérer immédiatement, depuis un cache, la dernière localisation renvoyée par le dispositif spécifié en paramètre. Cette méthode retourne un objet de type `Location` ou `null` si aucune localisation n'est disponible pour ce dispositif. Cette méthode a l'avantage d'être immédiate puisqu'elle n'active pas le dispositif de localisation. C'est une méthode simple et peu coûteuse pour obtenir une localisation temporaire en en attendant une plus précise. En contrepartie, la localisation retournée peut être très ancienne, pas assez précise...

Syntaxe

```
public Location getLastKnownLocation (String provider)
```

Exemple

```
Location loc =
  locManager.getLastKnownLocation(LocationManager.NETWORK_PROVIDER);
```

2.3.2 Une seule fois

Certaines applications n'ont besoin d'obtenir la localisation de l'utilisateur qu'une seule fois, par exemple pour géolocaliser un commentaire de l'utilisateur. Elles peuvent utiliser la méthode `getLastKnowLocation` vue précédemment mais cette dernière peut ne pas convenir car trop ancienne, pas assez précise...

Dans ce cas, depuis Android 2.3 (API 9), il est possible d'utiliser l'une des méthodes `requestSingleUpdate`. Le délai d'obtention de la donnée de localisation dépend de nombreux facteurs et peut durer un certain temps.

Remarque

Pour les versions inférieures à Android 2.3 (API 9), le développeur peut utiliser les mises à jour régulières, décrites un peu plus loin, et arrêter ce procédé dès la première réception des données de localisation.

Selon la déclinaison utilisée, la méthode `requestSingleUpdate` prend en paramètre soit directement le nom du dispositif de localisation à utiliser soit un objet de type `Criteria` permettant d'identifier ce dispositif. Elle peut prendre également en paramètres un objet implémentant l'interface `PendingIntent` ou un objet de type `LocationListener` et le thread attaché selon la solution choisie pour récupérer les données de localisation.

Syntaxe

```
public void requestSingleUpdate (String provider,
  PendingIntent intent)
public void requestSingleUpdate (String provider,
  LocationListener listener, Looper looper)
public void requestSingleUpdate (Criteria criteria,
  PendingIntent intent)
public void requestSingleUpdate (Criteria criteria,
  LocationListener listener, Looper looper)
```

Exemple

```
locManager.requestSingleUpdate(criteres, locListener, null);
locManager.requestSingleUpdate(LocationManager.GPS_PROVIDER,
  pendingIntent);
```

2.3.3 Périodiquement

Certaines applications ont besoin d'obtenir périodiquement la localisation de l'utilisateur comme par exemple une application qui enregistre le parcours effectué par l'utilisateur. Ou alors, elles souhaitent obtenir plusieurs données de localisation pour ne garder que la plus précise.

Dans ce cas, le développeur peut utiliser une des méthodes `requestLocationUpdates`. Ces méthodes permettent d'obtenir plusieurs données de localisation. Elles prennent en paramètres un entier `minTime` permettant de spécifier le délai minimum en millisecondes entre deux notifications de localisation ainsi qu'un nombre à virgule flottante `minDistance` permettant de spécifier la distance minimale en mètres qui doit avoir été parcourue entre deux notifications. La combinaison de ces deux valeurs permet de définir la période des mises à jour des données de localisation.

Remarque

Mettre les paramètres `minTime` et `minDistance` à `0` permet d'obtenir les mises à jour des données de localisation aussi souvent que possible. Mais en contrepartie, la batterie de l'appareil peut se vider très vite. De ce fait, afin d'économiser les batteries, il est recommandé de spécifier une valeur `minTime` la plus grande possible et ne descendant pas en dessous de 60 secondes, même si en interne, le rafraîchissement des données de localisation peut avoir lieu plus tôt ou plus tard que la valeur spécifiée.

À l'instar des méthodes `requestSingleUpdate`, selon la déclinaison utilisée, la méthode `requestLocationUpdates` prend en paramètre soit directement le nom du dispositif de localisation à utiliser soit un objet de type `Criteria` permettant d'identifier ce dispositif. Elle prend également en paramètres un objet de type `PendingIntent` ou un objet implémentant l'interface `LocationListener` et le thread attaché selon la solution choisie pour récupérer les données de localisation.

Syntaxe

```
public void requestLocationUpdates (String provider, long minTime,
  float minDistance, PendingIntent intent)
public void requestLocationUpdates (String provider, long minTime,
  float minDistance, LocationListener listener, Looper looper)
public void requestLocationUpdates (String provider, long minTime,
  float minDistance, LocationListener listener)
public void requestLocationUpdates (long minTime, float minDistance,
  Criteria criteria, PendingIntent intent)
public void requestLocationUpdates (long minTime, float minDistance,
  Criteria criteria, LocationListener listener, Looper looper)
```

Exemple

```
locManager.requestLocationUpdates(0, 0, criteres, locListener,
  null);
locManager.requestLocationUpdates(LocationManager.GPS_PROVIDER, 0,
  0, pendingIntent);
```

2.3.4 Stopper les mises à jour

Pour stopper les récupérations des données de localisation effectuées via les méthodes `requestSingleUpdate` et `requestLocationUpdates`, il faut utiliser l'une des deux méthodes `removeUpdates` en fournissant en paramètre l'action concernée, c'est-à-dire soit l'objet de type `PendingIntent`, soit l'objet implémentant l'interface `LocationListener`.

Syntaxe

```
public void removeUpdates (PendingIntent intent)
public void removeUpdates (LocationListener listener)
```

Exemple

```
locManager.removeUpdates(locListener);
```

3. Google Maps

Un autre usage courant des applications est d'afficher des cartes géographiques permettant à l'utilisateur de situer rapidement des lieux, des évènements, des commerces...

Par défaut, le système Android n'inclut pas de telles possibilités. La société Google propose sa bibliothèque externe de cartographie `com.google.android.maps` pour ajouter de telles fonctionnalités au système de base.

La plupart des appareils Android disposent de systèmes incluant cette bibliothèque. De ce fait, ils permettent aux applications tierces d'afficher et d'incorporer de telles cartes géographiques depuis Android 1.5 (API 3).

Remarque

Bien que cette bibliothèque ne fasse pas partie de la plate-forme Android de base, c'est aujourd'hui une fonctionnalité si couramment utilisée par de nombreuses applications qu'il apparaît évident de devoir traiter ce sujet.

3.1 Mise en place

Outre l'installation de la bibliothèque Maps, l'application doit déclarer l'usage de cette bibliothèque et le développeur doit obtenir une autorisation d'utilisation de cette librairie auprès de la société Google. Ce sont ces sujets que nous allons aborder dans cette section.

3.1.1 Installation du SDK

Comme déjà indiqué plus haut, la plate-forme Android par défaut n'inclut pas la bibliothèque Maps.

Une application souhaitant avoir accès à cette bibliothèque doit être compilée avec le SDK contenant cette bibliothèque. Pour cela, il faut utiliser les modules complémentaires fournies par Google et contenant les API de Google correspondantes.

- Lancez l'outil **Android SDK and AVD Manager**.

- Dans la liste de gauche, sélectionnez **Available Packages** puis dans la liste de droite, dépliez le dossier **Third party Add-ons** et sélectionnez un des modules **Google APIs by Google Inc.** correspondant à la version du SDK Android souhaité.
- Cliquez sur le bouton **Install Selected**.
- Terminez l'installation comme déjà vu (cf. chapitre L'univers Android - Environnement de développement).

Remarque

Si les tests doivent être réalisés sous émulateur, il faudra veiller à ce que l'image système utilisée par l'AVD soit accompagnée des modules complémentaires de Google.

3.1.2 Configuration de l'application

Afin de pouvoir utiliser la bibliothèque externe Maps, l'application doit déclarer cet usage avec la balise `uses-library` à indiquer sous la balise `application` du manifeste.

Syntaxe

```
<uses-library android:name="com.google.android.maps" />
```

Remarque

La balise `uses-library` permet de compiler l'application en utilisant la bibliothèque spécifiée. En outre, elle assure de n'autoriser l'installation de cette application que sur des systèmes Android disposant de cette librairie.

Puisque la bibliothèque communique avec un serveur pour télécharger les cartes géographiques, l'application doit inclure l'autorisation de se connecter à Internet. Pour cela, il faut rajouter la permission `android.permission.Internet` dans le manifeste.

Exemple

```
<?xml version="1.0" encoding="utf-8"?>
<manifest ...>
  <application ...>
    <uses-library android:name="com.google.android.maps" />
  </application>
  <uses-permission android:name="android.permission.INTERNET" />
</manifest>
```

3.1.3 Obtenir une clé d'utilisation

Tout utilisateur du service Google Maps doit fournir une clé d'utilisation permettant au service de l'identifier.

Concrètement, chacune des vues `MapView` d'une application doit fournir cette clé d'utilisation. Les vues `MapView` sont décrites plus loin.

Sans cette clé, l'application fonctionnera correctement à ceci près que les cartes géographiques ne seront pas affichées. Les vues correspondantes resteront vides, ou plus précisément, contiendront une grille vide.

Cette clé est gratuite et dépendante du certificat utilisé pour signer l'application. Cela signifie qu'une seule et même clé peut être utilisée pour toutes les vues `MapView` d'une même application, et par extension, par plusieurs applications signées avec le même certificat.

Par contre, la clé sera différente pour chacun des certificats différents utilisés pour signer l'application. Concrètement, il y aura donc une clé pour la compilation en mode debug et une autre pour la compilation en mode release.

Remarque

Il faudra donc bien veiller à remplacer la clé de debug par celle du mode release dans les sources du projet avant sa compilation en mode release produisant l'application qui sera publiée.

La génération de la clé utilise l'empreinte MD5 du certificat de signature.

Pour obtenir une clé pour le mode debug, il faut donc d'abord récupérer la valeur de l'empreinte MD5 du certificat correspondant.

Le fichier correspondant au certificat de debug se nomme `debug.keystore`. Il est stocké dans le répertoire `.android` figurant à la racine du répertoire utilisateur.

Remarque

*L'emplacement du fichier peut se retrouver en allant dans les **Préférences** d'Eclipse, puis **Android** et **Build**.*

La génération de l'empreinte MD5 du certificat est réalisée via l'outil `keytool`.

Syntaxe

```
keytool -list -alias nom_cle -keystore nom_magasin.keystore
```

Les mots de passe du magasin et de la clé pour le mode debug sont : `android`.

Exemple

```
$ keytool -list -alias androiddebugkey -keystore
/Users/seb/.android/debug.keystore
Tapez le mot de passe du Keystore :
androiddebugkey, 31 mai 2010, PrivateKeyEntry,
Empreinte du certificat (MD5) :
03:DF:AC:D5:10:7A:76:8A:0D:C4:93:B4:6B:07:86:10
```

- Rendez-vous ensuite à l'adresse : http://code.google.com/android/maps-api-signup.html
- Lisez les termes du Service Android Maps API décrivant notamment les conditions et restrictions d'utilisations du service. Validez la case à cocher **I have read and agree with the terms and conditions**.
- Copiez-collez l'empreinte MD5 du certificat dans le champ **My certificate's MD5 fingerprint**.

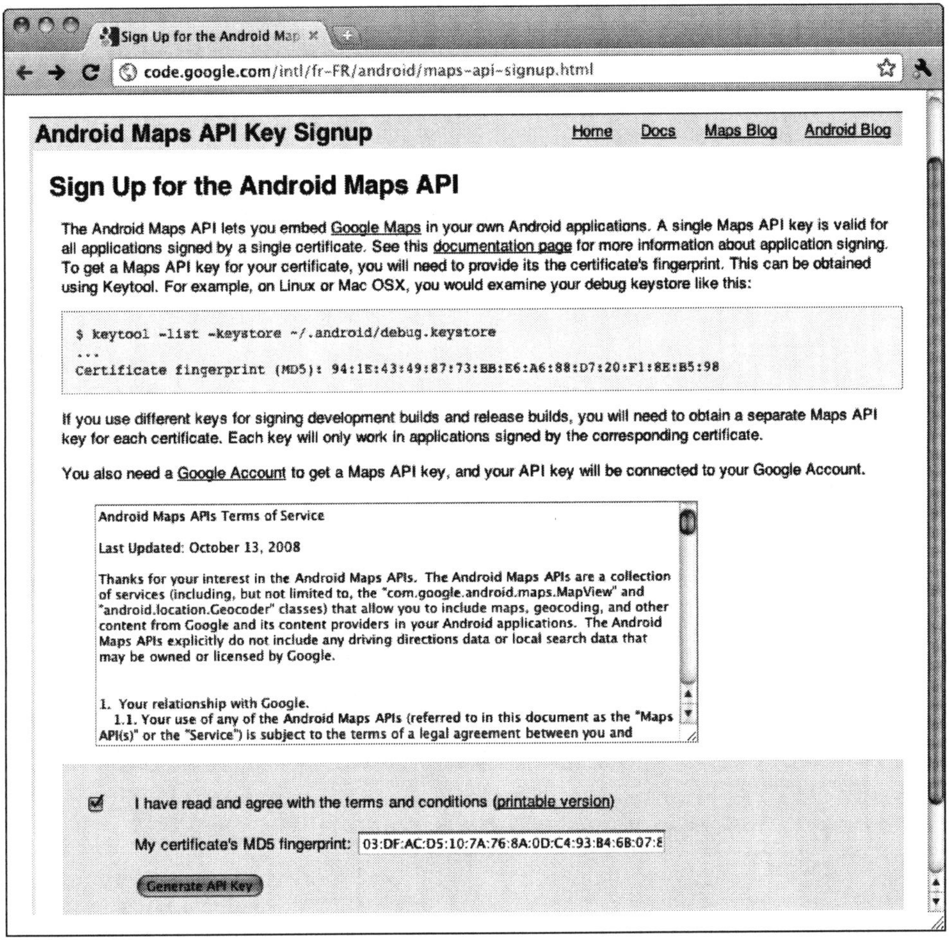

Inscription au service Android Maps API

- Cliquez sur le bouton **Generate API Key**.

Il sera demandé de se connecter au compte Google si ce n'est déjà fait.

L'écran suivant s'affiche alors, comportant la clé unique générée, associée à l'empreinte MD5 fournie.

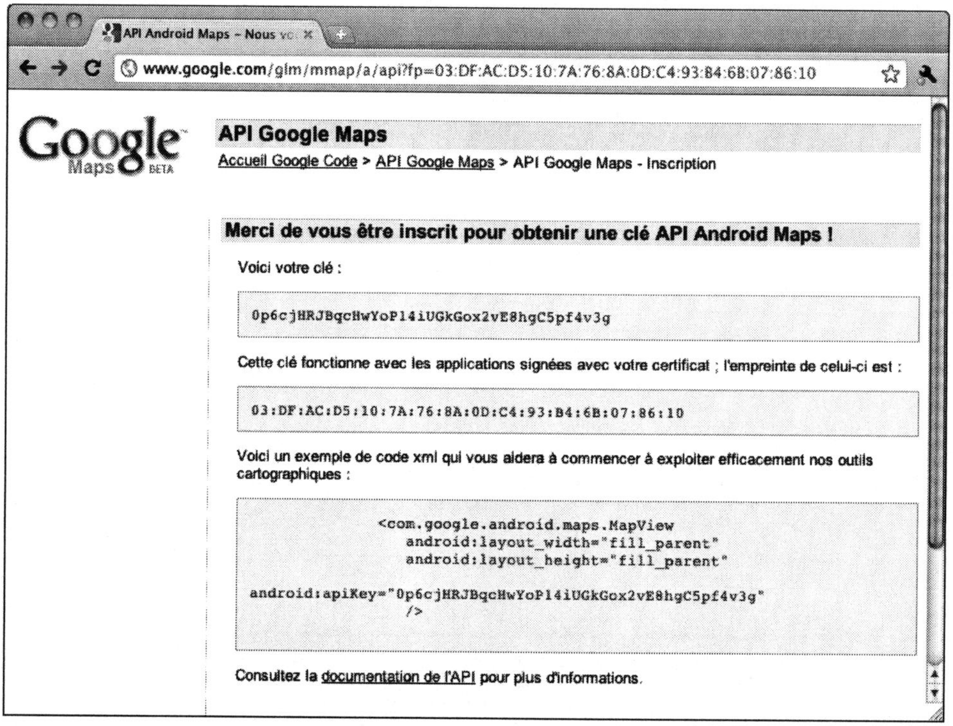

Génération de la clé des API Google Maps

- Sauvegardez la page web ou a minima la clé en notant à quel certificat elle est associée. Au besoin, la même clé peut être générée plusieurs fois.

Remarque

Le processus de génération de clé pour le mode release est strictement identique à celui décrit ici pour le mode debug. Il faut donc reprendre les mêmes étapes en utilisant le fichier du certificat du mode release en lieu et place de celui du mode debug.

3.2 Utilisation

L'affichage d'une carte géographique se fait dans une vue dédiée représentée par la classe `MapView`.

3.2.1 Déclaration de la vue

La déclaration de cette vue peut se faire dans un fichier layout. La balise à utiliser est le nom complet de la classe `MapView` : `com.google.android.maps.MapView`. Plusieurs attributs doivent être renseignés :

- L'attribut `android:clickable` permet d'indiquer si l'utilisateur peut interagir avec la vue. Pour cette vue, cela correspond à indiquer si l'utilisateur est autorisé ou non à naviguer dans la carte.
- L'attribut `android:apiKey`, spécifique à cette vue, permet d'indiquer la clé d'utilisation qui sera fournie au serveur afin d'autoriser le téléchargement des cartes.

Syntaxe

```
<com.google.android.maps.MapView
  android:clickable="booléen"
  android:apiKey="chaîne de caractères"
  ... />
```

Exemple

```
<?xml version="1.0" encoding="utf-8"?>
<LinearLayout
    xmlns:android="http://schemas.android.com/apk/res/android"
    android:layout_width="match_parent"
    android:layout_height="match_parent" >
  <com.google.android.maps.MapView
    android:layout_width="match_parent"
    android:layout_height="match_parent"
    android:clickable="true"
    android:apiKey="0p6cjHRJBqcHwYoP14iUGkGox2vE8hgC5pf4v3g" />
</LinearLayout>
```

3.2.2 MapActivity

La vue `MapView` est gérée par une activité descendante de la classe `MapActivity`.

La classe `MapActivity` prend en charge le fonctionnement associé avec l'utilisation d'une vue `MapView`, comme l'affichage de la carte, les threads associés... Il faut donc créer une activité qui hérite de la classe `MapActivity` et lui fournir la `MapView` associée.

La méthode `isRouteDisplayed` doit être implémentée. Celle-ci retourne un booléen indiquant si la vue est utilisée pour fournir des indications de navigation.

Syntaxe

```
public class NomDeClasse extends MapActivity
```

Exemple

```
public class MonActiviteCarte extends MapActivity {

  @Override
  protected void onCreate(Bundle icicle) {
    super.onCreate(icicle);
    setContentView(R.layout.carte);
  }

  @Override
  protected boolean isRouteDisplayed() {
    return false;
  }

}
```

Il est possible d'ajouter des boutons sur la carte permettant de zoomer ou de dé-zoomer celle-ci. Pour cela, il faut récupérer l'instance de la vue `MapView` et invoquer sa méthode `setBuiltInZoomControls` en spécifiant en paramètre un booléen indiquant l'activation des boutons.

Syntaxe

```
public void setBuiltInZoomControls(boolean on)
```

Exemple

```
MapView carte = (MapView) findViewById(R.id.carte);
carte.setBuiltInZoomControls(true);
```

Deux modes d'affichage de la carte sont disponibles : le mode satellite et le mode plan. La méthode `setSatellite` permet d'utiliser l'un ou l'autre de ces modes en spécifiant en paramètre s'il faut utiliser le mode satellite ou non, et donc dans ce cas le mode plan.

Syntaxe

```
public void setSatellite(boolean on)
```

Exemple

```
carte.setSatellite(true);
```

3.2.3 Géolocalisation

La classe MyLocationOverlay fournit la possibilité de détecter la position courante de l'appareil, et donc de l'utilisateur, et de l'afficher en temps réel sur la carte.

Graphiquement, un rond bleu clignotant indiquant la position courante s'affiche entouré d'un cercle bleu semi-transparent plus ou moins étendu représentant le niveau de précision de la position. Plus le cercle est étendu, moins la précision est bonne et inversement.

Pour cela, il faut créer une instance de la classe MyLocationOverlay en utilisant le constructeur. Celui-ci prend en paramètres le contexte et la vue MapView où doit être affichée la position de l'utilisateur.

Syntaxe

```
public MyLocationOverlay(android.content.Context context,
  MapView mapView)
```

Exemple

```
MyLocationOverlay locUtilisateur =
  new MyLocationOverlay(this, carte);
```

Il faut ensuite activer la recherche de localisation et son affichage en utilisant la méthode enableMyLocation. Celle-ci retourne un booléen mis à vrai si au moins un dispositif de localisation a pu être activé, faux sinon.

Syntaxe

```
public boolean enableMyLocation()
```

Exemple

```
locUtilisateur.enableMyLocation();
```

Pour stopper la mise à jour de la localisation et ne plus afficher la position de l'utilisateur, il faut invoquer la méthode `disableMyLocation`.

Remarque

La mise à jour de la localisation courante étant consommatrice de ressources, il faut veiller à ne l'utiliser que lorsque la carte est la vue actuellement affichée à l'utilisateur. Pour cela, il est recommandé d'invoquer la méthode `enableMyLocation` dans la méthode `onResume` de l'activité et d'arrêter la mise à jour de la localisation en invoquant la méthode `disableMyLocation` dans la méthode `onPause`.

Syntaxe

```
public void disableMyLocation()
```

Exemple

```
locUtilisateur.disableMyLocation();
```

La classe `MyLocationOverlay` hérite de la classe `Overlay`. Tout objet de type `Overlay` doit être ajouté à une liste d'objets de ce type gérée par l'objet de type `MapView`. Celui-ci utilisera cette liste pour afficher, dans l'ordre, les éléments de cette liste sur la carte. La liste se récupère en utilisant la méthode `getOverlays`.

Syntaxe

```
public final java.util.List<Overlay> getOverlays()
```

Exemple

```
carte.getOverlays().add(mLocUtilisateur);
```

Un compas représentant l'orientation actuelle de l'appareil peut également être affiché sur la carte. Pour cela, il faut utiliser les méthodes `enableCompass` et `disableCompass` de la même manière que pour les méthodes `enableMyLocation` et `disableMyLocation`.

Syntaxe

```
public boolean enableCompass()
public void disableCompass()
```

Exemple

```
locUtilisateur.enableCompass();
traitement();
locUtilisateur.disableCompass();
```

La recherche de la localisation de l'utilisateur peut prendre un certain temps. Une fois une première localisation trouvée et affichée, il peut être intéressant de la centrer sur la carte et de zoomer dessus.

Ces actions peuvent être réalisées en utilisant l'objet de type `MapController` associé à la vue `MapView`. La classe `MapController` fournit différentes méthodes utilitaires pour naviguer dans la carte.

La méthode `getController` de la classe `MapView` permet de récupérer cet objet.

Syntaxe

```
public MapController getController()
```

Exemple

```
MapController controleur = carte.getController();
```

La méthode `animateTo` permet de centrer la carte sur un point donné en déplaçant la carte de façon animée. Celle-ci prend en paramètre un objet de type `GeoPoint` comprenant les coordonnées latitude et longitude du point. Le point de type `GeoPoint` correspondant à la position courante de l'utilisateur est retourné par la méthode `getMyLocation`.

Syntaxe

```
public GeoPoint getMyLocation()
public void animateTo(GeoPoint point)
```

Exemple

```
controleur.animateTo(locUtilisateur.getMyLocation());
```

La méthode `setZoom` quant à elle permet de zoomer à un niveau donné.

Syntaxe

```
public int setZoom(int zoomLevel)
```

Exemple

```
controleur.setZoom(15);
```

La classe `MyLocationOverlay` propose la méthode `runOnFirstFix` qui prend en paramètre un objet de type `Runnable`, contenant du code qui sera exécuté lorsque la première localisation aura été trouvée. Elle peut donc être utilisée pour centrer sur la localisation trouvée et de zoomer dessus.

Syntaxe

```
public boolean runOnFirstFix(java.lang.Runnable runnable)
```

Exemple

```
locUtilisateur.runOnFirstFix(new Runnable() {
  public void run() {
    MapController controleur = carte.getController();
    controleur.animateTo(locUtilisateur.getMyLocation());
    controleur.setZoom(15);
  }
});
```

Remarque

D'autres classes et méthodes permettent d'ajouter d'autres éléments sur la carte et permettent à l'utilisateur d'interagir avec eux. Ce sont, entre autres, les classes `OverlayItem` et `ItemizedOverlay`.

Chapitre 12
Fonctionnalités avancées

1. Introduction

Ne pouvant raisonnablement aborder tous les sujets concernant Android, il apparaît nécessaire d'évoquer deux derniers sujets avant de clore cet ouvrage.

Apparu sous la version d'Android 1.5 (API 3), le premier sujet connaît depuis sa sortie de plus en plus d'engouement. Et cela devrait s'amplifier davantage avec l'arrivée des tablettes tactiles à hautes résolutions et de la version d'Android 3.0 (API 11) les accompagnant.

Le second sujet, lui, n'a, semble-t-il, pas rencontré la même popularité. Sans doute parce qu'il ne concerne que les applications payantes, ou bien que les développeurs ne lui accordent pas l'importance ou le temps de développement qu'il mérite. Et pourtant son utilité est primordiale pour tout développeur voulant se voir rétribuer son travail.

Ainsi, ce dernier chapitre est consacré aux deux sujets suivants : les App Widgets et la protection des applications payantes.

2. App Widget

De nos jours, la plupart des systèmes d'exploitation d'ordinateurs personnels permettent d'ajouter de petites applications directement sur le bureau de l'utilisateur.

Ces applications, appelées communément widgets, gadgets ou moins couramment vignettes actives, permettent à l'utilisateur de visualiser certaines informations et lui proposent certaines fonctionnalités concernant un domaine précis. Par exemple, on trouve des widgets qui affichent les données météorologiques actuelles, les cours de bourse, les dernières nouvelles de l'actualité, des photos et d'autres qui proposent des fonctions de calculatrice, d'horloge...

À l'instar de ces systèmes d'exploitation, Android permet d'ajouter de tels widgets sur le bureau de l'utilisateur, c'est-à-dire sur l'écran d'accueil. En fait, le bureau est aussi une application à part entière. Elle est lancée automatiquement au démarrage par le système. Donc concrètement, Android propose d'intégrer ces widgets dans une autre application, par exemple ici l'application d'accueil.

L'interface utilisateur française du système Android utilise le terme widget tel quel, sans traduction.

■ Remarque

Un appui long sur une zone vide du bureau permet d'afficher un menu proposant notamment une liste de widgets.

Pour le développeur, ce terme peut avoir un autre sens. En effet, il peut également désigner les composants graphiques étudiés précédemment (cf. chapitre Découverte de l'interface utilisateur - Widgets) tels que les textes, les boutons...

Pour différencier les deux de façon à éviter les confusions, le widget destiné à être ajouté sur le bureau se nomme sous Android : App Widget.

2.1 Création

L'App Widget est un récepteur d'évènements spécialisé de type AppWidgetProvider. Cette classe hérite de la classe BroadcastReceiver et est spécialisée dans le fonctionnement des App Widgets. C'est, par défaut, la classe mère de tous les App Widgets.

La création d'un App Widget débute par l'écriture de sa classe, qui hérite donc de la classe AppWidgetProvider.

Syntaxe

```
public class NomDeClasseDuAppWidget extends AppWidgetProvider {
    ...
}
```

Exemple

```
public class MonAppWidget extends AppWidgetProvider {
}
```

2.2 Déclaration

Comme tout composant de type BroadcastReceiver, un App Widget doit être déclaré dans le manifeste pour pouvoir être créé par le système.

La syntaxe est donc celle utilisée pour les récepteurs d'évènements. L'attribut android:name doit contenir le nom de la classe du composant.

Il faut préciser dans le filtre des actions que le composant souhaite recevoir l'action android.appwidget.action.APPWIDGET_UPDATE. Il faut également ajouter une balise meta-data permettant d'indiquer le fichier XML comportant les éléments de configuration de l'App Widget décrits plus loin. Pour cela, l'attributandroid:name doit comporter la valeur android.appwidget.provider et l'attribut android:resource le nom du fichier xml.

Syntaxe

```
<receiver android:name="chaîne de caractères" >
  <intent-filter>
    <action
      android:name="android.appwidget.action.APPWIDGET_UPDATE" />
  </intent-filter>
  <meta-data android:name="android.appwidget.provider"
    android:resource="ressource xml" />
</receiver>
```

Exemple

```
<receiver android:name=".MonAppWidget" >
  <intent-filter>
    <action
      android:name="android.appwidget.action.APPWIDGET_UPDATE" />
  </intent-filter>
  <meta-data android:name="android.appwidget.provider"
    android:resource="@xml/appwidget-config" />

</receiver>
```

2.3 Configuration

Tout App Widget doit préciser ses éléments de configuration.

Pour cela, il faut créer un nouveau fichier XML dans le répertoire `res/xml`. Le nom du fichier importe peu. C'est ce fichier qui est renseigné dans la balise `meta-data` vu précédemment. Ce fichier doit comporter la balise principale `appwidget-provider`.

Ses attributs permettent de fournir les informations concernant l'App Widget.

Syntaxe

```
<appwidget-provider
    xmlns:android="http://schemas.android.com/apk/res/android"
    android:minWidth="dimension en dp"
    android:minHeight="dimension en dp"
    android:updatePeriodMillis="entier"
    android:initialLayout="ressource layout"
    android:configure="chaîne de caractères"
    ...
/>
```

Exemple

```
<appwidget-provider
    xmlns:android="http://schemas.android.com/apk/res/android"
    android:minWidth="146dp"
    android:minHeight="72dp"
    android:updatePeriodMillis="3600000"
    android:initialLayout="@layout/appwidget_init"
    android:configure="fr.mondomaine.android.monappli.Conf
igurationAppWidgetActivite"
/>
```

Les attributs `android:minWidth` et `android:minHeight` permettent de préciser la taille minimum de l'App Widget en dp exclusivement.

Si l'App Widget est destiné à être affiché sur le bureau, il faut savoir que celui-ci positionne les App Widgets sur une grille. Pour déterminer les tailles à indiquer dans ces attributs, il est conseillé d'utiliser la formule suivante :

taille_en_dp = (*nombre_de_cases* * 74) - 2

Remarque

Apparu sous Android 3.1 (API 12), le nouvel attribut `android:resizeMode` permet à l'utilisateur de redimensionner l'App Widget de façon horizontale, verticale, ou les deux à la fois.

L'attribut `android:updatePeriodMillis` permet au développeur de spécifier la fréquence à laquelle l'App Widget est mis à jour via l'appel de sa méthode `onUpdate`. La valeur doit être spécifiée en millisecondes.

Remarque

S'il est en veille, l'appareil sera réveillé pour effectuer cette mise à jour. Ce qui peut causer des soucis de consommation si la mise à jour est trop fréquente. Pour éviter cela, le système force une valeur minimum de 30 minutes dans le cas où la valeur spécifiée par le développeur est inférieure.

Pour éviter la sortie du mode veille de l'appareil ou pour spécifier une valeur de mise à jour inférieure à 30 minutes, il est possible d'utiliser à la place une alarme de type `AlarmManager` configurée de telle sorte qu'elle ne se déclenche que lorsque l'appareil est déjà réveillé.

Dans ce cas, l'attribut `android:updatePeriodMillis` doit être mis à 0 pour le désactiver. Cette solution permet aussi de proposer à l'utilisateur de choisir lui-même la fréquence des mises à jour dans l'activité de configuration par exemple.

L'attribut `android:initialLayout` permet d'indiquer le layout qui est utilisé à la création de l'App Widget jusqu'à ce qu'il soit mis à jour avec un autre layout.

L'attribut `android:configure` est optionnel. Il permet de spécifier le nom complet de la classe représentant l'activité de configuration de l'App Widget, si elle existe, qui sera lancée à la création de l'App Widget. Cette activité de configuration est décrite plus loin.

Remarque

Pour rappel, il est possible de spécifier l'icône et le texte à afficher dans la liste des widgets présentée à l'utilisateur. Ces attributs sont respectivement `android:icon` et `android:label`.

Remarque

À partir d'Android 3.0 (API 11), le nouvel attribut `android:previewImage` permet de spécifier une image représentant une copie d'écran de l'App Widget en état de fonctionnement. Cette image permet à l'utilisateur de prévisualiser l'App Widget avant de l'installer. Si cet attribut n'est pas spécifié, l'App Widget sera représenté par son icône, plutôt que l'image de prévisualisation, dans la liste des App Widgets présentée à l'utilisateur. L'application Widget Preview, pré-installée sur le système Android, de l'émulateur permet de créer aisément des copies d'écran d'un App Widget.

2.4 Cycle de vie

La classe `AppWidgetProvider` définit des méthodes correspondant aux évènements que doit traiter un App Widget. Elle filtre les intents reçus et appelle ses méthodes internes correspondantes. Ces méthodes sont les méthodes `onUpdate`, `onDeleted`, `onEnabled` et `onDisabled`.

2.4.1 onEnabled

La méthode `onEnabled` permet d'initialiser des données communes à tous les mêmes App Widget. Cette méthode est uniquement appelée lors de la première création d'un App Widget d'un type donné. C'est-à-dire que si par exemple l'utilisateur ajoute plusieurs App Widgets du même type sur le bureau, seul le premier recevra cet appel. Cette méthode reçoit en paramètre le contexte applicatif.

Syntaxe

```
public void onEnabled (Context context)
```

Exemple

```
@Override
public void onEnabled(Context context) {
  super.onEnabled(context);
}
```

2.4.2 onDisabled

La méthode `onDisabled` est le pendant de la méthode `onEnabled`. C'est le dernier moment pour pouvoir nettoyer ce qui doit l'être, supprimer des données temporaires, fermer des connexions ouvertes... Cette méthode est uniquement appelée lorsque le dernier App Widget est supprimé. C'est-à-dire que si, par exemple, l'utilisateur ajoute plusieurs App Widgets du même type sur le bureau, seul le dernier recevra cet appel lorsqu'il sera supprimé. Cette méthode reçoit en paramètre le contexte applicatif.

Syntaxe

```
public void onDisabled (Context context)
```

Exemple

```
@Override
public void onDisabled(Context context) {
  super.onDisabled(context);
}
```

2.4.3 onUpdate

La méthode `onUpdate` est appelée une première fois lorsque l'App Widget est créé. Puis elle est appelée à intervalles réguliers définis par le développeur. S'il existe plusieurs App Widgets du même type, cette méthode n'est appelée qu'une fois pour traiter toutes ces instances. Tous ces App Widgets seront donc mis à jour quasiment en même temps. Le décompte de l'intervalle régulier débute à la création du premier App Widget. Cette méthode reçoit en paramètres le contexte applicatif, une instance de type `AppWidgetManager` ainsi qu'un tableau d'identifiants uniques des App Widgets existants.

■ Remarque

En théorie, il existe un cas particulier : cette méthode n'est pas appelée lorsque l'App Widget est créé si une activité de configuration, décrite plus loin, est utilisée. En pratique, ce cas n'existe pas. La méthode `onUpdate` est appelée même dans ce cas, du moins toujours lors de l'écriture de cet ouvrage. J'ai moi-même déclaré ce bogue. Pour plus d'informations : http://code.google.com/p/android/issues/detail?id=3696

Syntaxe

```
public void onUpdate (Context context,
  AppWidgetManager appWidgetManager, int[] appWidgetIds)
```

Exemple

```
@Override
public void onUpdate(Context context,
    AppWidgetManager appWidgetManager, int[] appWidgetIds) {
  super.onUpdate(context, appWidgetManager, appWidgetIds);
  for (int appWidgetId : appWidgetIds) {
      traitement(appWidegtId);
  }
}
```

2.4.4 onDeleted

La méthode `onDeleted` est appelée lorsque l'App Widget est supprimé, par exemple quand l'utilisateur le met dans la corbeille. Cette méthode reçoit en paramètres le contexte applicatif et le tableau des identifiants des App Widgets supprimés.

Remarque

Cette méthode n'est pas correctement appelée sous Android 1.5 (API 3). Pour plus d'informations et une correction : http://groups.google.com/group/android-developers/msg/e405ca19df2170e2

Syntaxe

```
public void onDeleted (Context context, int[] appWidgetIds)
```

Exemple

```
@Override
public void onDeleted(Context context, int[] appWidgetIds) {
  super.onDeleted(context, appWidgetIds);
}
```

2.5 RemoteViews

À l'instar d'une activité, l'apparence de l'App Widget est définie dans un fichier Layout. Celui-ci est fourni à l'application hôte qui l'intègre dans son propre layout, comme par exemple l'application d'accueil.

Android utilise un objet de type `RemoteViews` pour contenir le layout de l'App Widget et le fournir à l'application hôte.

Remarque

Seuls quelques composants graphiques peuvent être utilisés dans un layout d'App Widget. Ce sont les composants `AnalogClock`, `Button`, `Chronometer`, `ImageButton`, `ImageView`, `ProgressBar` et `TextView`. À partir d'Android 3.0 (API 11), il est également possible d'utiliser de nouveaux composants plus interactifs comme `GridView`, `ListView`, `StackView`, `ViewFlipper` et `AdapterViewFlipper`. Ces derniers peuvent mettre à jour leurs vues automatiquement en utilisant les nouvelles classes `RemoteViewsService` et `RemoteViewsFactory`.

Au cours de sa vie et de son interaction avec l'utilisateur, l'App Widget devra sans doute changer d'apparence ; une image à modifier, un texte à changer...

La classe RemoteViews fournit tout un ensemble de méthodes pour modifier les différents objets, les différentes vues, qui représentent l'interface graphique de l'App Widget.

Dans un premier temps, il faut créer l'instance de type RemoteViews en utilisant l'un de ses constructeurs. Celui-ci prend en paramètres le nom complet du paquetage contenant le layout et l'identifiant unique du layout de l'App Widget.

Syntaxe

```
public RemoteViews (String packageName, int layoutId)
```

Exemple

```
RemoteViews vues = new RemoteViews(context.getPackageName(),
  R.layout.appwidget);
```

Cet objet permet ensuite de modifier les attributs des vues qu'il contient en utilisant tout une multitude de mutateurs spécifiques ou non à un type de composant graphique particulier. Ces méthodes prennent en paramètres l'identifiant unique de la vue et les données à lui fournir.

Syntaxe de quelques-unes de ces méthodes

```
public void setImageViewResource (int viewId, int srcId)
public void setProgressBar (int viewId, int max, int progress,
  boolean indeterminate)
public void setTextColor (int viewId, int color)
public void setTextViewText (int viewId, CharSequence text)
public void setViewVisibility (int viewId, int visibility)
```

Exemple

```
vues.setTextViewText(R.id.appwidget_titre, "Nouveau titre");
```

Il est possible de spécifier des intents qui seront lancés lors d'un clic sur une des vues de l'App Widget. Pour cela, il faut utiliser la méthode `setOnClickPendingIntent` qui prend en paramètres l'identifiant unique de la vue et l'objet de type `PendingIntent` à lancer en réponse au clic.

Syntaxe

```
public void setOnClickPendingIntent (int viewId,
  PendingIntent pendingIntent)
```

Exemple

```
Intent intent = new Intent(context, MonActivitePrincipale.class);
PendingIntent pIntent = PendingIntent.getActivity(context, 0,
  intent, 0);
vues.setOnClickPendingIntent(R.id.appwidget_icone, pIntent);
```

Une fois l'App Widget modifié, il faut utiliser l'objet de type `AppWidgetManager` reçu en paramètre dans la méthode `onUpdate` pour demander la mise à jour de l'App Widget. La classe `AppWidgetManager` fournit plusieurs méthodes `updateAppWidget` dont deux prennent en paramètres un ou plusieurs identifiants uniques désignant le ou les App Widgets dont les vues sont modifiées. La hiérarchie de ces vues de type `RemoteViews` est fournie en second paramètre.

Remarque

Pour rappel, la liste des identifiants des App Widgets est également reçue en paramètre de la méthode `onUpdate` et peut donc aisément être utilisée ici.

Syntaxe

```
public void updateAppWidget (int appWidgetId, RemoteViews views)
public void updateAppWidget (int[] appWidgetIds, RemoteViews views)
```

Exemple

```
@Override
public void onUpdate(Context context,
    AppWidgetManager appWidgetManager, int[] appWidgetIds) {
  super.onUpdate(context, appWidgetManager, appWidgetIds);
  for (int appWidgetId : appWidgetIds) {
    RemoteViews vues =
      new RemoteViews(context.getPackageName(),
        R.layout.appwidget);
    traitement(appWidgetId);
    appWidgetManager.updateAppWidget(appWidgetId, vues);
  }
}
```

■ Remarque

Attention, lors de l'utilisation d'un AVD nouvellement créé, il est possible que les mises à jour des App Widgets ne soient pas prises en compte. Pour plus d'informations :
http://code.google.com/p/android/issues/detail?id=8889

2.6 Activité de configuration

Certains App Widgets peuvent ne pas être complètement utilisables en l'état jusqu'à ce qu'ils soient configurés. Par exemple, un App Widget qui affiche le décalage horaire avec une zone géographique devra demander à l'utilisateur de sélectionner la zone géographique souhaitée.

Une solution consiste à créer l'App Widget avec une zone par défaut et lui ajouter un `pendingIntent` lançant une activité permettant de spécifier la zone lorsque l'utilisateur clique sur l'App Widget. Ou plus directement lancer l'activité dès la création de l'App Widget en détectant s'il s'agit d'une création ou d'une mise à jour...

Pour faciliter cette opération, l'application hôte se charge d'exécuter l'action `android.appwidget.action.APPWIDGET_CONFIGURE` avant de créer l'App Widget. S'il existe une activité répondant à cette action alors elle sera exécutée et l'App Widget pourra ensuite être créé selon les paramètres de configuration spécifiés via cette activité.

Remarque

En pratique, l'App Widget est créé AVANT le lancement de l'activité de configuration puisque, pour rappel, sa méthode `onUpdate` est exécutée dans ce cas alors qu'en théorie, elle ne le devrait pas. L'exécution de la méthode `onUpdate` est réalisée AVANT le lancement de l'activité de configuration.

2.6.1 Déclaration

L'activité de configuration doit indiquer qu'elle peut répondre à la demande d'action `android.appwidget.action.APPWIDGET_CONFIGURE` en ajoutant cette action dans son filtre d'intentions figurant dans le manifeste.

Exemple

```
<activity android:name=".ConfigurationAppWidgetActivite">
  <intent-filter>
    <action
    android:name="android.appwidget.action.APPWIDGET_CONFIGURE" />
  </intent-filter>
</activity>
```

En complément, l'activité devra être déclarée dans le fichier de configuration de l'App Widget via l'attribut `android:configure` décrit précédemment.

2.6.2 Création

L'activité de configuration est une activité comme une autre. Cependant, elle est exécutée par l'application hôte qui attend obligatoirement d'elle une valeur résultat indiquant si l'étape de configuration s'est bien déroulée ou non. De cette valeur dépend la suite des évènements.

Au lancement de l'activité de configuration, l'application hôte fournit l'identifiant de l'App Widget dans les valeurs `Extras` de l'intent sous la clé `AppWidgetManager.EXTRA_APPWIDGET_ID`. On peut utiliser la valeur `AppWidgetManager.INVALID_APPWIDGET_ID` comme valeur par défaut permettant de détecter l'omission de l'identifiant de l'App Widget.

Exemple

```
Intent intent = getIntent();
Bundle extras = intent.getExtras();
if (extras != null) {
  mAppWidgetId =
    extras.getInt(AppWidgetManager.EXTRA_APPWIDGET_ID,
                  AppWidgetManager.INVALID_APPWIDGET_ID);
}
```

Une fois l'activité de configuration utilisée par l'utilisateur, si tout se passe bien, elle doit retourner la valeur `RESULT_OK`. Dans ce cas, l'application hôte crée l'App Widget.

Mais si, par exemple, l'utilisateur quitte l'activité sans valider la configuration de l'App Widget, celle-ci peut considérer cela comme une annulation de configuration et donc retourner la valeur `RESULT_CANCELED`. Dans ce cas, l'application hôte annulera la création de l'App Widget. S'il s'agit de l'application d'accueil, l'App Widget ne sera jamais affiché.

■ Remarque

Il est recommandé de spécifier la valeur résultat à `RESULT_CANCELED` dès la création de l'activité de configuration de sorte que ce résultat soit retourné dans tous les cas, sauf celui où la valeur `RESULT_OK` est explicitement fournie.

■ Remarque

*Dans certains cas particuliers, par exemple lorsque l'utilisateur clique sur le bouton **Accueil** alors que l'activité de configuration est affichée, le résultat `RESULT_CANCELED` n'est pas pris en compte. La méthode `onDeleted` de l'App Widget n'est pas appelée. Bien que l'App Widget n'apparaisse pas sur l'écran, sa création n'a pas été annulée. Il existe sans être affiché. C'est en quelque sorte un App Widget fantôme. Ce bogue fait que le développeur doit prendre en compte ce cas particulier dans son code. Pour plus d'informations : http://code.google.com/p/android/issues/detail?id=9362, http://code.google.com/p/android/issues/detail?id=2539. Une solution est notamment proposée au commentaire #15.*

Concrètement, le retour du résultat se fait via la méthode setResult déjà étudiée (cf. chapitre Les fondations - Activité). La valeur du résultat doit être accompagnée de l'identifiant unique de l'App Widget permettant à l'application hôte de savoir quel est l'App Widget concerné par ce résultat. Pour cela, il faut créer un intent et ajouter dans les données extras la paire clé-valeur dont la clé est la constante AppWidgetManager.EXTRA_APPWIDGET_ID et la valeur est l'identifiant de l'App Widget précédemment récupéré.

Pour rappel, la méthode setResult ne termine pas l'activité. Il faut le faire explicitement en utilisant la méthode finish.

Exemple

```
Intent resultat = new Intent();
resultat.putExtra(AppWidgetManager.EXTRA_APPWIDGET_ID,
  mAppWidgetId);
setResult(RESULT_CANCELED, resultat);
```

```
Intent resultat = new Intent();
resultat.putExtra(AppWidgetManager.EXTRA_APPWIDGET_ID,
  mAppWidgetId);
setResult(RESULT_OK, resultat);
finish();
```

En théorie, dans le cas de l'utilisation d'une activité de configuration, une fois l'App Widget créé, la méthode onUpdate n'est pas appelée. Il appartient à l'activité de configuration de rafraîchir explicitement les vues de l'App Widget en utilisant la méthode updateAppWidget, comme vu précédemment.

Remarque

En pratique, ce n'est pas vrai. La méthode onUpdate est appelée dans tous les cas.

Pour cela, l'activité doit utiliser l'instance de l'objet de type AppWidgetManager. Cette instance se récupère en utilisant la méthode statique getInstance de la classe AppWidgetManager. Celle-ci prend en paramètre le contexte applicatif.

Syntaxe

```
public static AppWidgetManager getInstance (Context context)
```

Exemple

```
AppWidgetManager appWidgetManager =
  AppWidgetManager.getInstance(context);
```

3. Protéger les applications payantes

Comme nous l'avons vu, une application publiée se présente sous la forme d'un fichier apk. Il suffit à un tiers d'avoir ce fichier en sa possession pour qu'il puisse le partager aisément avec d'autres personnes. Cela ne pose généralement pas de problèmes pour les applications gratuites car le développeur souhaite qu'elles soient distribuées et donc installées le plus possible, peu importe le moyen. Par contre, il n'en est pas de même pour les applications payantes. Ces copies illégales sont un manque à gagner pour l'éditeur...

Afin de se protéger contre l'usage de copies illégales d'applications payantes et uniquement d'applications payantes, Android fournit un système de vérification des licences des applications achetées et installées obligatoirement via l'Android Market. Ce service est proposé pour les systèmes Android 1.5 (API 3) ou supérieurs.

Le principe de ce système est simple et se présente sous la forme d'une bibliothèque nommée la LVL (*License Verification Library*) ou bibliothèque de vérification de licences. Cette bibliothèque permet, via l'application Android Market installée dans le système Android, de communiquer avec le serveur de licence en ligne. Celui-ci retourne, de façon sécurisée, le statut de licence propre à l'application et à l'utilisateur concerné. C'est l'application Android Market qui gère les communications en ligne avec le serveur. Le développeur n'a qu'à lancer les commandes via la bibliothèque et exploiter les retours.

En fonction des retours de l'application Android Market, le développeur pourra appliquer la stratégie de son choix, comme par exemple : autoriser l'usage de l'application pendant une certaine période, restreindre les fonctionnalités de l'application, voire même bloquer complètement l'accès à l'application.

Ce système nécessite une connexion réseau pour communiquer avec le serveur de licence. Il faut donc prévoir une alternative lorsqu'il n'y a pas de réseau comme par exemple un cache de la licence.

3.1 Installation de la LVL

La bibliothèque de vérification des licences requiert que l'application soit configurée pour être compilée avec la plate-forme Android 1.5 (API 3) ou supérieure. Cette bibliothèque est fournie sous forme de fichiers sources à intégrer dans le projet soit directement, soit en tant que bibliothèque de fichiers sources à lier au projet lors de la compilation de sorte à être facilement réutilisable. Cette bibliothèque ne doit pas être intégrée en tant que bibliothèque externe, c'est-à-dire compilée séparément et intégrée dans les projets sous forme de fichier jar.

3.1.1 Téléchargement

La LVL est téléchargeable sous forme de module en utilisant l'Android SDK and AVD Manager. Ce module contient, entre autres, les fichiers sources de la LVL, une application qui sert d'exemple et la documentation javadoc.

- Lancez l'outil **Android SDK and AVD Manager**.
- Dans la liste de gauche, sélectionnez **Available Packages** puis dans la liste de droite, développez le dossier **Third party Add-ons** et cochez **Google Market Licensing package**.

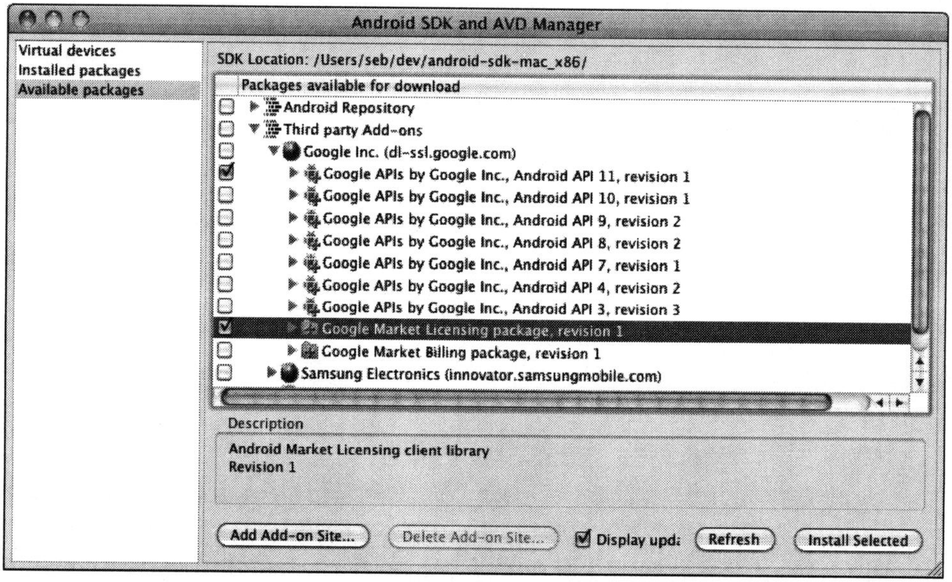

LVL – Installation

■ Remarque

Pour tester la LVL depuis l'émulateur, l'AVD doit être basé sur un système ***Google APIs by Google Inc****. Il faut donc, le cas échéant, cocher la case correspondante dans l'écran précédent, comme c'est le cas ici pour la version 11.*

- Cliquez sur le bouton **Install Selected** et terminez l'installation comme déjà vu (cf. chapitre L'univers Android - Environnement de développement).

Les fichiers sont téléchargés et installés dans le sous-répertoire `sdk/extras/google/market_licensing`.

3.1.2 Intégration de la LVL dans le code source

La première façon d'intégrer le code de la LVL dans un projet est d'y recopier directement les fichiers sources. C'est la méthode la plus simple et la plus rapide. Mais c'est la moins productive à long terme dès lors que l'on souhaite utiliser cette bibliothèque et la maintenir sur plusieurs projets différents.

- Copiez le répertoire `library/src/com` de la LVL dans le répertoire `src` du projet.
- Sous Eclipse, actualisez le projet pour prendre en compte le nouveau paquetage `com.android.vending.licensing` et les classes s'y trouvant.

3.1.3 Intégration de la LVL en tant que bibliothèque

La seconde façon d'intégrer le code de la LVL dans un projet est de l'importer en tant que bibliothèque. Cette méthode est un peu plus longue à mettre en place la première fois mais elle permet de n'avoir à maintenir qu'un seul code qui peut ensuite être intégré dans plusieurs projets différents.

Afin de pouvoir modifier le module LVL téléchargé sans craindre qu'il soit écrasé par une mise à jour, copiez le répertoire `library` de la LVL dans le répertoire représentant l'espace de travail Eclipse. C'est cette copie qui sera modifiée et utilisée.

Remarque

En réalité, à ce jour, copier le dossier directement dans l'espace de travail fait apparaître un problème lors de la création du projet Android alors que cela fonctionne pour un projet Java. Pour contourner ce problème, il faut en fait copier le dossier `library` dans un répertoire temporaire externe à l'espace de travail. Puis, une fois le projet créé comme décrit plus loin, il faut le supprimer de l'espace de travail en n'effaçant pas le projet du disque. Il faut ensuite déplacer le dossier `library` dans le dossier de l'espace de travail pour enfin pouvoir l'importer de nouveau sous Eclipse via ***File - Import... - Existing Projects into Workspace****.*

La création du projet de bibliothèque suit le même principe que la création d'un projet Android classique mais en utilisant les fichiers sources fournis.

- Dans l'assistant de création du projet Android, indiquez un nom de projet, cochez la case **Create project from existing source** et indiquez le répertoire `library` de la LVL.
- Sélectionnez une version cible dans le champ **Build Target**. Celle-ci doit être supérieure ou égale à Android 1.5 (API 3).

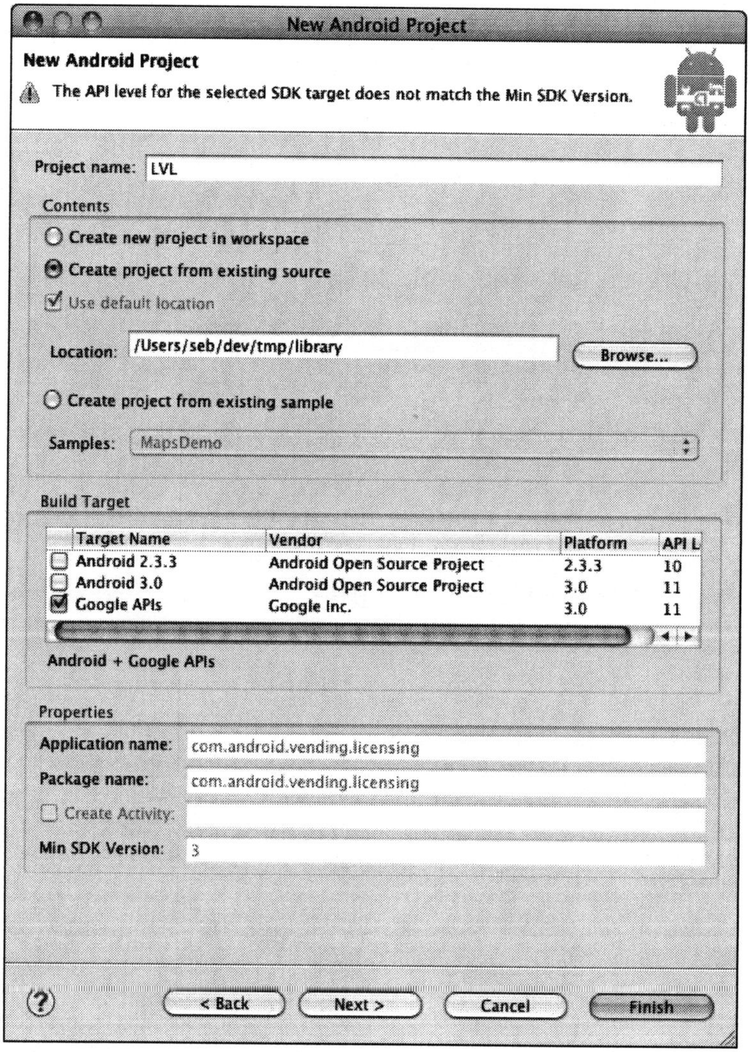

LVL – Installation

◘ Cliquez sur le bouton **Finish**.

Le projet est créé.

Il faut maintenant indiquer au projet qui contient l'application d'ajouter une référence à ce projet de sorte que lorsque l'application sera compilée, les fichiers sources de la bibliothèque seront joints à la compilation pour ne produire qu'un binaire.

◘ Sous Eclipse, ouvrez la fenêtre des propriétés du projet de l'application Android. Pour cela, faites un clic droit sur le nom du projet, puis **Properties**.

◘ Sélectionnez Android dans la liste de gauche, puis dans la partie droite, cliquez sur le bouton **Add...** et sélectionnez le projet correspondant à la bibliothèque.

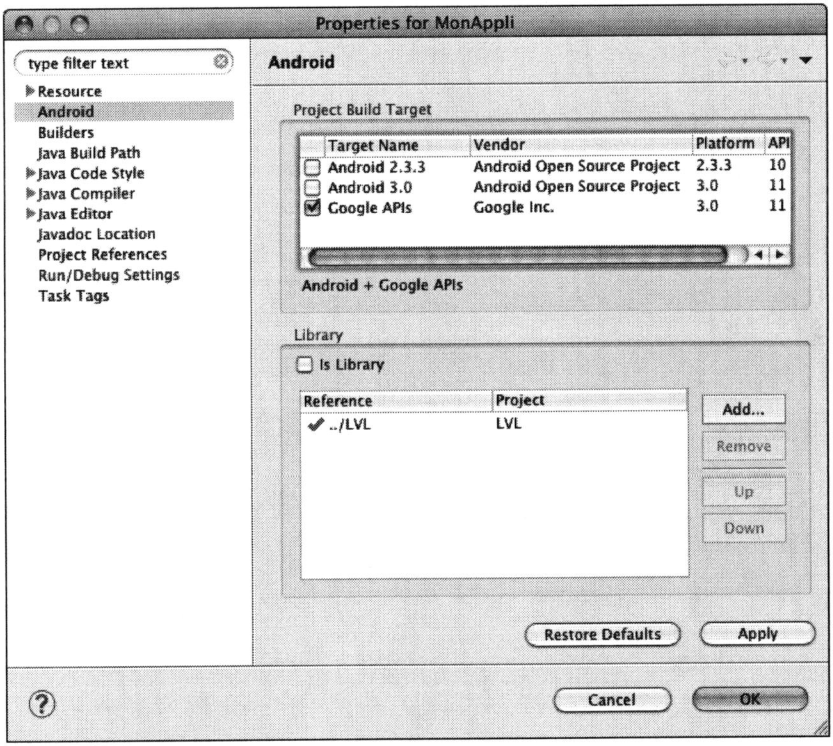

LVL – Installation

▶ Cliquez sur le bouton **OK**.

La bibliothèque est liée au projet et sera intégrée à chaque compilation comme si les fichiers sources faisaient partie du projet.

3.2 Utilisation de la LVL

Une fois la LVL téléchargée et intégrée au projet, il faut ensuite choisir ou définir une stratégie, ou politique, de vérification de licence à adopter pour l'application. Certaines de ces politiques cryptent les données qu'elles enregistrent localement. La vérification de licence peut alors avoir lieu ensuite.

3.2.1 Politique

Chaque application peut choisir l'attitude à adopter lorsqu'elle reçoit le résultat d'une vérification de licence. Cette politique à appliquer doit être implémentée dans l'application.

Le développeur peut créer ses propres politiques via l'implémentation d'une interface Java. Mais pour l'aider dans cette tâche, Android fournit par défaut deux politiques déjà implémentées qu'il suffit d'instancier pour répondre aux cas les plus courants :

- `ServerManagedPolicy` : c'est la politique recommandée et utilisée par défaut. C'est une politique souple qui utilise les paramètres de configuration renvoyés par le serveur de licence. Cette politique fonctionne même hors ligne grâce à un cache sécurisé, obscurci. Quelques-uns de ces paramètres de configuration sont : date et heure de fin de validité du cache, nombre maximum d'essais de vérification de licence avant de bloquer l'accès à l'application... Son constructeur prend en paramètres le contexte de l'activité courante et un objet de type `Obfuscator` décrit au paragraphe suivant.

Syntaxe

```
public ServerManagedPolicy(Context context, Obfuscator obfuscator)
```

- `StrictPolicy` : politique la plus stricte, qui n'autorise l'accès à l'application que si et seulement si le serveur indique que la licence est valide. L'avantage est qu'elle offre plus de sécurité puisqu'elle ne conserve pas de traces de la licence dans un cache comme le fait la police précédente. Le revers de la médaille est qu'elle nécessite une connexion réseau fonctionnelle à chaque vérification, ce qui peut s'avérer gênant pour bon nombre d'utilisateurs.

Syntaxe

```
public StrictPolicy()
```

3.2.2 Obfuscation

Certaines politiques, comme la politique `ServerManagedPolicy`, ont besoin de stocker les données concernant la licence dans un stockage persistent en local. Ces données doivent être sécurisées puisqu'elles permettent de déterminer si l'utilisateur a accès ou non à une application.

Pour cela, il faut utiliser un obfuscateur, ou obscurcisseur de données. Comme pour les politiques, le développeur peut choisir de créer son propre obfuscateur ou il peut utiliser un obfuscateur déjà implémenté fourni par Android : l'`AESObfuscator`. Comme son nom l'indique, cet obfuscateur utilise le cryptage AES pour sécuriser les données.

Afin de sécuriser au maximum les données, l'obfuscateur `AESObfuscator` utilise des valeurs spécifiques au développeur, à l'application et à l'appareil Android pour générer des clés de cryptage AES les plus variées.

Ces données sont :

- un tableau de vingt octets initialisé avec des valeurs prises au hasard. Par exemple :

```
private static final byte[] SALT = new byte[] {
    -42, 13, -37, 5, 86, 45, -123, 102, -15, -3,
    123, 5, 42, -115, 2, 110, 25, 53, 5, -128
};
```

- une chaîne de caractères identifiant l'application, typiquement le nom du paquetage de l'application en utilisant la méthode `getPackageName`.

- une chaîne de caractères identifiant l'appareil Android de façon la plus unique possible comme par exemple la valeur de la constante : `android.Settings.Secure.ANDROID_ID`.

La création d'une instance `AESObfuscator` se fait via l'utilisation du constructeur. Celui-ci prend en paramètres les données détaillées précédemment.

Syntaxe

```
public AESObfuscator(byte[] salt, String applicationId,
  String deviceId)
```

Exemple

```
String deviceId =
  Secure.getString(getContentResolver(), Secure.ANDROID_ID);
AESObfuscator obf =
  new AESObfuscator(SALT, getPackageName(), deviceId);
```

3.2.3 Vérification de la licence

Pré-requis obligatoire pour autoriser l'application à vérifier la licence, il faut que le projet de l'application inclue l'ajout de la permission de vérification de licence.

Pour cela, il faut ajouter la ligne suivante dans le manifeste :

Syntaxe

```
<uses-permission android:name="com.android.vending.CHECK_LICENSE" />
```

Exemple

```
<?xml version="1.0" encoding="utf-8"?>
<manifest
    xmlns:android="http://schemas.android.com/apk/res/android"
    package="fr.mondomaine.android.monappli"
    android:versionCode="1"
    android:versionName="1.0">
    <application android:icon="@drawable/icon"
      android:label="@string/app_name">
        ...
    </application>
```

```
    <uses-permission
      android:name="com.android.vending.CHECK_LICENSE" />
</manifest>
```

L'utilisation de la LVL se fait via une instance à créer de type `LicenseChecker` qui appartient au paquetage `com.android.vending.licensing`. Le constructeur de la classe `LicenseChecker` prend en paramètres le contexte de l'activité courante, l'instance de la politique choisie ainsi que la clé publique de notre compte éditeur. Cette clé est à récupérer sur le compte éditeur de l'Android Market comme indiqué plus loin.

Syntaxe

```
public LicenseChecker(Context context, Policy policy,
  String encodedPublicKey)
```

Exemple

```
LicenseChecker lc = new LicenseChecker(this, policy, "MIIBI...");
```

Remarque

Tout objet de type `LicenceChecker` doit obligatoirement appeler sa méthode `onDestroy` dans la méthode `onDestroy` de l'activité qui l'a créée.

La phase de vérification de licence se déroule en deux étapes. La première étape consiste à lancer la vérification de la licence via un appel à la méthode `checkAccess` de l'objet de type `LicenseChecker`. On lancera généralement cet appel dans la méthode `onCreate` de l'activité principale de sorte à tester la licence dès le lancement de l'application. Cette méthode prend en paramètre un objet ayant implémenté l'interface `LicenseCheckerCallback`. Cet objet est utilisé lors de la deuxième étape : le retour du résultat.

Syntaxe

```
public synchronized void
  checkAccess(LicenseCheckerCallback callback)
```

L'interface `LicenseCheckerCallback` permet de gérer tout type de résultat issu de la vérification de licence. Elle est composée des trois méthodes `allow`, `dontAllow` et `applicationError` qui sont appelées respectivement lorsque la licence est confirmée valide, invalide, ou que le développeur a fait une erreur lors de l'implémentation de la séquence de vérification qui empêche son bon fonctionnement.

Syntaxe

```
public void allow()
public void dontAllow()
public void applicationError(ApplicationErrorCode errorCode)
```

Il est de la responsabilité du développeur de réaliser ensuite les actions nécessaires en fonction du résultat. Par exemple, dans la méthode `dontAllow`, le développeur pourra informer l'utilisateur que sa licence n'est pas valide, lui proposer de l'acheter de suite sur l'Android Market et s'il ne veut pas, forcer l'application à se fermer.

Les méthodes de l'interface `LicenseCheckerCallback` sont généralement appelées depuis des threads différents du thread UI principal de l'application pour permettre de ne pas bloquer l'application pendant toute la phase de vérification. De ce fait, le développeur devra prendre soin de ne pas appeler directement des méthodes pour mettre à jour l'interface utilisateur depuis les méthodes de l'interface `LicenseCheckerCallback`. À la place, il pourra utiliser un objet de type `Handler` ou la méthode `runOnUIThread` pour mettre à jour l'interface utilisateur via le thread principal.

3.3 Tester

Pour pouvoir tester la LVL, il faut d'ores et déjà posséder un compte éditeur sur l'Android Market (cf. chapitre Publier une application - Publication de l'application sur l'Android Market).

Lors de la création du compte éditeur sur l'Android Market, celui-ci génère automatiquement une paire de clés publique/privée RSA de 2048 bits qui est propre à l'éditeur et valable pour toutes les applications en tests ou publiées sur son compte.

La clé privée est gardée secrète et en sécurité par l'Android Market. Elle permet de signer la réponse du serveur de licence et de garantir la sécurité du résultat de la vérification. La clé publique, elle, est à fournir lors de l'instanciation d'objets de type `LicenseChecker` dans le code des applications.

Pour la récupérer, l'éditeur doit se connecter sur son compte web sur l'Android Market.

- Sur la page principale du compte, cliquez sur **Modifier le profil»** en haut à gauche, sous le nom et l'adresse email du profil.
- Sur la page d'édition du profil, descendez tout en bas.

Apparaît la partie concernant les licences et les achats intégrés intitulée **Licence et facturation intégrée à l'application**.

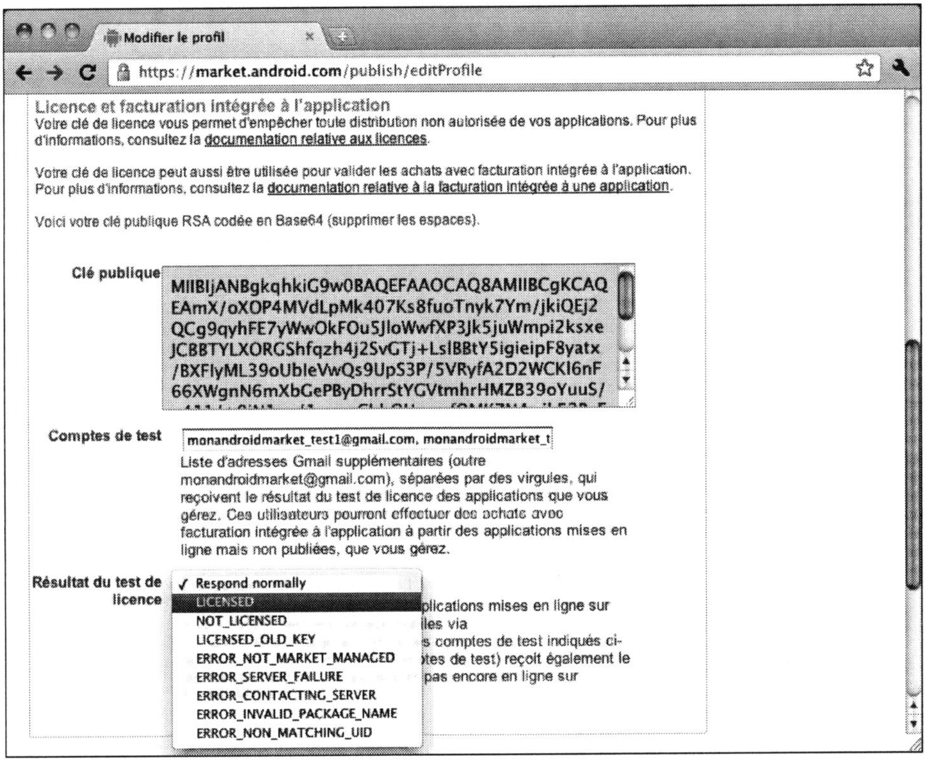

LVL – Tests

Le premier champ **Clé publique** contient la clé publique encodée du compte éditeur. C'est cette chaîne de caractères qu'il faut utiliser dans le code de l'application.

Le champ **Comptes de test** permet d'ajouter d'autres adresses de messagerie électronique correspondant à des comptes utilisateurs Gmail qui recevront les réponses des tests de vérification des licences des applications de ce compte. Ces réponses tests sont spécifiées dans le champ **Résultat du test de licence**.

Le champ **Résultat du test de licence** permet au développeur d'indiquer le résultat de test qu'il souhaite voir retourner par le serveur de licence pour tester ses applications. Seuls les comptes Gmail de l'éditeur et des utilisateurs spécifiés dans le champ précédant se verront retourner ce code de test pour les applications déjà transférées sur le compte de l'éditeur.

■ Remarque

Seul le compte de l'éditeur pourra recevoir ce code pour ses applications qui ne sont pas encore transférées sur le compte de l'éditeur, et qui sont donc en phase de tests.

Un clic sur le bouton **Enregistrer** permet de sauvegarder les modifications de la page et de les prendre aussitôt en compte.

■ Remarque

Les valeurs des champs ***Compte de test*** *et* ***Résultat du test de licence*** *sont valables pour toutes les applications du compte éditeur.*

Les tests sur appareil ou émulateur nécessitent qu'un compte Google soit configuré sur le système Android afin d'identifier l'utilisateur et permettre les vérifications des licences des applications.

Voici les étapes à suivre pour configurer un compte Google :

- Depuis l'écran d'accueil du système Android, appuyez sur la touche **Menu** ou ouvrez la liste des applications, puis cliquez sur **Paramètres**.

LVL – Tests

- Sélectionnez **Comptes et synchro**.

LVL – Tests

▶ Cliquez sur le bouton **Ajouter un compte**.

LVL – Tests

▸ Cliquez sur le choix **Google**.

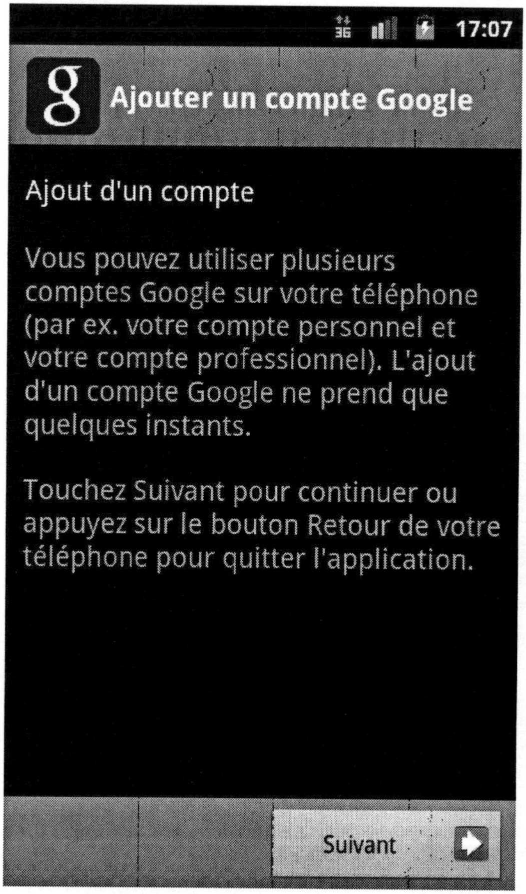

LVL – Tests

- Puis suivez les instructions en indiquant les données, adresse de messagerie Gmail et mot de passe, concernant soit le compte utilisé pour créer le compte éditeur, soit un des comptes de tests.

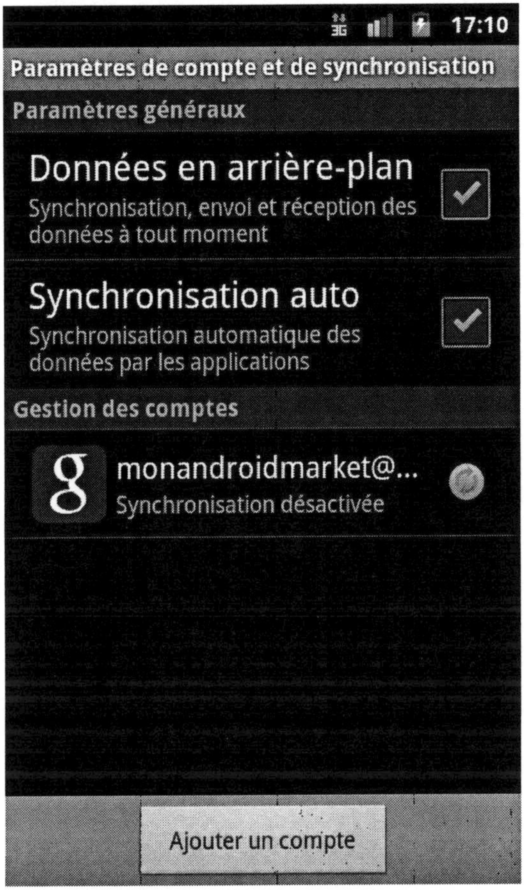

LVL – Tests

3.3.1 Tester sur un appareil Android

Pour pouvoir tester la LVL sur un appareil Android, il faut que la version du système soit 1.5 ou supérieure et que l'application Android Market soit présente puisque c'est elle qui communiquera avec le serveur de licence.

3.3.2 Tester sur un émulateur

Il est possible de tester la LVL sous l'émulateur Android à condition que l'AVD utilise une image comportant le module complémentaire **Google APIs by Google Inc** version 8 révision 2 ou supérieure. Seules ces images contiennent la partie de l'application Android Market qui permet de se connecter aux serveurs de licences. Et seules ces images permettent de se connecter avec un compte Google : celui de l'éditeur ou un des comptes de tests.

■ Remarque

Pour rappel, le téléchargement d'une telle image a été abordé dans le paragraphe de l'installation de la LVL.

■ Remarque

Attention, la vérification de licence ne fonctionne pas sur l'émulateur Google API version 9 révision 2. Elle ne prend pas en compte le statut de licence sélectionné sur le serveur. Pour plus d'informations : http://code.google.com/p/android/issues/detail?id=14252

A

Activité, 117

- activity (balise), 69, 117
- Activity (classe), 117
- cycle de vie, 120
- déclaration, 117
- findViewById, 96, 99
- finish, 121, 125, 127
- getIntent, 121
- getMenuInflater, 138
- Intent.FLAG_ACTIVITY_*, 131
- Intent.FLAG_ACTIVITY_CLEAR_TOP, 131
- Intent.FLAG_ACTIVITY_NEW_TASK, 117
- isFinishing, 123
- lancement, 126
- onActivityResult, 126
- onCreate, 120
- onCreateDialog, 152
- onDestroy, 121, 125
- onPause, 123
- onRestart, 124
- onRestoreInstanceState, 128
- onResume, 122
- onSaveInstanceState, 128
- onStart, 121
- onStop, 124
- pile d'activités, 129
- sauvegarde et restauration de l'état, 128
- setContentView, 92, 94
- setResult, 127, 357
- showDialog, 152
- startActivity, 118, 126
- startActivityForResult, 118, 126

Activité de configuration, 354
    android.appwidget.action.APPWIDGET_CONFIGURE, 354
    AppWidgetManager.EXTRA_APPWIDGET_ID, 355
    AppWidgetManager.INVALID_APPWIDGET_ID, 355
    création, 355
    déclaration, 355
    Voir aussi App Widget
Activity
    Voir Activité
ActivityInstrumentationTestCase2, 282
ActivityUnitTestCase, 282
adb, 45, 257
    bmgr, 223
    ddms, 260
    devices, 66
    install, 303
    logcat, 257
    ps, 227
    Reset adb, 265
    uninstall, 303
Agent utilisateur, 245
AlertDialog, 148
AlertDialog.Builder, 148
    setIcon, 149
    setItems, 151
    setMessage, 149
    setMultiChoiceItems, 151
    setNegativeButton, 150
    setNeutralButton, 150
    setPositiveButton, 150
    setSingleChoiceItems, 151
    setTitle, 149
    show, 152

Android, 17
  architecture, 24
  Cupcake, 22
  Donut, 22
  Eclair, 22
  Froyo, 23
  Gingerbread, 23
  historique, 18
  Honeycomb, 23
  versions, 20
Android Backup Service
  Voir Sauvegarde dans les nuages
Android Compatibility package, 41
Android Debug Bridge
  Voir adb
Android Dev Phone, 60
Android Market, 19, 287
  application, 19
  Voir aussi Android Market Webstore, Publier une application sur l'Android Market
Android Market Webstore, 19
Android Open Source Project, 18
Android Package
  Voir apk
Android SDK and AVD Manager, 37
Android SDK Platform-tools, 40
Android SDK Tools, 38
Android Virtual Device
  Voir AVD
android:alwaysRetainTaskState, 130
android:anyDensity, 82
android:apiKey, 337
android:autoLink, 98
android:background, 87

android:backupAgent, 218
android:checkableBehavior, 137
android:checked, 136
android:clearTaskOnLaunch, 130
android:clickable, 87, 337
android:configure, 346, 348, 355
android:debuggable, 259, 288
android:drawableBottom, 98
android:drawableLeft, 98
android:drawableRight, 98
android:drawableTop, 98
android:ellipsize, 98
android:finishOnTaskLaunch, 130
android:gravity, 98
android:hardwareAccelerated, 119
android:height, 98
android:host, 115
android:icon, 69, 72, 118, 136
android:id, 87, 96
android:initialLayout, 346, 348
android:inputType, 101
android:label, 69, 72, 118
android:largeScreens, 82
android:launchMode, 131
android:layout_height, 91
android:layout_width, 91
android:lines, 98
android:maxHeight, 98
android:maxLines, 98
android:maxWidth, 98
android:mimeType, 115

android:minHeight, 87, 346 - 347
android:minLines, 98
android:minSdkVersion, 69, 71, 82, 135, 292
android:minWidth, 87, 346 - 347
android:name, 69, 119
android:normalScreens, 82
android:onClick, 87, 103, 136, 140, 298
android:padding, 87
android:paddingBottom, 87
android:paddingLeft, 87
android:paddingRight, 87
android:paddingTop, 87
android:path, 115
android:pathPattern, 115
android:pathPrefix, 115
android:permission, 242
android:port, 115
android:previewImage, 348
android:priority, 113, 183
android:process, 226
android:readPermission, 242
android:reqHardKeyboard, 294
android:reqTouchScreen, 294
android:required, 293
android:resizeMode, 347
android:scheme, 115
android:screenOrientation, 118
android:scrollHorizontally, 101
android:sharedUserId, 228
android:showAsAction, 136, 139, 144
android:smallScreens, 82

android:startYear , 148
android:tag, 87 - 88
android:targetPackage, 275
android:targetSdkVersion, 69, 71, 82
android:text, 98, 103
android:textColor, 98
android:textSize, 98
android:textStyle, 98
android:theme, 134
android:title, 136
android:updatePeriodMillis, 346 - 347
android:versionCode, 69 - 70, 289
android:versionName, 69 - 70, 289
android:visibility, 87
android:width, 98
android:writePermission, 242
android:xlargeScreens, 82, 162
AndroidHttpClient, 248
    close, 251
    execute, 250
    Voir aussi BasicResponseHandler
AndroidManifest.xml
    Voir Manifeste
AndroidTestCase, 276
    setUp, 277
    tearDown, 277
    testPreconditions, 277
anim, 72
API, 22
apk, 51, 295
App Widget, 344
    android.appwidget.action.APPWIDGET_UPDATE, 345

android.appwidget.provider, 345
appwidget-provider, 346
configuration, 346
création, 345
cycle de vie, 348
déclaration, 345
Voir aussi Activité de configuration, AppWidgetManager, AppWidgetProvider, RemoteViews

Appareil Android, 60

Application, 69, 72

Application Programming Interface
Voir API

AppWidgetManager, 353
getInstance, 358
updateAppWidget, 353

AppWidgetProvider, 345, 348
onDeleted, 351
onDisabled, 349
onEnabled, 349
onUpdate, 347, 350

ArrayAdapterT, 186

AsyncTask, 230
cancel, 233
doInBackground, 232
execute, 233
isCancelled, 233
onCancelled, 233
onPostExecute, 233
onPreExecute, 231
onProgressUpdate, 232
publishProgress, 232

AVD, 53
créer un AVD, 53
sauvegarde et restauration, 57

B

BackupAgent, 218

BackupAgentHelper, 218 - 219

addHelper, 220

onBackup, 218, 221

onCreate, 220

onRestore, 218, 221

BackupManager, 222

dataChanged, 223

requestRestore, 223

Barre d'action, 143

android.R.id.home, 145

getActionBar, 144

icône de l'application, 145

options de menu, 144

setDisplayHomeAsUpEnabled, 145

Barre de notification, 153

Context.NOTIFICATION_SERVICE, 156

Notification, 153

Voir aussi Notification.Builder, NotificationManager

Bases de données SQLite, 204

création, 204

mises à jour, 207

traitements et requêtes SQL, 206

Voir aussi SQLiteDatabase, SQLiteOpenHelper

BasicResponseHandler, 250

Boîte de dialogue, 147

create, 152

Voir aussi Activité, AlertDialog, AlertDialog.Builder, DatePickerDialog, Dialog, DialogFragment, DialogInterface.OnClickListener, ProgressDialog, TimePickerDialog

BroadcastReceiver, 182
    onReceive, 184
Build, 245
    Build.DISPLAY, 246
    Build.MODEL, 245
    Target, 49
    Build.VERSION.RELEASE, 246
    Voir aussi Locale, PackageManager
Bundle, 109, 121, 128
Button, 102

C

Certificat, 334
    debug.keystore, 334
    keytool, 334
CLUF, 288
CNIL, 215, 243
color, 72
Commission nationale de l'informatique et des libertés
    Voir CNIL
Compatibilité ascendante, 23
Compilation
    en mode débogage, 295
    en mode final, 296
ComponentName, 175
Composants applicatifs principaux, 161
Concurrence
    Voir Programmation concurrente
ContentResolver, 210
ContentUris, 211
    withAppendedId, 211

ContentValues, 212
ContextMenu, 142
ContextMenuInfo, 142
Context.MODE_PRIVATE, 190
Context.MODE_WORLD_READABLE, 190
Context.MODE_WORLD_WRITEABLE, 190
Contexte, 93
    Context, 93
    Context.getPackageName, 247
    getSystemService, 156
Contrat de Licence Utilisateur Final
    Voir CLUF
Criteria, 324
Cupcake, 22
Cursor, 124, 207, 212
    getColumnIndex, 212
    getFloat, 212
    getInt, 212
    getString, 212
CursorAdapter, 186
CursorLoader, 187, 211

D

Dalvik Debug Monitor Server
    Voir DDMS
DatePickerDialog, 148
DDMS, 254, 260
    vue Allocation Tracker, 268
    vue Devices, 263
    vue Emulator Control, 265
    vue File Explorer, 269

vue Heap, 267
vue Threads, 266
Voir aussi adb
Débogage, 259
pas-à-pas, 259
USB, 60
Voir aussi DDMS
Déboguer, 253
DefaultHttpClient, 244
Densité de l'écran, 80
hdpi, 79, 81
ldpi, 79, 81
mdpi, 79, 81
xhdpi, 79, 81
Voir aussi DisplayMetrics
Dialog, 148
DialogInterface.OnClickListener, 150
Dimensions, 80, 91
dip, 80
dp, 80
dpi, 79
in, 80
mm, 80
px, 80
sip, 80
sp, 80
DisplayMetrics, 79
Donut, 22
drawable, 72

E

Eclair, 22

Eclipse, 27
    installation, 27

Écrans, 78
    Voir aussi Densité de l'écran, supports-screens

EditText, 100

Émulateur, 53
    raccourcis-clavier, 59

emulator
    Voir Émulateur

Environment, 199
    DIRECTORY_ALARMS, 200
    DIRECTORY_DOWNLOADS, 200
    DIRECTORY_MOVIES, 200
    DIRECTORY_MUSIC, 200
    DIRECTORY_NOTIFICATIONS, 200
    DIRECTORY_PICTURES, 200
    DIRECTORY_PODCASTS, 200
    DIRECTORY_RINGTONES, 200
    getExternalStoragePublicDirectory, 202
    getExternalStorageState, 199
    MEDIA_BAD_REMOVAL, 199
    MEDIA_CHECKING, 199
    MEDIA_MOUNTED, 199
    MEDIA_MOUNTED_READ_ONLY, 199
    MEDIA_NOFS, 199
    MEDIA_REMOVED, 199
    MEDIA_SHARED, 199
    MEDIA_UNMOUNTABLE, 199
    MEDIA_UNMOUNTED, 199

Environnement de développement, 25

Exemples de code à télécharger, 14

Extreme Programming
    Voir XP

F

Fichiers, 195
    Voir aussi Fichiers temporaires, Stockage externe, Stockage interne
Fichiers de préférences, 189
    cibler le fichier, 190
    écriture, 192
    getPreferences, 190
    getSharedPreferences, 191
    lecture, 191
    suppression, 194
    Voir aussi SharedPreferences, SharedPreferences.Editor, PreferenceActivity, PreferenceFragment
Fichiers temporaires, 202
    getCacheDir, 202
    getExternalCacheDir, 203
FileBackupHelper, 219
FileInputStream, 197
    close, 196 - 197
    read, 197
FileOutputStream, 196
    close, 196 - 197
    write, 196
fill_parent, 91
Filtre d'intentions
    action, 114
    android.intent.action.DIAL, 108
    android.intent.action.MAIN, 119
    android.intent.category.DEFAULT, 118 - 119

android.intent.category.LAUNCHER, 119
category, 114
data, 115
Filtres pour le marché, 292
android.hardware.*, 293
android.hardware.location, 293
android.hardware.location.gps, 293
android.software.*, 293
findViewById, 96
Fonctionnalités avancées, 343
Protéger les applications payantes, 17
Voir aussi App Widget
Fournisseur de contenus, 208
_ID, 209
ajout d'un enregistrement, 212
android.permission.READ_CONTACTS, 210
android.permission.WRITE_CONTACTS, 210
content://, 209
delete, 213
getContentResolver, 210
insert, 213
interface et URI, 209
managedQuery, 211
query, 210
requêtes, 210
suppression d'enregistrements, 213
Voir aussi ContentResolver, ContentUris, ContentValues, Cursor, CursorLoader
Fragment, 161
addOnBackStackChangedListener, 173
Back Stack, 171
cycle de vie, 167
DialogFragment, 152, 162
Fragment, 162
getFragmentManager, 164
mode déclaratif, 163

mode programmatique, 164
OnActivityCreated, 169
onAttach, 167
onCreate, 167
onCreateDialog, 152
onCreateView, 163, 168
onDestroy, 167
onDestroyView, 170
onDetach, 170
onPause, 167
onResume, 167
onSaveInstanceState, 171
onStart, 167
onStop, 167
pile de fragments, 171
POP_BACK_STACK_INCLUSIVE, 172
sauvegarde et restauration de l'état, 171
setBreadCrumbTitle, 173
setTransition, 173
tag, 163
Voir aussi FragmentManager, FragmentTransaction, ListFragment

FragmentManager, 164
beginTransaction, 164
findFragmentById, 167
findFragmentByTag, 167
popBackStack, 172
popBackStackImmediate, 172

FragmentTransaction, 164
add, 165
addToBackStack, 171
commit, 166
remove, 166
replace, 166

FrameLayout, 89

Froyo, 23

G

Géolocalisation
Voir Localisation géographique
Gestionnaire de sauvegarde, 214
Voir aussi Sauvegarde dans les nuages
Gingerbread, 23
Google APIs, 42
Google Maps, 331
com.google.android.maps, 331
configuration de l'application, 332
déclaration de la vue, 337
installation du SDK, 331
obtenir une clé d'utilisation, 333
Voir aussi Certificat, ItemizedOverlay, MapActivity, MapController, MapView, MyLocationOverlay, OverlayItem
Google Market Billing package, 42
Google Market Licensing package, 42
Google USB Driver
Voir Pilote USB
GPS, 321
Voir aussi Localisation géographique
Graphical Layout, 84

H

Handler, 234, 236
handleMessage, 237
obtainMessage, 238
post, 239
postAtTime, 239
postDelayed, 239

sendEmptyMessage, 239
sendEmptyMessageAtTime, 239
sendEmptyMessageDelayed, 239
sendMessage, 238
sendMessageAtTime, 238
sendMessageDelayed, 238
Voir aussi Runnable

Holographic, 134

Honeycomb, 23

HttpClient, 244

HttpResponse, 250

HttpResponseException, 250

I

i18n, 158
Voir Internationalisation

IBinder, 179

Instrumentation, 275

InstrumentationTestCase, 282

Intent
Voir Intention

IntentService, 174, 230

intent-filter, 69 - 70, 113
Voir aussi Filtre d'intentions

Intention, 108
action, 112
addCategory, 109
addFlags, 110, 131
category, 112
constructeurs, 111 - 112
création, 112

data, 112
explicite, 111
filtre d'intentions, 113
getAction, 108
getData, 109
getExtras, 109
getType, 109
implicite, 112
putExtras, 109
setAction, 108
setData, 109
setType, 109
Intention en attente
Voir PendingIntent
Interface utilisateur, 77, 133
Internationalisation, 157
getString, 160
strings.xml, 158
ItemizedOverlay, 342

J

Java Development Kit
Voir JDK
JDK, 26
Journal d'évènements, 254
consultation des évènements, 255
écriture des évènements, 258
Voir aussi Log, LogCat
Json, 248
JUnit
Voir Tests unitaires

L

LayoutParams, 94
Layouts, 73, 89
  mode déclaratif, 90
  setLayoutParams, 94
  Voir aussi FrameLayout, LinearLayout, RelativeLayout, TableLayout
License Verification Library
  Voir LVL
LicenseChecker, 367
  checkAccess, 367
  onDestroy, 367
LicenseCheckerCallback, 367
  allow, 368
  applicationError, 368
  dontAllow, 368
LinearLayout, 89
Linux, 24
ListActivity, 185
Liste, 185
  adaptateur, 186
  android.R.layout.simple_list_item_1, 186
  android.R.layout.simple_list_item_2, 186
  implémentation, 188
  setListAdapter, 188
  vues, 186
  Voir aussi ListActivity, ListFragment, ListView
ListFragment, 162, 185
ListView, 185
LoaderManager, 187
Locale, 246
  getDefault, 246

Localisation géographique, 321
- android.permission.ACCESS_COARSE_LOCATION, 323
- android.permission.ACCESS_FINE_LOCATION, 323
- Context.LOCATION_SERVICE, 323
- en cache, 327
- gestionnaire de localisation, 323
- GPS_PROVIDER, 324
- NETWORK_PROVIDER, 324
- PASSIVE_PROVIDER, 324
- périodique, 329
- permissions, 322
- récupérer les données de localisation, 325
- stopper les mises à jour, 330
- une seule fois, 328
- *Voir aussi Criteria, Location, LocationListener, LocationManager*

Location, 325
- distanceBetween, 325
- distanceTo, 325

LocationListener, 326
- onLocationChanged, 326
- onProviderDisabled, 326
- onProviderEnabled, 326
- onStatusChanged, 326

LocationManager, 323
- getLastKnownLocation, 327
- KEY_LOCATION_CHANGED, 326
- KEY_PROVIDER_ENABLED, 326
- KEY_STATUS_CHANGED, 326
- minDistance, 329
- minTime, 329
- removeUpdates, 330
- requestLocationUpdates, 329
- requestSingleUpdate, 328

Log, 258
- d, 258

e, 258
i, 258
v, 258
w, 258
LogCat, 255
Voir aussi adb
LVL
Voir Protéger les applications payantes

M

Machine virtuelle Dalvik, 25
Manifeste, 68
balise manifest, 70
MapActivity, 337
isRouteDisplayed, 338
Voir aussi MapView
MapController, 341
animateTo, 341
setZoom, 342
Voir aussi MapView
MapView, 333, 337 - 338, 341
getController, 341
setBuiltInZoomControls, 338
sctSatcllite, 338
Voir aussi MapActivity, MapController
match_parent, 91
menu, 73
Menu contextuel, 142
onContextItemSelected, 143
onCreateContextMenu, 142
registerForContextMenu, 142
Voir aussi ContextMenu, ContextMenuInfo

Menu d'activité, 139
invalidateOptionsMenu, 141
onCreateOptionsMenu, 139
onOptionsItemSelected, 141
onPrepareOptionsMenu, 141
MenuInflater, 138
MenuItem, 140
Menus, 135
déclaration, 135
getItemId, 140
group, 137
inflate, 138
item, 136, 140
menu, 135
sous-menu, 137
utilisation, 138
Voir aussi Barre d'action, Menu contextuel, Menu d'activité, MenuInflater, MenuItem
Message, 237
Mode déclaratif, 84, 90
Mode programmatique, 84
MoreAsserts, 276
MyLocationOverlay, 339
disableCompass, 340
disableMyLocation, 340
enableCompass, 340
enableMyLocation, 339
getMyLocation(), 341
getOverlays, 340
Overlay, 340
runOnFirstFix, 342

N

Native Development Kit
    Voir NDK

NDK, 25

Near Field Communication
    Voir NFC

Netbooks, 17

NFC, 20 - 21

Notifications, 146
    Voir aussi Barre de notification, Boîte de dialogue, Toast

Notification.Builder, 153
    getNotification, 156
    setContentInfo, 154
    setContentIntent, 155
    setContentText, 154
    setContentTitle, 154
    setLargeIcon, 155
    setSmallIcon, 155

NotificationManager, 156
    notify, 157

O

Obfuscation, 365
    AESObfuscator, 365
    android.Settings.Secure.ANDROID_ID, 366
    com.android.vending.CHECK_LICENSE, 366

onClick, 104

Open Handset Alliance, 18

OverlayItem, 342

P

package, 69, 119, 175, 184
PackageInfo, 247
    packageName, 248
    versionName, 248
PackageManager, 247, 293
    getPackageInfo, 247
    getPackageManager, 247, 293
    hasSystemFeature, 293
    Voir aussi PackageInfo
Parcel, 110
Parcelable, 110
PendingIntent, 116
    getActivity, 116
    getBroadcast, 116
    getService, 116
    PendingIntent.FLAG_UPDATE_CURRENT, 116
Permission, 241
Persistance des données, 189
Pilote USB, 61
    code constructeur, 65
    Ubuntu, 63
    vérification de la connexion, 66
    Windows 7, 63
    Windows Vista, 62
    Windows XP, 61
Plug-in ADT, 27
    installation sous Eclipse 3.4, 28
    installation sous Eclipse 3.5 et 3.6, 28
Politique LVL, 364
    ServerManagedPolicy, 364
    StrictPolicy, 365
PreferenceActivity, 190

PreferenceFragment, 162, 190
Processus, 225
- android:process, 226
- partage de processus, 228

Programmation concurrente, 229, 237
- runOnUIThread, 236
- *Voir aussi AsyncTask, Handler, Runnable, Thread*

ProgressDialog, 148
Proguard, 297
- dump.txt, 298
- mapping.txt, 298
- proguard.cfg, 298
- proguard.config, 297
- seeds.txt, 298
- usage.txt, 298

Projet, 47
- assets, 67
- bin, 68
- default.properties, 68, 297
- libs, 68
- src, 67
- structure, 67

Protéger les applications payantes, 358
- com.android.vending.licensing, 361
- installation de la LVL, 359
- tester, 368
- vérification de la licence, 366
- *Voir aussi LicenseChecker, LicenseCheckerCallback, Obfuscation, Politique LVL*

Publier une application, 287
Publier une application sur l'Android Market, 304
- inscription, 304
- publication, 312

R

R.java, 67, 93, 96
raw, 73
receiver, 183
Récepteur d'évènements, 181
    cycle de vie, 184
    déclaration, 183
    évènement, 182
    sendBroadcast, 182
    sendOrderedBroadcast, 183
    Voir aussi BroadcastReceiver, receiver
RelativeLayout, 89
RemoteViews, 351
    setImageViewResource, 352
    setOnClickPendingIntent, 353
    setProgressBar, 352
    setTextColor, 352
    setTextViewText, 352
    setViewVisibility, 352
res
    Voir Ressource
Réseau, 243
    android.permission.Internet, 244
    Voir aussi Agent Utilisateur, AndroidHttpClient, DefaultHttpClient, HttpClient
ResponseHandler, 250
    HandleResponse, 250
Ressources, 15, 72
Runnable, 235, 237
    run, 235

S

Sauvegarde dans les nuages, 214
- agent de sauvegarde, 218
- com.google.android.backup.api_key, 217
- configuration de la clé, 217
- gestionnaire de sauvegarde, 222
- meta-data, 217
- souscrire à l'Android Backup Service, 215
- *Voir aussi BackupAgent, BackupAgentHelper, BackupManager, FileBackupHelper, SharedPreferencesBackupHelper*

SDK Android, 18
- installation, 37

SDK Starter Package, 26

Sécurité et droits, 240
- déclaration de droits, 241
- restriction d'utilisation, 242

Service, 173
- bindService, 177
- cycle de vie, 178
- déclaration, 174
- onBind, 179
- onCreate, 178
- onDestroy, 181
- onRebind, 180
- onStartCommand, 176, 179
- onUnbind, 180
- service (balise), 174
- Service (classe), 173
- startService, 175
- stopSelf, 176
- stopSelfResult, 176
- stopService, 176
- unbindService, 177

utilisation directe, 175
utilisation en établissant une connexion, 176
Voir aussi IntentService, ServiceConnection
ServiceConnection, 177
onServiceConnected, 177
onServiceDisconnected, 177
ServiceTestCase, 283
setContentView, 92
setLayoutParams, 94
setOnClickListener, 104
SharedPreferences, 190
contains, 192
edit, 192
getAll, 192
getBoolean, 191
getFloat, 191
getInt, 191
getLong, 191
getString, 191
SharedPreferencesBackupHelper, 219
SharedPreferences.Editor, 192
clear, 194
commit, 193 - 194
putBoolean, 193
putFloat, 193
putInt, 193
putLong, 193
putString, 193
remove, 194
Signature de l'application, 295
Voir aussi apk
SimpleCursorAdapter, 187
SingleLaunchActivityTestCase, 282
Smartphones, 17
développement, 60

Software Development Kit
Voir SDK Android
SQLiteDatabase, 205
execSQL, 206
query, 207
SQLiteOpenHelper, 204
close, 205
getReadableDatabase, 206
getWritableDatabase, 205
onCreate, 204, 206
onOpen, 206
onUpgrade, 206 - 207
Stockage externe, 198
android.permission.WRITE_EXTERNAL_STORAGE, 203
getExternalFilesDir, 201
Voir aussi Environment, Fichiers temporaires
Stockage interne, 196
deleteFile, 198
openFileInput, 197
openFileOutput, 196
Voir aussi Fichiers temporaires, FileInputStream, FileOutputStream
Styles, 133
item, 134
style, 134
supports-screens, 82, 162, 292

T

TableLayout, 89
TableRow, 89
Tablettes tactiles, 17, 19
TDD, 253

Télévisions connectées, 17
Test Driven Development
    Voir TDD
Test du singe, 285
    Voir aussi adb
TestCase, 276
Tester, 253
Tester un récepteur d'évènements, 283
Tester un service, 283
Tester une activité, 282
Tests unitaires et fonctionnels, 270
    android.test.InstrumentationTestRunner, 276
    android.test.runner, 276
    création d'un projet de tests, 270
    création d'une classe de cas de tests, 276
    exécution des tests, 283
    Voir aussi AndroidTestCase, MoreAsserts, Test du singe, Tester un récepteur d'évènements, Tester un service, Tester une activité, TestCase, ViewAsserts
TextView, 97
Thème, 133
    holographic, 134
Thread, 234
    start, 236
    Voir aussi DDMS
TimePickerDialog, 148
Toast, 146
    makeText, 146
    show, 147
    Toast.LENGTH_LONG, 146
    Toast.LENGTH_SHORT, 146
Tracer, 253

U

uses-configuration, 292, 294
uses-feature, 292 - 293
uses-library, 275, 292, 332
uses-permission, 241
uses-sdk, 69, 71, 292

V

values, 73
Version de l'application, 289
View
    Voir Vues
ViewAsserts, 276
ViewGroup, 86, 89
Vues, 86
    findViewById, 99
    onClick, 104
    setOnClickListener, 104
    View, 86
    ViewGroup, 86, 89

W

wbxml, 295
Widgets, 95
    Voir aussi Filtre d'intentions, Intention, TextView
wrap_content, 91

X

xml, 73
xmlns:android, 70
XP, 253